TIYU GONGGONG FUWU
CAIZHENG BAOZHANG YANJIU
（1998—2016）

体育公共服务财政保障研究

（1998—2016）

李 丽 杨文姝 朱 鹏 著

中南大学出版社
www.csupress.com.cn
·长 沙·

图书在版编目(CIP)数据

体育公共服务财政保障研究：1998—2016 / 李丽，杨文姝，朱鹏著. --长沙：中南大学出版社，2025.6.
ISBN 978-7-5487-6286-7

Ⅰ. G812

中国国家版本馆 CIP 数据核字第 2025Z9B211 号

体育公共服务财政保障研究(1998—2016)

TIYU GONGGONG FUWU CAIZHENG BAOZHANG YANJIU (1998—2016)

李丽　杨文姝　朱鹏　著

□出 版 人　林绵优
□责任编辑　谢金伶
□责任印制　唐　曦
□出版发行　中南大学出版社
社址：长沙市麓山南路　邮编：410083
发行科电话：0731-88876770　传真：0731-88710482
□印　　装　广东虎彩云印刷有限公司

□开　　本　710 mm×1000 mm 1/16　□印张 16.75　□字数 300 千字
□版　　次　2025 年 6 月第 1 版　□印次 2025 年 6 月第 1 次印刷
□书　　号　ISBN 978-7-5487-6286-7
□定　　价　78.00 元

前言

Foreword

公共服务的提供是现代市场经济对政府职能的本质要求，也是我国在由计划经济向市场经济转轨进程中对政府转型的基本要求。自《2005年国务院政府工作报告》明确提出“努力建设服务型政府”以来，建设服务型政府成为我国行政体制改革的基本目标。体育公共服务作为我国公共服务体系的重要组成部分，是当前建设服务型政府和推进公共服务均等化的主要内容。随着我国社会主义市场经济体制的逐步完善，健全体育公共服务体系、提供高质量的体育公共服务是社会主义市场经济对我国政府体育职能转变的本质要求，是体育强国建设的基本要求，也是公共服务型政府建设的必然要求。

政府行政要以财政为依托。公共财政是为市场经济提供公共服务、满足社会公共需要而构建的国家财政模式，其实质是市场经济财政，其分配的目的是满足公共需要。在建立和完善社会主义市场经济体制的历史进程中，我国政府的职能范围和公共服务角色发生了重要变化。政府职能的重新界定，要求国家财政运行模式由计划经济时期的生产建设财政，逐步转变为社会主义市场经济体制下的公共财政。为此，1998年，全国财政工作会议首次提出了要构建公共财政基本框架，旨在由政府提供公共产品来满足人民日益增长的公共服务需求，以充分体现政府的社会性和公共性。

随着社会经济的快速发展，广大人民群众日益增长的体育公共服务需求和社会体育资源相对不足之间的矛盾日渐突出。如何调整和优化体育事业公共财政支出结构，加大政府对体育公共服务的财政支持力度，发挥体育事业财政资金的最大效益，是各国政府面临的一个长期性难题，因而成为国内外学者研究的重要课题之一。2016年10月，中共中央、国务院印发《“健康中国2030”规划纲要》，提出完善全民健身公共服务体系，提高全民身体素质。基于此，本课题的研究成果将分两个阶段出版：第一阶段以1998—2016年的体育公共服务财政保障为研究对象，采用规范分析与实证分析相结合、定性分析和定量分析相结合等研究方法，对这一阶段我国体育公共服务财政保障问题进行全面、系统的探讨；第二阶段将对健康中国战略下我国体育公共服务财政保障进行研究，以更好地比较这两个阶段体育公共服务财政保障的共同点及差异性，为我国体育公共服务财政保障提供理论参考及实践指导。本书是本课题的第一阶段研究成果。

首先，本书梳理了我国体育公共服务财政保障演变的历程，对各阶段体育公共服务财政保障制度所取得的成绩及存在的不足进行了评价，分析了我国体育公共服务财政保障制度变迁的特征，并给出了我国体育公共服务财政制度变迁的历史启示。

其次，本书对英国、德国、日本和澳大利亚等发达国家体育公共服务财政保障的经验进行了分析，归纳出这些国家体育公共服务财政保障制度变迁的特征，认为这些国家体育事权和财权划分明确，建立了科学规范的财政转移支付制度，政府对体育公共服务的财政支持逐步增大，重视体育公共服务财政投入的绩效评价。在此基础上，总结了其对我国体育公共服务财政保障的启示。

再次，本书对我国体育公共服务财政保障的现状及问题进行了分析，认为：1998—2016年，我国体育事业经费收入的相对规模偏小，体育公共服务的资金来源比较单一，财政拨款仍然是我国体育公共服务收入的主要来源，东、中、西部区域间体育公共服务收入差距较大；体育公共服务财政支出总量仍显不足，体育公共服务财政支出结构不合理，群众体育财政投入较少，体育公共服务财政支出的城乡差距仍较明显，东、中、西部区域人均体育事业经费支出差异依然明显。

最后，本书运用DEA模型对2009—2016年我国体育公共服务财政支出绩效进行了分析，实证结果显示：2009—2016年我国综合效率年均值仅为0.638，没有任何一个省(区、市)的体育公共服务财政支出综合效率值在整个考察期内为1。

基于以上分析，本书提出了完善我国体育公共服务财政保障的政策建议：建立稳定的体育公共服务资金来源，调整和优化体育公共服务财政支出规模和结构，完善体育公共服务财政转移支付制度，重构地方政府体育公共服务财政支出绩效考核体系等。

目录

Contents

第1章　绪　论

1.1　研究背景和选题意义

1.1.1　研究背景

公共服务的提供是现代市场经济对政府职能的本质要求，也是我国在由计划经济向市场经济转轨进程中对政府转型的基本要求。中国服务型政府构建肇始于科学发展观的提出。2004年2月21日，在省部级主要领导干部“树立和落实科学发展观”专题研究班结业式上，温家宝同志在就“树立和落实科学发展观”作的重要讲话中提出必须加快政府职能转变，公共服务就是提供公共产品和服务，包括发展教育、科技、文化、卫生、体育等公共事业，努力建设服务型政府。建立服务型政府的行政体制改革目标在此次结业式上第一次被我国政府领导人正式提出。《2005年国务院政府工作报告》明确提出“努力建设服务型政府”。2007年10月，党的十七大报告进一步提出建设服务型政府，健全政府职责体系，完善公共服务体系。2012年11月，党的十八大报告明确提出“建设职能科学、结构优化、廉洁高效、人民满意的服务型政府”。2013年11月，党的十八届三中全会通过的《中共中央关于全面深化改革若干重大问题的决定》进一步强调“必须切实转变政府职能，深化行政体制改革，创新行政管理方式，增强政府公信力和执行力，建设法治政府和服务型政府”。2016年3月，《国民经济和社会发展第十三个五年规划纲要》将“加快建设服务型政府”作为深化行政管理体制改革的重要内容，强调要“强化公共服务职能，提高政府效能，创新服务方式”。

公共财政是为市场经济提供公共服务、满足社会公共需要而构建的国家财政模式，其实质是市场经济财政，其分配的目的是满足公共需要。党的十四大后，我国开始提出并探索构建公共财政体制。公共财政的建设目标首次于1998年在全国财政工作会议上被提出。1999年初，财政部明确提出要建立公共财政基本框架。1999年3月，九届全国人大二次会议批准财政部提出的建立公共财政的基本框架，表明我国公共财政体制建设已由年初的运作实施阶段进入了立法机关的视野。2000年10月，党的十五届五中全会又明确把“十五”时期财政改革的重要目标确定为建立公共财政初步框架。2001年3月财政部提出的“必须按照公共财政的要求，进一步规范财政资金供给范围”在九届全国人大四次会议获批通过。2003年党的十六届三中全会提出“要健全公共财政体制”。2005年10月党的十六届五中全会决定又指出“加快公共财政体系建设”。2006年党的十六届六中全会重申要“健全公共财政体制”，标志着我国加快了构建公共财政体制的进程。2007年党的十七大提出“完善公共财政体系”，2012年党的十八大强调“加快改革财税体制，完善促进基本公共服务均等化和主体功能区建设的公共财政体系”，进一步明晰了公共财政的主要职能和改革的方向。2013年11月，党的十八届三中全会通过的《中共中央关于全面深化改革若干重大问题的决定》明确提出“建立现代财政制度”，强调要“改进预算管理制度，完善税收制度，建立事权和支出责任相适应的制度”，进一步深化公共财政体制改革。2016年3月，《国民经济和社会发展第十三个五年规划纲要》提出“构建现代财政制度”，要求“合理划分中央与地方财政事权和支出责任，完善转移支付制度”，进一步推动公共财政体系向更加公平、高效的方向发展。在此背景下，我国体育公共服务财政保障的社会性和公共性日益凸显。

然而，我国体育公共服务财政制度改革采取的是渐进式的方式，此阶段我国公共财政体制建设的时间较短，因此公共财政体制仍不完善，政府的财力也有限，对体育公共服务的财政投入不足，再加上体育事业的财政资金主要投入竞技体育，导致在公共体育场地设施、公共体育组织、公益性社会体育指导员、国民体质监测等民生类体育公共产品上的投入不足，满足不了人们日益增长的体育公共服务需求，影响我国服务型政府的构建。如何调整和优化体育事业公共财政支出结构、加大政府对体育公共服务的财政支持力度、发挥体育事业财政资金的最大效益是我国体育事业公共财政体制建设亟须解决的问题。

1.1.2 研究意义

1.1.2.1 理论价值

第一，有利于探索、揭示我国体育公共服务财政保障的内在规律。

西方发达国家有关公共服务的各种思想理论源远流长，这些理论对政府职能定位、公共服务的内容等方面进行了多角度的研究，并具有丰富的包括体育公共服务财政保障在内的实践经验。随着我国体育公共服务型政府的构建，政府对体育公共服务财政投入的不断增多，体育公共服务的质量和水平都有了较大程度的提高。本书通过对西方发达国家体育公共服务财政保障的深入分析，总结其共性做法和相关经验，进而探讨这些国家有关体育公共服务财政保障的规律性，结合中国有关体育公共服务财政保障的国情，提出有针对性的解决方案，以服务于我国体育公共服务财政保障的具体实践。

第二，有利于拓展、深化我国体育公共服务财政保障的理论研究。

随着我国全民健身热情的不断高涨，体育公共服务供需矛盾日益突出，体育公共服务财政保障越来越成为公共财政保障的一个重要组成部分。全面、系统研究体育公共服务财政保障是对当前体育事业公共财政支出进行规范管理的客观要求，同时也有利于推动我国体育事业财政体制改革。目前，我国针对教育、农业、科技和林业等方面的公共财政保障的理论研究较多，然而有关体育公共服务财政保障方面的文献较少，系统、全面和具体地对其展开理论研究的文献则少之又少。因此本书通过对我国体育公共服务财政保障进行全面、系统分析，可以拓展、深化我国体育公共服务财政保障的理论，对于其他公共财政保障的理论研究也有着推动作用。

1.1.2.2 现实意义

第一，有利于从顶层设计的层面提出对策与建议。

近年来，我国虽然持续加大了体育公共服务的财政投入力度，不断增加体育公共产品的供给，但无论是从体育公共服务投入的数量及质量，还是从城乡体育公共服务对比、居民特别是农民对体育公共服务的需求角度来看，体育公共服务的供给仍然存在诸多问题，如体育公共服务财政投入较少、城乡体育公共服务投入不均衡等，这些问题的背后是深层次的体育事业公共财政体制问题。因此，全面、系统地研究我国体育公共服务财政保障问题有利于发现其症结所在，从而有利于从顶层设计的层面提出有关体育公共服务财政保障的对策与建议。

第二，有利于推进我国公共服务型政府构建及体育事业公共财政体制的建设。

体育公共服务关乎国民生活质量、关乎民生，是当前建设服务型政府的主要内容。目前我国体育公共服务水平与发达国家相比还存在较大差距。体育公共服务供给水平低下存在多方面因素，其中体育事业公共财政体制不完善是重要原因。体育事业公共财政体制不完善主要表现为体育财政缺位、越位并存，公共性不显著等。界定体育行政部门和市场的职能范围，可以促使我国转变政府体育职能，推进公共服务型政府的构建。分析各级政府体育事权和体育支出责任，有利于规范和约束各级政府的体育行为，从而完善我国的体育事业公共财政体制，进一步加快我国体育事业公共财政体制法治化进程。

第三，有利于促进我国建设体育强国。

体育强国战略是中华民族伟大复兴的重要组成部分，它不仅关系到我国体育事业发展的整体战略，而且关系到国计民生、社会和谐及民族精神的提升。建设体育强国是一项宏伟而艰巨的使命，其中竞技体育与群众体育协调发展已成为其必备条件。然而受竞技体育优先发展战略的影响，群众体育的财政投入较少，群众体育发展停滞不前，已成为阻碍我国成为体育强国的主要制约因素。群众体育是建设体育强国的基石，巩固和壮大群众体育根基，让体育回归到群众强身健体的本质上来，才是体育强国建设的理性回归。本书通过对体育公共服务财政投入的全面深入分析，剖析体育公共服务财政投入存在的问题，进而提出促进群众体育发展的相关财政政策，可有效提升我国体育公共服务水平，增强我国体育综合实力，推动我国的体育强国建设。

1.2 国内外相关研究综述

1.2.1 国内有关体育公共服务财政保障的研究

通过中国知网，以“体育公共服务”为篇名，截至 2016 年 7 月，对核心期刊进行模糊检索，从 2002 年到 2016 年 7 月共有文献 470 篇，其中 2002 年 1 篇，2004 年、2005 年各 1 篇，2006 年 2 篇，2007 年 6 篇，2008 年 24 篇，2009 年 23 篇，2010 年 39 篇，2011 年 47 篇，2012 年 61 篇，2013 年、2014 年各 66 篇，2015 年 92 篇，2016 年(截至 7 月底)41 篇；对博士学位论文进行检索，发现 2007 年至 2016 年 7 月，博士学位论文共 15 篇。从文献检索结果可以发现，国内学者对体育公共服务的研究始于 21 世纪初，研究的时间并不长。通过检索还发现，有关体育公共服务财政保障的专题研究较少，其他的体育公共服务相关研究，如体育公共服务的改革、体育公共服务供给、体育公共服务体系等方面的研究，少量涉及体育公共服务财政保障方面的内容。

1.2.1.1 体育公共服务改革中有关公共财政保障的研究

进入 21 世纪以来，随着我国全面建成小康社会，全民健身意识极大增强，参与体育锻炼的人日益增加，人们对体育公共服务的需求不断增多，可我国落后的体育公共服务供给水平满足不了人们的需求，体育公共服务供给与需求之间的矛盾日益突出，已影响到体育在实现中华民族伟大复兴中国梦中作用的进一步发挥。我国体育公共服务如何抓住重要战略机遇期进行相应改革，逐渐成为学者们关注的重要课题。

郭惠平等(2007)认为公共体育服务应实行政府与社会结合的管理体制，凡属于事业部分应采用政府管理型，而属于服务盈利(或产业)部分，则采取社会管理型，进行有偿服务。政府职能管办分离，在社会公共体育服务领域，政府的职能主要是确保公益性体育事业足额投入。政府应尽快出台优惠政策，支持个人和民间组织提供公共体育服务，有选择地运用服务委托或购买方式，对非营利组织进行资金资助和支持。①

尹维增等(2009)从公共财政视角出发，认为我国财政透明度不高、财政支出结构不合理造成公共体育服务供应短缺。为提高公共体育服务的供给水平，我国应坚持民主财政的原则，提高财政透明度；调整和优化财政支出结构，完善财政转移支付制度。②

易剑东(2012)在政府公共服务职能强化的背景下，针对我国体育公共服务存在的总量不足、提供方式单一等问题，提出改革完善公共服务财政制度的建议：各级体育行政部门既要调整自身的财政制度，加大对基本体育公共服务的投入力度，又要争取和申请本级政府的财政投入；设立全民健身专项资金。③

为实现体育公共服务和谐发展，让公众最大程度地享受改革开放成果，巩东超(2013)提出：中央财政增加对体育公共服务特别是经济欠发达地区体育公共服务的投入，明确规定中央财政转移支付中用于体育公共服务建设的资金比例；界定各级政府的体育公共服务支出责任，健全财权与事权相匹配的财税体制。④

刘峥等(2014)从公共体育服务政策执行的角度，认为县级政府的财政负担过重，导致县级政府在公共体育服务政策执行过程中容易出现政策偏离、执行不到位等问题。建议认清局部和全局的关系，健全公共体育服务利益平衡机制，建立中央与地方事权与财权相匹配的财税制度，加强对欠发达地区的转移支付力度，不断增强基层政府的公共服务能力。⑤

王彦收(2015)从社会公平正义的视角出发，认为财政公平正义是体育公共服务公平正义的前提。要明确中央与地方的权责，建立合理的承担体育公共服务的财政分担机制及有效的财政转移支付制度，在财政投入上给予经济条件困难的农村和欠发达地区财政补助和政策倾斜，以实现财政公平，进而从根本上保证经济条件困难的农村和欠发达地区体育公共服务的供给。⑥

---

① 郭惠平，唐宏贵，李喜杰，等.对我国公共体育服务社会化改革的再思考[J].武汉体育学院学报，2007，41(11)：1-6.

② 尹维增，张德利.对构建和谐社会环境下公共体育服务的基本责任研究[J].体育与科学，2009，30(1)：45-47.

③ 易剑东.中国体育公共服务研究[J].体育学刊，2012，19(2)：1-10.

④ 巩东超.和谐社会视野下的体育公共服务实现路径[J].山东体育学院学报，2013，29(2)：20-23.

⑤ 刘峥，唐炎.公共体育服务政策执行阻滞的表现、成因及治理[J].体育科学，2014，34(10)：78-82.

⑥ 王彦收.体育公共服务公平正义性研究[J].体育文化导刊，2015(1)：1-4.

体育公共服务改革的研究始于21世纪初，起步较晚，但学者们从公共财政、政策执行、社会公平正义等视角对体育公共服务财政保障进行了相关研究，取得了一些成果，为本研究的顺利进行提供了有益的参考。但这些成果多从体育公共服务的供给与需求、供给内容等方面对体育公共服务改革进行研究，涉及公共服务财政保障的内容较少，且偏向于理论研究，实证研究不多。

1.2.1.2 体育公共服务供给中有关财政保障的研究

服务型政府是一种新的政府治理理念，其根本着眼点和目的是解决民生问题。当前在我国服务型政府构建过程中，实现体育公共服务的有效供给已成为各级体育行政部门面临的一项重大而迫切的战略任务。如何充分、有效地践行政府提供体育公共服务的责任，满足人民日益增长的体育公共服务需求成为重要的研究课题。学者们也纷纷从不同视角对体育公共服务的供给展开了相关研究。

蓝国彬等(2010)认为我国体育公共服务应实行以政府为主、其他供给主体共同参与的新型体育公共服务供给体制。体育公共服务体制的构建必须以公共财政支出作为支撑，但应鼓励社区自治组织、第三部门、企业等供给主体参与体育公共服务的供给。探索实行体育公共服务专项经费管理，专款专用；明确划分各级政府体育公共服务职能权限，适度提升基层公共财政支出的额度和权限。①

刘玉(2011)在深入分析体育公共服务和体育权利内涵的基础上，认为我国体育公共服务供给的非均衡是造成公民体育权利不平等的主要因素。为促进公民均等化地享有体育权利，政府体育公共服务供给的短期目标是通过多种途径加大体育公共服务投入力度，实现公民体育权利相对公平；长期目标是强化中央政府在体育发展中的支出责任，完善财政转移支付制度，不断缩小城乡、区域体育公共服务供给的差距②。为解决区域间经费投入差距过大的问题，刘玉(2013)认为应建立体育公共服务投入专项转移支付制度，根据区域间体育公共服务需求及经济发展水平确定专项转移支付的规模，并且使体育公共服务投入

① 蓝国彬，樊炳有.我国体育公共服务供给主体及供给方式探析[J].首都体育学院学报，2010，22(2)：27-31.

② 刘玉.体育权利与体育公共服务供给[J].北京体育大学学报，2011，34(12)：5-9.

的增长比例与经济增长的比例协调。①

丁鸿祥(2012)以社区体育为研究对象，提出要加大社区体育的公共财政投入，改善经费投入结构；对获得国家、省级承办资金的重大体育活动，各级财政予以资金配套支持；完善社区体育税收优惠、财政支持和投融资等方面的政策措施，鼓励社会团体、企业和个人大力发展社区体育。②

许金锋等(2013)认为应建立健全公共体育服务供给中的财政保障体系。公共体育服务供给的资金体系应多元化，形成以体育彩票基金为主、财政支持、社会资金广泛参与的格局。③

姜同仁(2015)认为我国公共体育服务的供给存在体育事业支出占国家财政总支出比例呈快速下降趋势、公共体育事业支出结构严重失衡、公共体育财政支出分布严重不均等问题，应逐步提高体育事业支出占财政支出的比例，不断提升农村及西部地区财政支持水平，以缩小区域差距；持续推动公共体育财政专项经费投入，以支持中部崛起。④

总体来说，我国学者对体育公共服务供给的研究主要围绕供给方式、供给制度、供给模式、供给导向等方面进行分析，把公共财政保障与体育公共服务供给结合起来进行研究的文献还较少，现有的有关体育公共服务供给的财政保障研究还不够系统、深入。

1.2.1.3 体育公共服务体系中有关公共财政保障的研究

构建和完善公共服务体系，是我国建设服务型政府的重要举措。部分公共部门已相继在各自领域探索构建公共服务体系，体育行政部门作为政府主管体育工作的职能部门，也面临着构建体育公共服务体系的问题。政府探索构建体育公共服务体系的实践迫切需要理论的指导，因此，理论界对此展开了广泛研究。

肖林鹏等(2007)提出：我国公共体育服务体系应包括体育资金体系、体育场地设施体系等九个部分；公共体育服务的经费是制约公共体育服务质量的关

---

① 刘玉. 改革开放30年我国体育公共服务供给模式转型与现实选择[J]. 体育科学，2013，33(2)：11-21.

② 丁鸿祥. 社区公共体育服务供给模式创新研究[J]. 广州体育学院学报，2012，32(1)：19-22，30.

③ 许金锋，麻新远. 城市化进程中我国公共体育服务供给的困境及破解途径[J]. 沈阳体育学院学报，2013，32(4)：37-39，43.

④ 姜同仁. 我国公共体育服务供给现状与结构优化对策[J]. 上海体育学院学报，2015，39(3)：1-7.

键问题；完善的资金分配与使用机制、合理有效的公共体育服务资金融资机制，是公共体育服务体系良性运转的有力依托。①

李静等(2009)以杭州市社区体育公共服务体系作为研究对象，发现社区体育公共服务经费难以到位，而且经费不足，于是提出借鉴欧洲一些国家立法规定体育开支不得少于公共开支1%的做法，将杭州市体育公共服务纳入财政专项预算，并将体育公共服务专项财政预算比例法定化，同时严格管理体育公共服务预算执行情况。②

郑家鲲(2011)认为公共体育服务体系包括七大系统，经费保障是其中一个重要的因素，是完善公共体育服务体系的前提和基础。应建立公共体育服务投入的稳定增长机制，改革和完善财政转移支付制度，加大对农村基本公共体育服务的投入，建立兼顾公平与效率的公共投入模式。③

胡庆山等(2011)认为政府对农村体育公共服务体系的投入应从当前的“扶贫式投入”转变为“引导性投入”，严格执行“谁投资、谁受益”的原则，对单位或个人在农村出资新建的健身路径或体育场地器材，采用投资者命名等方式，以充分调动社会力量供给农村体育公共服务的积极性。④

王家宏等(2014)提出要合理划分各级政府之间的事权、财权，改革和完善财政体制，增强各级政府提供基本公共体育服务的能力，完善与规范中央财政对地方的转移支付制度，实行纵向转移与横向转移相结合的模式，完善财政政策，引入社会资本，形成以政府供给为主、民间资本广泛参与的供给机制。⑤

李燕领等(2015)认为中国公共体育服务体系建设的资金来源渠道比较单一，提出转变公共财政投资机制，加大各级政府公共财政在全民健身方面的支出比例，综合运用多种形式的财税优惠政策和多种投资工具，调动、鼓励、支

---

① 肖林鹏，李宗浩，杨晓晨.我国公共体育服务体系概念开发及其结构探讨[J].天津体育学院学报，2007，22(6)：472-475.

② 李静，陈嵘.浙江省社区体育公共服务体系的现状与对策研究：以杭州市为例[J].成都体育学院学报，2009，35(12)：23-25.

③ 郑家鲲.“十二五”时期构建我国公共体育服务体系的若干思考[J].成都体育学院学报，2011，37(12)：1-6.

④ 胡庆山，方千华，张铁明，等.迈向体育强国的农村体育公共服务体系建设[J].上海体育学院学报，2011，35(5)：12-17.

⑤ 王家宏，李燕领，陶玉流.我国公共体育服务体系：过程结构与功能定位[J].北京体育大学学报，2014，37(7)：1-7.

持企业和社会体育组织参与公益性体育服务建设，广泛吸引产业资本和社会资本进入公共体育服务领域，逐步扩大公益性体育活动社会化运作的范围。①

由上可见，相关研究都认为体育资金体系是体育公共服务体系的重要组成部分，是完善体育公共服务体系的前提和基础。要不断加大体育公共服务的财政投入，采取多种形式鼓励社会各界力量共同参与建设体育公共服务体系。这些研究为本书提供了一些思路，但还不够全面，缺乏系统性。

1.2.1.4 体育公共服务均等化研究中有关公共财政保障的研究

2006年，第十届全国人民代表大会第四次会议通过的《中华人民共和国国民经济和社会发展第十一个五年规划纲要》及中国共产党第十六届中央委员会第六次全体会议通过的《中共中央关于构建社会主义和谐社会若干重大问题的决定》，均从公共财政体系及制度完善的角度提出要逐步推进基本公共服务均等化。2007年10月，党的十七大进一步强调了基本公共服务均等化对完善公共财政体系和缩小发展差距的重要作用。在此大背景下，体育学术界开始聚焦体育公共服务均等化问题展开研究。

为逐步实现体育基本公共服务均等化，郇昌店、肖林鹏(2008)提出公共财政资金应更多投向公共服务领域，秉承"公民偏好最大化原则"；较靠前的公共体育服务应是公共财政预算优先保障的对象，当前公共财政首先要保障公共体育场地设施建设；实现地区间公共体育服务均等化应发挥转移支付制度的作用。②

秦小平等(2009)认为实现体育基本公共服务均等化的前提是实现群众体育与竞技体育地位平等，因此应调整我国体育整体战略，加大对群众体育的投入；界定均等化转移支付范围内的体育基本公共服务，清理、整合体育基本公共服务专项转移支付。③

贾文彤等(2009)提出政府应进一步提高体育财政投入占财政支出和GDP的比重，持续加大对体育公共服务的财政投入；加强宏观调控，进一步发挥省

---

① 李燕领，王家宏，蒋玉红. 中国公共体育服务体系：模式选择与机制建设[J]. 成都体育学院学报，2015，41(4)：57-62.

② 郇昌店，肖林鹏. 公共体育服务均等化初探[J]. 体育文化导刊，2008(2)：29-31.

③ 秦小平，王健，鲁长芬. 实现我国体育基本公共服务均等化问题刍议[J]. 体育学刊，2009，16(8)：32-34.

级和中央体育彩票公益金留成部分的作用，以促进区域间体育公共服务均等化。①

蓝国彬(2010)提出完善政府财政分配机制，调整政府间的财权与事权，增加基层政府可自主支配的财力，公共财政预算要保障公共体育服务；扩大公共财政覆盖农村的范围，逐步缩小城乡间公共体育服务的差距。②

张利等(2010)提出各级政府必须转变观念，逐步加大对体育公共服务的投入；中央政府应调整财政支出结构，加大对中西部地区体育公共服务财政支持力度；科学界定各级政府的体育公共服务支出责任，进一步明确体育公共服务供给的中央和地方事权。③

罗攀(2011)从体育权利的角度研究体育公共服务的均等化，认为要保障公民的体育权利，就要不断增加体育公共服务投入，合理划分体育公共服务供给中中央和地方政府之间的财权和事权，提高一般性转移支付的比重，以缩小城乡间、区域间政府财力差距。④

浦义俊等(2011)以善治理论为视域，对公共体育服务均等化进行了研究，提出省级以下财政转移支付要落实到基层，特别是要落实经济欠发达地区的公共体育服务财政经费；政府要通过财政补贴、税收优惠等多种途径降低市场供给公共体育服务的成本，使其提供的体育公共服务能为大部分公众所享用。⑤

俞丽萍(2011)认为我国城乡之间、区域之间体育公共服务发展呈明显的非均等状态，产生的主要原因之一是政府财权、事权的不对称；提出建立健全公共财政体制，加大对公共体育服务的财政投入力度，健全政府间财权与事权相匹配的财税体制，中央和地方政府的财权不断向农村倾斜⑥。依靠体育彩票发行收入、相应税收及体育产业的经营收入，开拓多种公共体育服务经费来源；加大对地方体育财政的拨款力度，促进区域间体育公共服务的均等化；改变现

① 贾文彤，郝军龙，齐文华，等.体育公共服务均等化若干问题研究[J].山东体育学院学报，2009，25(12)：1-5.

② 蓝国彬.实现城乡公共体育服务均等化的路径思考[J].体育与科学，2010，31(2)：63-66.

③ 张利，田雨普.我国体育公共服务均等化现状及发展对策研究[J].西安体育学院学报，2010，27(2)：137-141.

④ 罗攀.论体育权利与体育公共服务均等化[J].西安体育学院学报，2011，28(4)：428-432.

⑤ 浦义俊，宋惠娟，邰崇禧.善治视阈下公共体育服务均等化路径选择[J].成都体育学院学报，2011，37(10)：6-10.

⑥ 俞丽萍.我国体育公共服务均等化问题的研究[J].武汉体育学院学报，2011，45(7)：31-35.

有的过分重视竞技体育的发展策略，加大大众体育财政投入，提高其在体育财政支出结构中的比重。①

胡伟等(2013)提出根据《中华人民共和国宪法》《中华人民共和国预算法》等，重新划分各级政府的体育事权，选择市场与国家相结合的体育公共服务供给模式，将财权集中在公共体育设施建设、公共体育教育、全民健身计划实施等方面；合理安排中央、省、市、县、乡五级体育财权分配比例，构建均等化的体育财政转移支付制度；建立纵向与横向相结合的体育财政转移支付模式，完善体育预算和支出绩效管理制度，健全体育财政监督制度。②

花楷等(2015)提出政府应转变职能，加大体育公共服务转移支付的力度；规范体育公共服务的专项转移支付；优化结构，提高一般性转移支付的比重；制定科学评价体系，健全转移支付的监督机制。③

从现有的研究成果来看，学者们普遍认为我国城乡间、区域间体育公共服务发展呈现明显的非均衡状态，应不断增加体育公共服务投入，提高一般性转移支付的比重，以缩小城乡间、区域间政府财力差距。这些研究成果为本书提供了理论支撑。

1.2.1.5 农村体育公共服务中有关公共财政保障的研究

农村体育公共服务供给不足是我国体育服务型政府构建的一个瓶颈，是推进体育公共服务均等化发展的首要难题，故学者们对此给予了高度关注。

李萍美(2008)认为当前农村公共体育服务均等化存在的问题是基层资金短缺，提出：合理划分中央和地方在体育领域的事权与财权，扩大农村公共体育服务支出；通过税收优惠政策吸纳更多的社会资本投资农村公共体育领域，以实现农村公共体育服务均等化。④

卢文云等(2010)以西部农村公共体育服务供给为研究对象，提出中央应加大对农村体育的专项经费投入，且向西部地区农村倾斜；西部各省级政府财政预算支出中应单列农村体育发展经费支出，并增加农村体育经费的专项投入；

① 俞丽萍. 体育公共服务均等化的财政分析[J]. 体育文化导刊，2012(7)：9-12，17.

② 胡伟，程亚萍. 实现体育公共服务均等化：公共财政制度之作用与对策[J]. 上海体育学院学报，2013，37(3)：37-45.

③ 花楷，兰自力. 促进体育公共服务均等化的转移支付政策探析[J]. 体育学刊，2015，22(6)：43-47.

④ 李萍美. 新农村体育服务模式建构[J]. 体育文化导刊，2008(10)：17-20.

东部地区可拿出一定比例的体育彩票公益金支持发展西部农村体育，解决西部农村基本公共体育服务均等化问题。①

刘红建等(2011)对江苏省城乡体育公共服务一体化进行研究，发现江苏省部分县(市)城乡公共体育财政仍然不均衡，提出加大财政对农村公共体育服务的投入，建设针对农村公共体育服务的单项财政保障制度，逐步缩小城乡间公共体育服务的差距。②

汪文奇等(2014)认为偏向城市发展的政策已不合时宜，应用城乡一体化的发展理念建设新农村公共体育服务，提出调整当前财政投入结构，重点向新农村倾斜；划清各级政府间的职能界限，改革以往以县为主的发展模式，加大中央和省级政府对农村体育的公共财政投入。③

姚磊(2015)针对我国政府间事权下移、财权上移的现状，提出要对我国中央、省级与县(市)、乡(镇)的财权事权进行清晰界定；积极拓宽农村体育基本公共服务经费渠道，引导市场资本和社会资本进入农村体育基本公共服务领域。④

综合这些文献可以看出，学者们普遍认为资金短缺是当前农村体育公共服务存在的主要问题，要促进城乡体育公共服务均等化，应合理划分中央和地方在体育领域的事权与财权，加大农村公共体育服务建设的投入总量，中央应加大对农村体育的专项经费投入。这些建议对本书有关农村体育公共服务财政投入对策提供了有价值的参考。

1.2.1.6 体育公共服务财政保障研究

公共财政是政府履行体育公共服务职能、实现体育公共服务职能创新的制度依托和物质基础，体育公共服务财政保障问题也引起了一些学者的关注。

花楷等(2014)认为财政投入是体育公共服务的物质基础和制度保障，并在

---

① 卢文云，梁伟，孙丽，等.新农村建设背景下西部农村公共体育服务供给现状、问题及对策研究[J].体育科学，2010，30(2)：11-19.

② 刘红建，孙庆祝，宋杰.江苏省城乡体育公共服务一体化发展研究[J].山东体育学院学报，2011，27(6)：17-23.

③ 汪文奇，金涛.从低水平非均衡迈向高水平均衡：对我国新农村公共体育服务发展方式转变的思考[J].武汉体育学院学报，2014，48(9)：18-23.

④ 姚磊.新型城镇化进程中农村体育基本公共服务供给：有限性与有效性[J].北京体育大学学报，2015，38(11)：7-15，22.

探究我国体育公共服务财政投入不足因素的基础上，提出树立体育公共服务统筹发展的理念，统筹公平和效率、管理和服务；优化体育公共服务财政投入的框架，主要措施包括加大体育公共服务财政投入，正确厘清政府事权范围，建立体育公共服务财政投入的绩效评价体系。①

邵伟钰等(2015)提出充分重视公共体育服务工作，正确划分公共体育服务事权，提高一般性转移支付的规模和比例，完善一般性转移支付增长机制，以减少地区间的财力差异；建立完善公共体育服务财政激励机制，鼓励机关、企事业单位多渠道加大投入；完善公共体育服务财政管理体制，加强公共体育服务财政投入资金的预算管理，强化公共体育服务财政监督；拓宽公共体育服务财政投融资渠道，筹集公共体育服务建设资金。②

李丽等(2015)围绕群众体育财政投入，对我国体育公共服务的财政保障进行了研究，认为我国群众体育财政投入不足、群众体育公共财政支出城乡失衡和地区失衡等，提出应树立公共财政的理念，加大公共财政的宣传力度，将公共财政理念贯彻到日常体育行政工作中；加大财政对群众体育的支持力度，逐步提高群众体育事业经费占体育事业经费的比重；建立多元化群众体育资金供给机制；完善政府间转移支付制度，以促进区域群众体育协调发展③。

从现有的文献可以发现，我国有关体育公共服务财政投入的研究起步较晚，研究成果还较少，满足不了当前我国体育公共服务型政府构建的实践发展需要，亟待在理论方面加强研究。

1.2.2 国外关于体育公共服务财政保障的研究

国外对于体育公共服务的财政保障研究主要围绕体育公共产品、公共休闲服务领域、职业联盟体育场馆的财政保障方面展开。

1.2.2.1 体育公共产品的财政保障研究

Barros 等(2001)认为体育政策的传统手段是财政补贴。体育是不完善的公

① 花楷，兰自力，刘志云. 我国体育公共服务财政投入现状、问题与对策[J]. 天津体育学院学报，2014，29(6)：473-477，495.

② 邵伟钰，王家宏. 中国公共体育服务财政投入研究[J]. 成都体育学院学报，2015，41(3)：36-40.

③ 李丽，杨小龙，兰自力，等. 我国群众体育公共财政投入研究[J]. 首都体育学院学报，2015，27(3)：196-201.

共物品，因此受益于政府补贴，用以克服低供给的传统问题。在现实生活中，公共资金的分配由需求和供给驱动。研究中，通过对相关体育管理人员发放财政补贴的需求问卷，发现体育俱乐部管理人员的需求决定公共财政补贴。①

Johnson 等(2001)运用条件价值评估法(CVM)评估职业运动队——匹兹堡企鹅队(美国冰球队)所产生的公共产品价值。数据显示，大联盟球队能产生大量可消费的公共产品，如公民自豪感和社区精神等，这些公共产品的价值是巨大的。然而就匹兹堡企鹅队自身来说，其产生的公共产品的价值远远低于建造一个新场馆的成本。尽管不同城市不同运动队产生的公共产品的分析结果可能不同，但民众质疑政府资助体育场馆的普遍做法，因为这种普遍做法显示出纳税人承担的费用超过其得到的收益。②

Kovac 等(2003)提出体育是一个重要的社会类别和活动，其对整个社会有积极影响，也是一种公益事业和公共利益，这就是它的经费来源于公共资金的原因。公共资金通过中央预算、地方预算和彩票来筹集。国家体育联合会的大部分资金来自国家预算和彩票，其中一部分资金用于国家队选拔。③

Preuss 等(2006)认为居民在申办体育赛事过程中发挥着重要作用，因为他们的意见将影响该国政府是否支持申办、财政是否愿意支持申办。许多赛事具有公共产品和外部性的特征，这是公共部门财政支持它们的一个潜在的原因。调查还表明，经济增长使人们更加赞成举办赛事。④

Johnson 等(2007)运用条件价值评估法评估佛罗里达州的全国橄榄球联盟杰克逊维尔美洲虎队(简称美洲虎队)对佛罗里达州的杰克逊维尔市所产生的公共产品的价值。目前由美洲虎队所产生的公共产品的价值是 3650 万美元或更少，远远低于杰克逊维尔市为吸引美洲虎队而提供的补贴。这些结果使越来越多的学者利用条件价值评估法对此展开研究，研究文献表明体育公共产品并

① BARROS C P, LUCAS J. Sports managers and subsidies[J]. European Sport Management Quarterly, 2001, 1(2): 112-123.

② JOHNSON B K, GROOTHUIS P A, WHITEHEAD J C. The value of public goods generated by a major league sports team: The CVM approach[J]. Journal of Sports Economics, 2001, 2(1): 6-21.

③ KOVAC M, KOLAR E, BEDNARIK J, et al. The model of publicly financing sport in the Republic of Slovenia[J]. Acta Universitatis Carolinae, 2003, 39(1): 85-97.

④ PREUSS H, SOLBEYG H A. Attracting major sporting events: The role of local residents[J]. European Sport Management Quarterly, 2006, 6(4): 391-411.

不能证明大量公共财政用于体育场馆是合理的。①

Solberg 等(2007)认为举办大型体育赛事对旅游业的长期需求会产生积极的影响，但是增加的收入可能并不能补偿举办赛事所需要的投资成本。特大型赛事需要投入巨额资金用于体育设施和与体育无关的城市基础设施，这些投资必须符合城市的长远规划。体育赛事的许多益处属于公共产品的类型，这就是政府资助公共产品的理由，然而政府在有关财政投入赛事的前景中夸大了赛事的社会经济价值，这就使政府决定投入哪些赛事、投资多少的工作复杂化。②

Galily 等(2012)通过研究发现，世界各地的地方政府直接或间接地采取各种形式，提供大量的资金资助职业体育队，而这些职业体育队在大多数情况下由私营企业家拥有。各种研究结果表明，职业体育队对一个城市的经济、旅游甚至形象没有做出重大的贡献。该研究从当地公共政策的视角，质疑了地方政府财政支持提供公共服务或公共产品的民营职业体育队。世界各地的地方政府对职业体育队的财政支持导致了地方政府的民主赤字。③

综合这些文献可以发现，由于职业体育俱乐部、体育赛事等具有公共产品和正外部性的属性，国外政府都给予相应的财政支持。但越来越多的学者质疑政府资助体育俱乐部、体育赛事的普遍做法，认为其产生的公共产品价值低于政府的财政补贴或投入的成本，因此政府应合理确定财政投入的金额及财政补贴的方式。

1.2.2.2 公共休闲服务领域的财政保障研究

Brademas(1988)在《希腊公共休闲服务提供系统》一文中指出希腊体育秘书处主要对全民健身项目、职业人群体育项目、竞技体育项目、特殊需要儿童的体育活动项目，以及体育俱乐部的活动进行资助。④

---

① JOHNSON B K, MONDELLO M J, WHITEHEAD J C. The value of public goods generated by a national football league team[J]. Journal of Sport Management, 2007, 21(1): 123-136.

② SOLBERG H A, PREUSS H. Major sport events and long-term tourism impacts[J]. Journal of Sport Management, 2007, 21(2): 213-234.

③ GALILY Y, YUVAL F, BAR-ELI M. Municipal subsidiary policy toward professional sports teams: A democratic deficit in the local government[J]. International Journal of Sociology and Social Policy, 2012, 32(7/8): 431-447.

④ BRADEMAS D J. Public leisure service delivery systems in Greece[J]. World Leisure & Recreation, 1988, 30(2): 11-15.

Clemow(1992)思考了美国公共服务私有化的内涵，认为20世纪美国政府提供的公共服务在规模和范围上都有了极大的扩张。许多服务传统上只能由私营部门提供，而现在从医疗保健到交通，已越来越多地由地方、州和联邦政府提供。在一些极端的情况下，整个社区的服务都由政府开发或经营。而20世纪90年代这种趋势发生了重要的逆转，那些由政府部门履行的功能逐渐转移给私人部门。①

Berrett等(1993)认为体育休闲设施和服务具有社会公益性和正外部性，因此，它们由市场定价是不恰当的。② Nakao等(1994)提出体育服务部虽不具备对社区体育作出公共政策决策的资格，但体育服务部如能直接满足社区成员的体育需求，就应有权力去发展社区体育。③

Glover(1999)认为20世纪70年代以来，美国许多城市已选择私有化以提高服务的效率。但是，私有化及它的效率、效果和公平的内涵并没有在北美休闲研究中得到实际解决。从效果方面来说，私有化将改善服务质量，但政府满足其社会目标的能力也将减弱。此外私有化较具争议的方面是影响公平，公共服务的私有化使边缘群体的休闲需要无法得到充分满足。④

Williams等(2007)以三个个案研究对公共产品的各方面、公共公园的商业化和逐步私有化进行了讨论。研究认为21世纪城市公园的管理者不仅要承担各种不同的活动开支，而且需要持续的资金来恢复公园工作，并不断进行维修。三个个案研究所涉及的一系列问题强调的是寻求额外收入。⑤

从国外相关研究可以发现，公共服务私有化已成为国外经济发达国家政府提供公共服务的普遍做法，目的在于提高公共服务的供给效率。但公共服务私有化也存在一些争议，争议的焦点是公平的问题。

---

① CLEMOW B. Privatization and the public good[J]. Labor Law Journal, 1992, 43(6): 344.

② BERRETT T, SLACK T, WHITSON D. Economics and the pricing of sport and leisure[J]. Journal of Sport Management, 1993, 7(3): 199-215.

③ NAKAO K, YATSUSHIRO T, YANAGISAWA K. A study on the source of political influence of the sport policy in the local government[J]. Bulletin of Institute of Health & Sport Sciences, University of Tsukuba, 1994(17): 97-106.

④ GLOVER T D. Propositions addressing the privatization of public leisure services: Implications for efficiency, effectiveness, and equity[J]. Journal of Park & Recreation Administration, 1999, 17(2): 1-27.

⑤ WILLIAMS C, THWAITES E. Public parks: A service perspective from the northwest of England[J]. Managing Leisure, 2007, 12(1): 58-73.

1.2.2.3 职业联盟体育场馆的财政保障研究

Zimmerman(1997)以21个体育场作为研究对象,对征税受益原则背景下公共资金资助职业体育设施或体育场进行探讨。研究认为,根据效益原则,职业队、特许供应商、当地企业及获得消费权益的公民,应支付体育场馆的费用。实际上,大多数场馆没有以这种方式融资。相反,多数体育场馆的经费由当地大量的基础(普通)税收提供,或者由通过免税债券弥补联邦收入损失的联邦收入税筹集。①

Noll等(1997)研究显示,美国现在的体育建筑费用在2006年之前可能激增到70多亿美元,其中大部分资金来自公共部门,而公共部门所在的主办城市对其运动队的补贴平均每年很有可能超过1000万美元。在大多数情况下,这是美国体育产业非竞争结构的需要,美国主要的体育联盟垄断了本国的体育产业。②

Siegfried等(2002)在研究中提到,许多地方公共财政补贴体育场馆和竞技馆经常被认为是合理的,以此作为推动地方经济发展的一种方式。但这个论点依赖于影响当地经济的历史乘数效应,歪曲了消费者对职业体育支出的影响。体育支出受消费替代的影响,当地经济遭受非常大的漏出,因为球员把他们的收入转移到他们永久居住地。NBA球员的永久居住地的信息可说明这种漏出的程度。平均93%的员工住在他们工作的地方,但只有29%的NBA球员这样做。这个例子表明,一个标准的地方经济乘数效应夸大了体育支出对经济的拉动作用,这种夸大程度超过400%。③

Daniels(2003)分析了美国直辖市政治家努力提供公共资金资助体育场馆这一做法,并对宾夕法尼亚州最高法院允许费城市政府把公共体育场馆租给私

① ZIMMERMAN D. Subsidizing stadiums: Who benefits, who pays? [M]//NOLL R G, ZIMBALIST A. Sports, jobs and taxes: The economic impact of sports teams and stadiums, Washington, D. C., Brookings Institution Press: 119-145.

② NOLL R G, ZIMBALIST A. Sports, jobs, and taxes: The real connection[M]//NOLL R G, ZIMBALIST A. Sports, jobs and taxes: The economic impact of sports teams and stadiums, Washington, D. C., Brookings Institution Press: 494-508.

③ SIEGFRIED J, ZIMBALIST A. A note on the local economic impact of sports expenditures[J]. Journal of Sports Economics, 2002, 3(4): 361-366.

营企业的决定进行了思考。①

Crompton(2004)认为政府捐助大联盟设施事实上是承认设施带来的一部分利益会惠及一般公众，而不是完全被特许经营者占有。政府补贴设施的倡导者面临的挑战是证明纳税人的投资回报率，但这一直可望而不可即。游客观看比赛产生的直接经济影响所带来的巨大回报的谎言已破绽百出。四个替代效益溢出的原因经常被提及：提高社会知名度，增强社会形象，刺激其他发展，心理收入。使用前三个替代原因的合理性着眼于外部受众，目的是鼓励他们投资社区的资源，在某些情况下，这可能产生一些经济利益，但在大多数情况下，其不能充分证明公共财政补贴的合理性。有人认为，心理收入，重点是国内社区现有居民受益，很可能是证明美国公共财政补贴合理性的关键所在。②

Mayer Ⅲ(2005)对赞成和反对公共财政及私人资助体育场馆的理由进行了论述，证实了公共财政和私人资助体育场馆各有利弊。研究认为体育场馆成功的关键在于公共财政和私人融资共同给体育场馆提供资助资金。③

Whitted(2008)讨论了美国公共资金资助体育设施的方法和财政资助的替代方案。对常用的公共补贴方法如低租金、销售税、政府发行债券、出售给当地政府等进行了讨论，并讨论了体育设施的补贴对经济的影响，提出了通过股权融资和资产证券化方式进行财政资助的建议。④

Murray(2009)提出了政府基于职业体育专营权出资建造体育设施的建议。公共资金支持这类设施所产生的政治争议包括有关经济问题的争论，即社区是否会得到足够的投资回报，而这种投资回报是以与设施相关的就业和经济发展的形式表现出来的。在此争论中，有关体育设施财政资助的建议是作为一个与收入分配相关的社会公正问题进行讨论的。基于这些原因，公共财政投资职业

---

① DANIELS E. The cincinnati bengals' legal obligation to win：A case study for the public funding of stadiums and a roadmap for municipal investment[J]. Texas Review of Entertainment & Sports Law, 2003, 5(1)：99-156.

② CROMPTON J. Beyond economic impact：An alternative rationale for the public subsidy of major league sports facilities[J]. Journal of Sport Management, 2004, 18(1)：40-58.

③ MAYER Ⅲ F. Stadium financing：Where we are, how we got here, and where we are going[J]. Villanova Sports & Entertainment Law Journal, 2005, 12(2)：195-226.

④ WHITTED C. Public Financing of Sport Facilities[J]. Indiana Association for Health, Physical Education, Recreation & Dance Journal, 2008, 37(2)：17-23.

体育设施是没有理由的。①。

Santomier 和 Gerlach(2012)选择了纽约市区 6 个体育场馆的公共政策和资金问题进行系统研究，通过对公共文件和现有研究的系统观察，发现纽约市、州和国家政治综合影响着职业体育场馆的发展，公共政策明显缺乏透明度。此外，整个美国体育场馆似乎正朝着零售、商业和住宅一体化的方向发展，这是由于政治压力及需要快速收回体育场馆建设投资成本。②

由上可知，学者们普遍赞成公共财政保障体育场地设施的建设，但对政府投入职业体育场馆的做法争议较大，原因是纳税人的投资是否会得到足够的回报。有的研究还探讨了体育设施财政投入的多样化方式问题、职业体育场馆的公共政策问题，这些研究为本书提供了有益的启示。

1.2.3 文献评述

从我国体育公共服务财政保障的相关研究成果来看，学者们有关体育公共服务改革、体育公共服务供给等方面的研究都涉及财政保障，这为本书提供了参考，奠定了一定的理论基础。国外的研究围绕着体育公共产品、公共休闲服务、职业联盟体育场馆等，从微观的视角对其财政投入进行了一些探讨，研究的内容及视角对本书有一定的借鉴价值，但还需要和中国的国情相结合。总之，通过国内外的文献检索，笔者发现有关体育公共服务财政保障的研究还较少，并且存在着许多不足。

第一，研究力量薄弱，专题立项不足。从发表的论文和部级及以上课题立项的情况来看，从事该领域研究的学者大多是博士，且具有副教授及以上职称，因此学历结构和职称结构较好。然而该领域的研究人员所学专业大多是体育学，与该领域密切相关的财政学、经济学专业的人员较少。可见，从事该领域研究的学者专业结构不太合理、力量薄弱是制约该领域系统、深入研究的原因之一。在课题立项方面，该领域研究虽获得一些资助，但大多挂靠在非专题研究项目上，专题研究立项不足。在近 10 年部级及以上的课题立项中，国家体育总局体育哲学社会科学研究项目仅在 2010 年和 2016 年获批 2 项有关体育公

---

① MURRAY D. Reflections on public funding for professional sports facilities[J]. Journal of the Philosophy of Sport, 2009, 36(1): 22-39.

② SANTOMIER J, GERLACH J. Public policy and funding New York's new sports venues[J]. Sport, Business and Management: An International Journal, 2012, 2(3): 241-262.

共服务财政保障的课题①，国家社会科学基金仅在2012年、2014年和2017年获批3项有关体育公共服务财政保障的课题。调查还发现，省(区、市)社会科学基金也较少对此专题进行立项资助。

第二，研究视角、研究方法单一。体育公共服务财政保障是一个跨学科的研究，涉及财政学、经济学等多门学科，为深入、系统地对此问题展开研究，就应该从公共财政的视角，综合运用多学科知识，采用定性和定量相结合的研究方法。可我国当前从事体育公共服务财政保障研究的学者知识结构不合理，难于达到此课题研究的要求。现有的研究成果大多从体育学的视角，采用定性研究方法，从财政学的视角、采用定量研究方法的较少，计量经济学研究方法缺乏。研究方法单一除了受学者知识结构不合理影响外，还因为当前我国的财政透明度仍不高。目前我国财政信息公开情况仍不乐观，根据《2014中国财政透明度报告》，2014年31个省(区、市)中仅公开了1/3的财政信息，导致体育公共服务财政保障的相关数据较难获取，故《体育事业统计年鉴》是本书的主要数据来源。可当前体育统计工作也处于不断完善中，从1995年至今，《体育事业统计年鉴》统计内容及财政支出科目进行了4次调整，致使本书的许多数据不连续，也限制了采用计量经济学的方法对此专题进行相关分析。

第三，研究内容较为单一，研究范围不够全面。现有关于体育公共服务财政保障的文献对体育公共服务的财政投入、支出及财政政策方面有所涉及，而对我国体育公共服务财政投入的绩效评价、体育公共服务财政投入的制度变迁等方面的研究还鲜有涉及。目前我国学者对体育公共服务的供给、体系、均等化等方面进行了广泛研究，但对体育公共服务财政保障的研究相对较少。现有相关研究文献也只是其中的一小部分内容涉及此领域，尚缺乏全面、系统的研究。

---

① 李丽.我国体育事业公共财政保障研究述评[J].体育文化导刊，2014(12)：106-109.

1.3 研究思路与研究方法

1.3.1 研究思路

为了达到构建合理的体育公共服务财政保障机制的研究目标，本书首先分析了体育公共服务财政保障的历史变迁及现状，剖析了我国体育公共服务财政保障存在的问题，并对我国体育公共服务财政保障的绩效进行了评价，在借鉴发达国家体育公共服务财政保障经验的基础上，提出了优化我国体育公共服务财政保障的对策与建议。

1.3.2 研究方法

1.3.2.1 规范分析与实证分析相结合

规范分析回答“应该怎样”的问题，是以一定的价值判断为基础，与人们的立场、观点和道德观念有关，带有主观性。实证分析回答“是什么”的问题，即按照事物的本来面目去描述事物，不涉及对事物的价值判断。本书运用规范分析法对国外体育公共服务财政保障的特征、我国体育公共服务财政保障的问题、完善我国体育公共服务财政保障的对策等方面进行了研究；而国内外体育公共服务财政保障的现状、我国体育公共服务财政保障的绩效评价则采用了实证分析的方法。

1.3.2.2 横向比较与纵向比较相结合

本书在分析我国体育公共服务财政投入的规模、结构时采用了横向比较与纵向比较相结合的研究方法。我国不同年度体育公共服务财政投入情况采用了纵向比较的方法，并横向比较了国内外体育公共服务财政投入与我国不同区域体育公共服务财政投入，这样可较全面地反映出我国体育公共服务财政保障的发展趋势。

1.3.2.3 定性分析与定量分析相结合

定性分析主要是对研究对象的内涵、本质、意义、特征等进行全面的论述，可以更好地体现研究的系统性和全面性。定量分析主要是对研究对象的数量关系进行计算，有助于提高研究的科学性和准确性。本书在研究体育公共服务财政保障的过程中，运用定量分析方法，通过大量引用体育公共服务财政投入的相关数据，分析体育公共服务财政保障的数量特征；在此基础上，通过定性分析，总结和归纳出本书的相关结论。

1.3.2.4 计量经济学方法

运用 VAR 模型（向量自回归模型）分析体育事业发展与经济发展水平之间的关系，采用泰尔指数测量区域间体育公共服务财政支出的差异，运用 DEA 分析法（数据包络分析法）对体育公共服务财政支出进行绩效评价，为提高体育公共服务财政资金的使用效率提供参考依据。

1.3.2.5 问卷调查法

分别选取上海、江苏、湖北、江西、陕西、广西等几个典型省（区、市）居民进行问卷调查，东、中、西部区域各发放问卷 1400 份，共 4200 份，回收有效问卷 3875 份，其中城市有效问卷 2251 份，农村有效问卷 1624 份，有效回收率为 92.3%。

第2章 我国体育公共服务财政保障的历史回顾

我国体育公共服务财政保障制度是在国家经济体制、财政体制的框架体系内演变发展的，因此我国的经济体制和财政体制的变迁决定着体育公共服务财政保障制度的变迁。新中国成立以来，我国经济体制的变迁实现了由计划经济向社会主义市场经济的转型，财政体制作为经济体制改革的核心和突破口，其变迁亦始终围绕着中央集权与地方分权的关系进行，经历了从统收统支财政制度到财政包干财政制度，再到分税制的现代财政制度的转变。体育公共服务财政保障制度作为国家财政制度的重要组成部分，自新中国成立以来也经历了三个阶段，不同阶段的体育公共服务财政保障制度对我国体育事业的发展均作出了重要贡献，但同时也存在着历史局限性。

2.1 我国体育公共服务财政保障的演变

2.1.1 统收统支体育公共服务财政制度(1949—1979)

2.1.1.1 统收统支财政制度

新中国成立初期，百废待兴，为了使国民经济迅速恢复，尽快实现工业化和现代化，我国制定了重工业优先发展的赶超战略。但新中国成立伊始，国家财政收入分散，资金稀缺，为集中财力保证重工业优先发展的需要，我国实行了统收统支的高度集中的财政管理制度。之后，为调动地方积极性，我国财政制度进行过几次适度分权的探索，但这些探索本质上还是行政性分权，并不是真正意义上的财政分权，集中财力、平衡收支的基本指导思想并没有改变。

这种高度集权的财政管理体制的特征主要表现为：中央政府制定一切财政收支项目和收支程序，财政管理权限集中在中央；财政收入集中于中央，国营企业收入、关税、公粮、工商业税等主要收入一律交中央金库(今中央国库)，地方政府的收入仅包括地方性税收及其他零星收入，中央财政收入占总收入的80%；财政支出归中央统一管理，地方财政收支间基本不发生关系，中央财政支出占总支出的75%①。这种统收统支的财政制度保证了国家有限财力的集中使用。

2.1.1.2　统收统支制度下的我国体育公共服务财政保障制度

新中国成立后，为摘掉“东亚病夫”的帽子，党和国家领导人学习苏联体育经验，把体育作为纯粹的公益事业，并给予全额财政拨款。与我国的财政制度相适应，这一时期我国的体育事业也实行统收统支的财政制度。1952 年，中央人民政府体育运动委员会成立，标志着国家对体育事业的财政支持进一步增强。虽然新中国成立初期经济基础十分薄弱，但国家对体育事业的财政投入呈增长趋势。“一五”时期，体育事业经费仅有 9598 万元；“二五”时期，我国由于基本完成了社会主义改造，经济建设得到了快速发展，体育事业经费增加到 45191 万元，是“一五”时期的 4. 71 倍。由于“大跃进”及连续几年严重自然灾害，社会主义经济建设遭受重大损失，三年调整时期我国对体育事业投入急剧下降，比“二五”时期下降了 48. 96%。1971 年，为了适应经济形势的需要，调动地方增收节支的积极性，中央实行财政收支包干的财政管理制度，再次下放财权给地方，地方财力随之大量增加，“四五”时期体育事业经费增加到 64533 万元，比“三五”时期增长了 170%；“五五”时期体育事业经费达到 120629 万元，是“一五”时期体育事业经费的 12. 57 倍(表 2-1)。

① 李丽琴. 财政分权体制变迁中的城市公共产品供给研究[D]. 福州：福建师范大学，2013.

表 2-1 “一五”至“五五”时期体育事业经费情况表 单位：万元

时间	体育事业经费合计	中央财政投入	地方财政投入
“一五”时期	9598	3164	6434
“二五”时期	45191	13365	31826
三年调整时期	23064	4898	18166
“三五”时期	23899	3838	20061
“四五”时期	64533	5558	58975
“五五”时期	120629	13562	107067

在统收统支的财政制度下，政府是全能型政府，体育场馆建设、体育设备修建等与体育有关的所有费用均被纳入中央和地方的财政计划；政府依靠行政命令、开会发文件指导体育工作，决定体育事业基本建设布局及投资方向；国家重视体育事业的基本建设，并将体育基本建设资金纳入国家预算安排，“一五”至“五五”期间体育基本建设财政资金累计达到 65168.1 万元(表 2-2)，主要用于购置大型体育训练设备、建设体育场馆等。

表 2-2 “一五”至“五五”时期体育基本建设投资情况表 单位：万元

时间	体育基本建设投资合计	中央	地方
“一五”时期	10815.2	3347	7468.2
“二五”时期	7095	1037	6058
三年调整时期	3039.3	834	2205.3
“三五”时期	4591.4	2501	2090.4
“四五”时期	16198.4	2563	13635.4
“五五”时期	23428.8	3803.9	19624.9

2.1.1.3 统收统支体育公共服务财政制度评价

1.取得的成效

自新中国成立到改革开放前，我国实行统包统管的体育事业供给型财政制度，从人力、物力、财力方面大力扶持体育事业的发展，使得体育事业在旧体育的废墟上得以重建起来，取得的成就有目共睹。一是在较短的时间里，我国兴建了一大批体育场馆。1949 年前我国只有 2855 个体育场地。我国 1949 年拥有体育场地 3925 个，1952 年拥有体育场地 8082 个，年增 1386 个，是 1949 年前的 2.83 倍。1957 年我国体育场地增加到 16101 个，相对 1952 年年增 1604 个。1975 年，我国拥有体育场地 117470 个，相对 1970 年年增 9715 个，是 1949 年的 29.93 倍(表 2-3)。

表 2-3　计划经济时期全国体育场地数量分时期增长情况　　单位：个

时间	累计数量
1949 年前	2855
1949 年	3925
1952 年	8082
1957 年	16101
1962 年	30921
1965 年	41709
1970 年	68895
1975 年	117470

资料来源：国务院研究室科教文卫司，国家体委政策法规司. 体育经济政策研究[M]. 北京：人民体育出版社，1997.

二是开办了科研机构和体育院校，建立起完整的体育工作机构和队伍，群众体育活动遍布城乡。到 1957 年，在城市已经建立了体育锻炼小组近 2 万个和群众活动队 8 万个，队员有 80 余万人；超过 22 万人参加准备劳动与卫国制度(简称劳卫制)锻炼，职工体育协会近 4 万个，会员 400 多万人。全国 67 个县推行了劳卫制，达到标准的超过 10 万人；全国农村有基层体育协会 3 万个，拥有会员 90 多万人；农村参加各种体育活动的人数有 2000 多万人，占当时全国农村人口总数的 5%①。

① 魏来. 中国公共体育服务产品供给研究[D]. 北京：北京体育大学，2007.

三是体育赛事广泛开展，竞技水平不断提高。从1953年到1956年，短短三年时间里，我国地、市及以上举办了6000多次运动会，其中75次是全国性的体育赛事，共打破全国纪录1300多次。国内竞技水平的提高为中国竞技体育走向世界打下了坚实基础。国际赛场上，中国运动员初露锋芒：1956年举重运动员陈镜开为新中国创造了第一个世界纪录，1957年田径运动员郑凤荣打破了女子跳高世界纪录①，1959年乒乓球运动员容国团为新中国取得第一个世界冠军，为祖国争得了荣誉。“一五”至“五五”时期，中国竞技体育在党和国家领导人的关心支持下，从无到有，共创全国纪录9172次，创世界纪录218次，获世界冠军45次(表2-4)，提高了我国体育的国际地位。

表2-4 “一五”至“五五”时期我国运动员在国内外大赛中的成绩表

时间	创全国纪录(次)	创世界纪录(次)	获世界冠军(个)
“一五”时期	1775	6	—
“二五”时期	2990	64	4
三年调整时期	1672	65	9
“三五”时期	—	11	—
“四五”时期	789	18	9
“五五”时期	1946	54	23

资料来源：国务院研究室科教文卫司，国家体委政策法规司编.体育经济政策研究[M].北京：人民体育出版社，1997.

2. 存在的问题

虽然这一时期我国体育事业取得了较大的发展，但体育公共服务供给在当时的财政制度下还存在诸多的矛盾和问题。首先，抑制了体育事业单位工作人员的积极性。在体育事业方面实行高度集中的计划经济管理体制，行政过度干预体育公共服务的供给，对其管得过多，统得过死；吃大锅饭和平均主义思想盛行，“干多干少都一样”“干与不干都一样”，严重影响了体育事业单位工作人员的积极性，服务质量低下。其次，体育事业财政投入匮乏。国家通过高度集

① 何萌.建国以来党的体育事业的发展及其在现代化进程中的作用[D].长春：东北师范大学，2008.

中的财政体制，包揽了科技、文化、教育、卫生、体育等各项事业，虽然促进了社会的文明进步，但国家长期举办这些社会事业项目，导致财政负荷沉重，体育事业资金匮乏，“一五”至“五五”时期人均体育事业财政投入仅 0.12 元（表 2–5），制约了体育事业的进一步繁荣发展。最后，城乡体育公共服务供给不均衡。统收统支的财政制度是一种公有制财政制度，服务的是公有制经济。在公有制财政制度下，公有制企业所在的城镇是国家财政保障的重点，农村财政支出较少，因此公有制财政在很大程度上是偏向城市的财政，是城市型财政。故体育公共服务财政支出的范围主要在城市，农村体育公共服务财政支出较少，导致城乡体育公共服务供给不均衡。

表 2–5　“一五”至“五五”时期人均体育事业财政投入表

时间	体育事业财政投入（万元）	各时期人口总数（万人）	人均体育事业财政投入（元）
“一五”时期	9598	307545	0.03
“二五”时期	45191	331317	0.14
三年调整时期	23064	212209	0.11
“三五”时期	23899	391313	0.06
“四五”时期	64533	442646	0.15
“五五”时期	120629	480447	0.25

注：各时期人口总数来源于 http://zhidao.baidu.com/question/4136170.html.

2.1.2　财政包干体育公共服务财政制度（1980—1993）

2.1.2.1　财政包干制度

党的十一届三中全会是我党历史上具有深远意义的一次重要会议，标志着我国进入了改革开放新时期，我国的经济体制开始由计划经济体制向社会主义市场经济体制转变。经济体制的变革要求财政体制与之相适应，因此自 1980 年开始，财政体制进行了一系列改革。

1. 分灶吃饭：中国财政分权改革的启动（1980—1984）

1980 年至 1984 年，我国财政开始实行“划分收支、分级包干”的体制，这种体制又称为分灶吃饭①。同原有的财政体制相比，此次财政体制改革主要有以下几方面的特点。

第一，由以“条条”为主的财力分配改为以“块块”为主的财力分配。新中国成立后至改革开放前的财力分配原则上都以“条条”为主，地方政府很难调剂使用。实行分灶吃饭后，地方政府对于由其安排的支出可根据中央的方针政策、地方的财力状况等统筹安排。这样，地方的财权有了极大的扩大，地方生产建设事业能够因地制宜地得到快速发展。

第二，由“一灶吃饭”改为“分灶吃饭”。分灶吃饭财政体制下，地方有20多个“灶”。地方谁管好了企业，收入就归谁所有，打破了吃大锅饭的局面，有利于充分调动地方政府的积极性。

第三，寻求财权和事权的统一。这种财政体制根据企事业单位的隶属关系划分财政的收支范围，其财权和事权比较统一。实行分灶吃饭，地方财政自求平衡，其享受的权力与承担的责任联系得非常紧密。

实践证明，分灶吃饭的预算体制按照行政隶属关系对中央和地方的财政收支范围进行了明确划分②，充分调动了地方政府的主动性和积极性。分灶吃饭的财政体制打破了计划经济时期统收统支的财政制度，它不仅使地方的财权得到了扩大，而且使地方的经济责任得以增强，促使地方政府合理地、有重点地安排和使用资金，不断增加财政收入；精打细算，反对浪费，注意节约支出，提高了财政资金的使用效果。分灶吃饭的财政包干体制启动了中国的财政分权改革，然而这种体制随着经济形势的变化，弊病也逐渐显现，如没能打破统支的局面；中央财政在其收入逐年下降的情况下支出却未减少，导致国家重点建设资金难以保证。

2. 财政包干体制的调整(1985—1993)

第一，“划分税种，核定收支，分级包干”体制的实施。为改进分灶吃饭体制，1985年起我国开始实行的财政体制是“划分税种，核定收支，分级包干”。其主要内容包括：①财政收入设置的税种基本按照利改税第二步的改革，分为中央地方财政共享收入、中央财政固定收入和地方财政固定收入三类③。②财政支出方面仍按隶属关系划分为中央财政支出和地方财政支出，对于少数不宜

---

① 陈昕. 财政分权视角的我国城乡义务教育均衡研究[D]. 泰安：山东农业大学，2013.

② 李丽琴. 财政分权体制变迁中的城市公共产品供给研究[D]. 福州：福建师范大学，2013.

③ 项怀诚. 中国财政体制改革六十年[J]. 中国财政，2009(19)：18-23.

进行包干的专项支出，如特大防汛和抗旱补助费、特大自然灾害救济费等，由中央财政专项拨款。③以 1983 年的收支为基数确定各省(区、市)的收支基数，五年不变；实际执行中，为有效处理中央与地方的关系，地方的分成比例是以中央和地方的财政共享收入加上地方财政固定收入，结合地方财政支出，实行总额分成。

第二，多种形式包干体制的实施。为克服 1985 年开始实行的财政体制出现的中央财政收入所占比重持续下降的问题，国务院于 1988 年出台了《国务院关于地方实行财政包干办法的决定》，明确：除西安市、广州市仍分别与陕西省和广东省保持财政联系外，其余 37 个省、自治区、直辖市和计划单列市实行不同形式的包干办法，主要有总额分成、定额补助、定额上解等 6 种形式。

1988 年的财政包干体制激发了地方政府增收节支的积极性，刺激了地区间的财政竞争，促进了地方经济的发展。但是，作为财税体制改革的一种过渡性办法，其缺点和不足也日益明显，主要表现为：财政包干体制的形式不规范，讨价还价的因素很多；强化地方利益机制，妨碍国家统一市场的形成；财力分散，中央政府的宏观调控能力受到了影响。而市场化改革必须解决统一市场问题，故社会主义市场经济体制改革目标的提出，促使我国于 1994 年实行财税制度根本性的改革。

2.1.2.2　财政包干体制下的我国体育公共服务财政保障制度

分灶吃饭财政体制下，国家体委依据国家政治需要、经济发展水平及体育发展的现状，制定了以奥运会为核心的竞技体育优先发展战略，省级以上体委工作的重点转移到提高竞技体育运动水平上来。1980 年，随着莫斯科奥运会的临近，国家体委基于我国财政支出的现状及竞技体育优先发展战略，在向中央递交的请示报告中提出，我国体育工作今后一个时期内的重要任务是加速提高运动技术整体水平，采取的措施主要有三项：①为与奥运会接轨，全运会调整项目赛程设置；②调整项目布局，使其与奥运会相适应；③为备战奥运会，改革、完善我国训练体制。从此时开始，我国竞技体育优先发展战略正式实施，兴办竞技体育以奥运项目为依据，体育的发展正式转为“奥运模式”。在分灶吃饭财政体制下，由于缺乏基础资源，国家财政重点保障竞技体育的发展，而群众体育则由各部门配合发展。这改变了体育事业财政支出过于分散的状况，为我国竞技体育创造辉煌成绩提供了必要的财政支持，但群众体育发展资源短缺问题却未得到解决，群众体育和竞技体育的发展差距也开始扩大。

在“划分税种，核定收支，分级包干”财政体制下，国家体委依然坚持1980年提出的以奥运会为核心的竞技体育优先发展战略，并在1986年公布的《关于体育体制改革的决定(草案)》中提出进一步明确落实奥运战略，但要拓宽训练的路子，消除优秀运动队集中由省以上体委办的弊端，积极鼓励有条件的企业、高校、厂矿、行业组建高水平运动队。可见，这一改革草案高度契合国家财政的支出分配形式，改革的中心是理顺体委与各方面的关系，放手发展全社会办体育，以解决体育事业发展财政资金不足的问题。

多种形式包干财政体制下，国家体委于20世纪90年代初期提出了“五化五转变”的改革目标，改革涉及观念层次、行为层次和操作层次等方面，打破了计划经济体制下仅对体育的操作层次进行调整和改革的局面。在邓小平南方谈话和1992年中共十四大精神指引下，《关于深化体育改革的意见》于1993年由国家体委制定，提出建立与社会主义市场经济体制相适应的充满生机与活力的体育体制。20世纪80年代体育发展的主要矛盾是资源不足，体育体制改革主要解决的是体育加速发展与国家有限投入的矛盾；90年代，体育体制改革一方面要继续解决80年代没有解决的问题，另一方面是随着社会主义市场经济体制改革目标的确立和逐步实施，建立在计划经济体制基础上的现行体育体制呈现出很多不适应性，必然要进行相应的改革。

在财政包干管理体制下，体育部门打破了计划经济体制下财政包揽所有体育事业经费的做法，体育事业单位普遍实行的财政管理体制是“预算包干、结余留用、超支不补”。随着国家财政收入的持续增加，一方面国家财政支持体育事业的力度不断加大，另一方面国家鼓励体育事业单位广开财源，合理组织收入，逐步实行“以体为主，多种经营”，并且制定了一些政策和措施，以调动各级体育事业单位积极增加收入。具体包括以下内容。

第一，体育场馆由政府全额拨款转向政府拨款和自筹资金相结合。《关于充分发挥体育场地使用效率的通知》于1980年由国家体委、财政部、国家劳动总局和文化部联合发布，要求各体育场馆在开展群众活动、保证完成各项运动训练竞赛的基础上，积极向社会开放，充分发挥其使用效益，合理组织收入，增强自身造血功能，由事业单位逐步向半企业化、企业化转变。为了对体育场馆的财务管理进行规范，《各级体委所属公共体育场所财务管理暂行办法》于1983年由国家体委和财政部共同发布，规定对体育场馆实行的预算管理办法是“全额管理、定收定支、差额补助(或上缴)、包干使用、结余留用”。

第二，按照经费自给率核定体育事业单位留成比例。为拓宽体育事业经费收入来源，1986 年国家体委发布了《国家体委直属体育事业单位收入留成试行办法》，以转变体育事业单位“等、靠、要”的思想观念。该办法规定体育事业单位在完成国家规定事业计划前提下所增加的收入，按该单位经费自给率的情况核定其体育事业发展基金、奖励基金和集体福利基金，以鼓励体育事业单位积极创收。在该办法下，体育事业单位创收越多，提取的奖励基金和集体福利基金的比例就越大，这就极大地调动了体育事业单位创收的积极性。

第三，直属体育事业单位实行“预算包干”管理办法。1989 年国家体委发布了《国家体委直属体育事业单位“预算包干”暂行办法》，替代了《国家体委直属体育事业单位收入留成试行办法》。该办法根据体育事业单位性质的不同采取不同的财务管理办法：全额预算单位的财务管理实行“核定基数，比例递增”的办法；对于自负盈亏单位，则实行“经费自给，收大于支，结余部分上缴”的财务管理办法。

2.1.2.3　财政包干体制下体育公共服务财政制度评价

财政包干体制下，我国体育事业的财政供给方式发生变化，由计划经济时期的国家包办逐渐向国家办和社会办相结合的方式转变，体育事业经费增长迅速，“五五”时期体育事业经费仅 120629 万元，“六五”时期体育事业经费增加到 256644 万元，是“五五”时期体育事业经费的 2.13 倍。然而，财政包干的体育事业财政制度改革只是一种过渡性办法，其弊端依旧明显，主要表现如下。

第一，财政包干虽然打破了中央与地方的统收局面，却未打破它们之间的统支局面，导致中央财政收入逐年下降，中央宏观调控体育资源的能力被削弱，不利于合理配置区域之间的体育资源。

第二，财政包干没有明确规定中央与地方的职责，致使中央与地方的体育财权与事权不统一，体育各行政职能部门管办合一、责权利不明。

第三，我国自 1980 年开始实行以奥运为中心的竞技体育优先发展战略，体育资源配置以竞技体育为中心，群众体育财政投入较少。群众体育的发展寄希望于多方合作，而社会参与体育事业发展的动力不足，群众体育落后于竞技体育发展的问题逐渐显现。

2.1.3 分税制体育公共服务财政制度(1994—2016)

2.1.3.1 分税制财政管理制度

1992年党的十四大确立的改革目标是建立社会主义市场经济体制。财政制度要为社会主义市场经济的建立创造条件，实行分税制是与社会主义市场经济体制相适应的财政管理体制。在此背景下，《关于实行分税制财政管理体制的决定》于1993年由国务院发布，并于1994年在全国统一施行。分税制财税体制改革的指导思想是适当增加中央财力；合理调节地区之间财力分配，扶持经济欠发达地区的发展；坚持统一政策与分级管理相结合的原则，考虑税收对社会分配的作用；坚持整体设计与逐步推进相结合，通过渐进式改革，先建立分税制的基本框架，分步实施，逐步完善。

分税制改革的主要内容如下。

第一，中央与地方财政收入的划分。

根据财权和事权相结合的原则，将中央和地方的税收分为中央税、地方税、中央与地方共享税。中央税涉及实施宏观调控、维护国家利益所必需的税种，主要包括关税、中央企业所得税、消费税、海关代征消费税和增值税等；地方税涉及适合地方征管的税种，主要包括营业税(不含各保险总公司、各银行总行和铁道部门集中缴纳的营业税)、个人所得税、印花税、土地增值税等；中央与地方共享税主要涉及与经济发展直接相关的税种，主要包括增值税、证券交易税、资源税等。

第二，中央与地方财政支出的划分。

按照中央与地方政府的事权划分，中央政府的事权范围涉及国家安全、实施宏观调控、外交、调整国民经济结构、中央国家机关的运转等，主要包括国防费、中央统管的基本建设投资、中央级行政管理费、外交和援外支出等；地方政府的事权范围主要涉及本地区经济及事业发展、政权机关运转，主要包括地方统筹的基本建设投资，地方卫生、教育、文化等各项事业费，地方行政管理费等。

第三，转移支付体系。

1994年开始形成的政府转移支付体系的形式主要有中央对地方的税收返还、体制补助与体制上解等。分税制税收返还基数的核定均以1993年实际数值为计算依据，1994年以后，税收返还额在1993年税收返还基数的基础上逐年递增，按全国消费税和增值税平均增长率的 1∶0.3 来确定递增率。

受当时客观条件的制约，1994 年分税制财政管理体制仍存在许多问题，1995 年以来，中央采取了一系列措施来调整和完善分税制财政管理体制，主要表现在以下几个方面。

首先，财政转移支付制度不断完善。

1994 年财政转移支付制度尚不规范，因为其是在承认既得利益的基础上确定的。1995 年财政部出台了《过渡期转移支付办法》，中央财政通过增量改革，按照影响财政支出的因素，并考虑各地收入努力程度和财力水平，对各地的标准支出数额进行核定，以解决地方财政运行中的主要矛盾。

1996 年和 1997 年财政部进一步规范了《过渡期转移支付办法》，以“标准收入”替代了“财力”因素，对转移支付的计算办法进行改进。1998 年又进一步扩大了标准化收支的测算范围。但过渡期转移支付是在不影响地方利益的条件下进行的，因此改进转移支付办法所起的作用也是有限的。2002 年开始，一般性转移支付替代了原来的过渡期转移支付，财政转移支付制度的规范化程度逐步提高，专项转移支付也在发挥重要作用并不断完善。

其次，中央与地方证券交易印花税分享比例调整。

随着我国证券交易市场的发展，证券交易印花税大幅增长。为增强中央财政的宏观调控能力，国务院决定从 1997 年起中央与地方的证券交易印花税收入分享比例由 1994 年各分享 50% 调整到中央分享 80%、地方分享 20%。2000 年国务院再次决定从当年起分三年逐步将其提高到中央分享 97%、地方分享 3%。由此中央新增的收入作为社会保障资金的一个补充来源，主要用于支持西部欠发达地区的发展。

最后，省(区、市)以下财政体制改革。

1994 年中国没有统一规定省(区、市)以下财政体制建设，各地可根据实际情况设计财政体制。但随着县、乡基层财政困难日益突出，为提高基层执政能力，维护基层社会稳定，2002 年起，省(区、市)直管县财政体制改革逐步在全国推行，在政府间收支划分、转移支付补助、预算资金调度、专项拨款补助等方面，由省(区、市)财政直接与地(市)、县(市)级财政联系，以减少财政管理级次，有利于财政资金使用的监管，提高基层政府提供公共服务的能力。

目前，分税制尽管还不完美，还带有旧体制的残余和惯性，但它是与社会主义市场经济体制相适应的财政管理体制。它初步理顺了中央与地方的财政收支关系，促进了企业的平等竞争、产业结构的合理调整和资源的优化配置，使中央的财政收入再次集权化。1994 年分税制改革取得初步成功后，我国财政管理体制改革的重点逐步转移到财政支出管理体制改革上。1998 年决策层明确提出建立公共财政的基本框架，在公共财政导向下，从 1999 年起，我国财政预算管理体制和支出制度、政府采购制度、国库集中收付制度、“收支两条线”、政府收支分类改革等全面铺开。但我国财政体制改革是结合中国国情展开的，本身具有技术性、复杂性等特点，这些都决定了改革的道路是艰辛而漫长的。

2.1.3.2 分税制下的体育公共服务财政保障制度

随着 1992 年社会主义市场经济体制改革目标的提出及逐步实施，社会资源配置方式发生了变化，市场逐渐成为社会资源配置的主体。经济体制发生转变后，我国财政管理体制也进行了相应的变革，于 1994 年起开始实行分税制财政管理体制。事业单位财务制度是国家财政制度的重要组成部分，在分税制改革背景下，国家体委和财政部于 1993 年联合颁发了《体育事业单位财务管理办法》，以规范体育事业单位财务行为，此办法从 1994 年 1 月 1 日起开始执行。该办法将体育事业单位财务分为四种类型进行预算管理。第一类是企业管理，实行此财务预算管理办法的单位主要是体育单位举办的经营实体，体育单位所属的有条件的体育场馆和其他娱乐性体育场所；第二类是自收自支管理，实行此财务预算管理办法的单位虽不能实行企业管理，但有稳定的经常性业务收入，这些收入可抵补本单位经常性支出；第三类是差额预算管理，实行此预算管理办法的体育事业单位虽有一定数量的稳定的经常性业务收入，但仍收不抵支；第四类是全额预算管理，实行此财务预算管理办法的体育事业单位没有稳定的经常性业务收入，国家对这些单位所需要的体育事业经费实行全额预算拨款，采用“全额预算包干、超支不补、结余留用”的预算管理办法。

随着体育社会化、产业化进程的不断加快，1993 年颁发的《体育事业单位财务管理办法》已不适应体育事业改革发展的内在需求。为进一步规范体育事业单位的财务行为，1997 年财政部、国家体委联合发布了《体育事业单位财务制度》，1993 年颁发的《体育事业单位财务管理办法》同时废止。《体育事业单位财务制度》详细规定了体育事业单位的预算、收入和支出等财务工作，实行的预算管理办法是“核定收支、定额或者定项补助、超支不补、结余留用”，依据单位收支状况、国家财政政策和财力、事业发展计划、事业特点综合确定体育事业单位定额或定项补助标准。该制度还规定主管部门和审计、财政、税务等部门有权对体育事业单位的财务工作进行指导、检查和监督。

随着公共财政体制不断健全，为加强体育事业单位财务管理和监督，促进体育事业的健康发展，提高资金使用效益，2012 年财政部、国家体育总局对 1997 年颁布的《体育事业单位财务制度》进行了修订。修订的内容主要包括以下几个方面：①调整了适用范围，由原制度只适用于“各级政府体育行政主管部门所属的各级各类体育事业单位”扩大到适用于“各级各类体育事业单位”；②完善了收入管理，明确了财政补助收入定义，规范了事业收入分类，细化了收入管理，如新增了条款“体育事业单位的各项收入应当全部纳入单位预算，统一核算，统一管理”；③强化了支出管理，优化支出管理内容，如规定体育事业单位应当严格执行政府采购制度和国库集中支付制度等，加强支出的绩效管理；④加强了财务监督，这是新增设的一章，该章明确了财务监督的内容、形式和要求，规定体育事业单位应坚持日常监督与专项监督相结合，事前监督、事中监督、事后监督相结合，建立健全财务信息披露制度、内部控制制度等监督制度，依法公开财务信息。新制度适应了我国财政管理体制改革的要求，完善了体育事业单位的预算管理办法，切实解决了体育事业单位财务管理中存在的一些突出和共性的问题，进一步突出了体育事业单位财务管理活动的公益属性。

2.1.3.3　分税制下体育公共服务财政制度评价

分税制下体育公共服务财政制度打破了条块分割和行政隶属关系的限制，增强了中央政府体育公共服务供给的能力，中央和地方体育公共服务财政的独立性得以提升，强化了预算约束，地区间体育公共服务供给逐步均衡化。但分税制改革是在我国社会主义市场经济体制还不完善的基础上进行的，因而仍存在一些问题及缺陷。

第一，政府间收入划分不合理。提高中央财政收入占全国财政收入的比例有利于宏观调控，具有一定的合理性和必要性，但财力层层向上集中的同时，支出责任却没有相应下调，导致地方特别是基层政府事权和收入能力不相匹配。地方财政的支出压力增大，刺激基层政府利用行政权力收费来满足行政部门所需的经费，这些收费作为政府预算外收入并未因分税制的实施而减少，同时大量预算外收入游离于政府分享范围之外，不利于合理调节地区间财力差距。我国实行五级政府架构，政府级次多，过长的收入划分链条使得县级、乡级政府基本“无税可分”，县、乡体育公共服务供给不足。

第二，中央与地方政府事权划分不明确。1994 年分税制改革的重点是中央和地方政府间收入划分，对支出责任和事权没有进行大的调整。中央和地方政府的支出责任重点不明确，事权归属太笼统、不详细，而我国宪法和有关法律仅仅原则性规定了各级政府的体育事权划分，对各级政府的具体体育公共服务支出责任没有明确规定，因此各级政府间体育公共服务财政支出责任划分存在很大的随意性，导致体育公共服务事权重心设置偏低，体育事权层层下移，地方政府体育公共服务事权过重。

第三，转移支付制度尚不规范。我国现行财政转移支付类型包括无条件转移支付和有条件转移支付。无条件转移支付的形式主要有税收返还、结算补助、体制补助，有条件转移支付主要包括专项补助等形式。我国目前采用的转移支付形式主要是无条件转移支付，这种形式的转移支付可促进政府间纵向财政平衡。可由于中央政府对地方政府的税收返还和补助额的确定是通过基数法，而基数法延续了旧体制中的许多不合理因素，因此无条件转移支付发挥的让政府间财力均衡化的作用非常有限。虽然近年来税收返还在转移支付制度中所占份额逐渐降低，但整体比重仍较大，再加上中央政府对地方政府的转移支付力度还不大，这不但没有均衡地区间体育公共服务供给水平，反而使体育公共服务水平差距呈扩大趋势。

2.2　我国体育公共服务财政保障制度变迁的特征

2.2.1　体育公共服务财政制度变迁呈现自上而下的强制性

根据主体的作用方式，制度变迁可分为强制性制度变迁和诱致性制度变迁。强制性制度变迁的主体是国家(或政府)，是由法律引入或政府命令强制推行的制度变迁；诱致性制度变迁是自发倡导和组织的制度变迁，变迁的主体是个人、企业或政府。我国体育公共服务的变迁主体是政府，政府在体育公共服务财政制度变迁的路径选择、时机的权衡等方面扮演的角色是制度决定者，起着决定性的作用①。政府体育职能部门强大的控制力保证了其在体育公共服务财政制度变迁中的支配地位，体育公共服务财政制度变迁呈现出自上而下的强制性特征。

2.2.2　体育公共服务财政制度变迁呈现出路径依赖的渐进式特点

制度变迁是新制度替代旧制度的一种创新过程。根据制度变迁的速度，可将制度变迁分为突进式制度变迁和渐进式制度变迁。突进式制度变迁也称为休克疗法，是一种迅速地破坏或废除旧制度，制定和实施新制度的变迁方式；而渐进式制度变迁是新旧制度之间的轨迹平滑、变迁过程相对平衡的变迁方式。一个国家在选择制度变迁方式时，总会考虑许多问题，如路径依赖、原有制度结构等。为避免冲突程度过于剧烈、利益格局调整过大，我国体育公共服务财政制度改革选择了渐进式变迁的策略，即只对体育公共服务财政投入的增量部分进行调整，不触动地方政府的既得利益，通过增量改革带动体育公共服务财政制度的整体变革。渐进式变迁还指我国体育公共服务财政制度改革先是在小范围内试行，取得成功后再逐步推向全国。这样的制度变迁降低了改革的风险，避免了因过多调整利益格局而引起社会动荡，保证了我国体育公共服务财政管理体制改革的顺利进行。但这种制度变迁也有一些缺陷，表现为变迁的时间较长，改革不彻底，保留了旧体制的许多做法，不利于改革向纵深推进。如我国计划经济时期实行竞技体育优先发展战略，体育事业财政资金主要投入竞

① 李奕宏.我国财政管理体制变迁的制度分析[J].财政研究，2012(8)：7-8.

技体育领域，并且在社会主义市场经济体制下，这种投入格局仍未有效改变，导致民生类体育公共产品投入不足。

2.2.3 体育公共服务财政制度变迁是一个帕累托改进的过程

财政管理体制改革是一个非帕累托改进的过程，因为改革会涉及利益的调整和再分配，即使所有政府最终都能在财政体制改革中获利，但获利的程度总会有所不同，因此获利少的政府会感到自身利益遭受损失。我国体育公共服务财政制度的变迁，是在承认各方原有利益的前提下，对财政收入的增量部分进行改革，因此是一个帕累托改进的过程。无论是财政包干的体育公共服务财政制度代替统收统支的体育公共服务财政制度，还是分税制的体育公共服务财政制度代替财政包干的体育公共服务财政制度，基本都是以基数法来确定政府间的财政转移支付，这是中央对促进地方体育公共服务发展的一种补偿措施，同时也保证了地方的既得利益。虽然基数法保留了旧制度中的许多不合理部分，但正是通过这种转移支付方法，我国体育公共服务财政制度实现了从非帕累托改进向帕累托改进的转化。

2.2.4 体育公共服务财政管理体制是政治上的集权与经济上的分权并存

不同于西方的财政分权，我国的体育公共服务财政管理制度是政治集权与经济分权并存。政治集权是我国政府间纵向关系的制度安排，主要体现为下级政府服从上级政府，地方政府服从中央政府。经济分权是我国政府间纵向关系的经济制度安排，而财政分权是地方经济分权化改革的一个重要方面。体育公共服务财政管理体制政治集权和经济分权有利于调动地方政府供给体育公共服务的积极性，为地方政府体育公共服务供给创新提供了广阔空间。但地方政府在执行体育公共服务供给政策时很可能只根据上级的精神，对上级负责，很少根据居民的需求来提供相应的体育公共服务。目前我国体育官员的升迁主要以竞技体育成绩作为评价指标，因此各地体育行政部门的财政经费重点投入竞技体育，热衷于“政绩体育”，而对关系到居民健康的民生工程——群众体育投入较少，基本体育公共服务供给的数量和质量都有待于进一步提高。

2.2.5 体育公共服务财政管理体制法制基础薄弱

市场经济本质上是法治经济，因此西方市场经济发达的国家的法制较健全，政府间的财政收支关系也均以立法加以明确规定，如美国的宪法、德国的基本法都有相关法律条款规定政府间的财政收支范围。目前我国的社会主义市场经济体制还不完善，法律法规体系还不健全，政府间财政关系的调整依据主要是中央下达的“通知”和“决定”。我国财政管理体制变迁中的制度约束力不强，还未建立有关政府间财政关系的法律框架，政府间有关体育公共服务的财政支出责任缺乏法律的明确规定，只是原则性规定了各级政府的事权。由于缺乏相关的法律约束，中央政府和各级地方政府的财政关系不稳定，地方政府可能进行游说，相互间讨价还价，造成政府间体育公共服务财政转移支付的标准不统一。中央政府也会因法律约束力不强而单方面改变体育公共服务的制度安排，忽视地方政府的意见，从而难以统筹布局以促进区域间体育公共服务均衡发展。

2.3 我国体育公共服务财政制度变迁的历史启示

我国体育公共服务财政制度根植于中国特殊的政治、经济环境，其变迁过程中的一些做法呈现出中国特色。

2.3.1 深化体育公共服务财政制度改革要继续坚持走渐进式改革道路

我国体育公共服务财政制度改革因特殊的国情而采取了渐进式制度变迁方式，这样可以兼顾各方的利益关系，降低改革的阻力，保证改革的顺利推进。分税制体育公共服务财政制度改革虽然实现了财政分权体制上的突破，取得了较大成功，但只是对财政收入的增量部分进行调整，采取的仍然是渐进式改革道路，回避了关键性问题。近年来，我国根据经济发展水平不断调整和完善分税制体育公共服务财政管理体制，但依然带有明显的过渡色彩，改革中回避的关键性问题在体育公共服务供给中不断显现并最终成为体制性障碍。因此，在今后进一步深化体育公共服务财政制度改革中，我们仍然要继续坚持走渐进式改革道路，但要着眼于建立规范的体育公共服务财政管理体制，因而不能局限于对体育公共服务财政制度进行小修小补，而应该对其进行大幅度的调整，但要注意处理好渐进与突变的关系，避免改革大起大落，从而影响到社会的稳定，争取平稳过渡，以保证体育公共服务财政制度改革的顺利实施。

2.3.2 在变革过程中要充分发挥地方政府的主动性

我国体育公共服务财政制度变迁采取的是自上而下的强制性变迁，国家有关体育公共服务供给的相关政策通过公告及通知颁布，地方政府体育部门负责执行。这样的体育公共服务财政制度变迁虽然收效较快，但却没有考虑各地经济发展水平及体育公共服务供给能力的差距，地方尤其是欠发达地区政府体育部门的主观能动性未能得到有效发挥。因此，在进一步深化体育公共服务财政制度改革中，鼓励有条件的省(区、市)率先减少行政层级，实行扁平化行政管理模式，缓解地方政府提供体育公共服务资金不足的矛盾，以期不断提高地方政府提供体育公共服务的效能。国家还应根据各地经济发展水平的差距和体育公共服务供给能力的不同，采取相应的财政政策，以不断调动地方体育行政部门的主观能动性，促进区域间体育公共服务均衡发展。

2.3.3　完善我国体育公共服务财政收支划分法体系

体育公共服务财政收支划分法是处理各级政府之间分配关系、确定各级政府体育公共服务财政管理权限和收支范围的法律规范的总称。为明确划分各级政府体育公共服务财权和事权，防止各级政府间互相推诿和讨价还价，我国应不断完善体育公共服务财政收支划分法体系。第一，制定税收基本法，规范中央和地方的税收收入权。我国中央政府和地方政府的体育公共服务财力和财权是通过税种的划分来确定的，而中央政府与地方政府之间税种划分的依据是1993 年国务院发布的《关于实行分税制财政管理体制的决定》，毋庸置疑，此项规定已不适应当前经济发展及财税体制改革的需要。供给侧结构性改革背景下，为尽快建立现代财政制度，我国应制定税收基本法，明确规定中央政府和地方政府各自征收的税种、中央和地方共享税分成的比例，以合理划分中央政府和地方政府的体育公共服务财权。第二，制定财政基本法，规范各级政府体育公共服务财政收支行为。我国宪法虽有相关条款涉及政府的财政收支划分，但只是原则性的规定，可操作性不强。2014 年新修订的《中华人民共和国预算法》在政府全部收支纳入预算管理、规范专项转移支付等方面进行了相应改革，但是有关政府间财政收支划分中的实体性问题却未有效解决。通过制定财政基本法，在法律层面上规定政府财政收支的划分，可有效规范各级政府间体育公共服务的财政收支行为。第三，制定财政收支划分法，明晰政府间体育公共服务事权。明确划分各级政府间的体育公共服务事权，有利于规范各级政府间的体育公共服务财政支出，防止体育公共服务财政支出的越位与缺位，极大地提高财政资金的使用效率。第四，制定转移支付法，促进区域间的体育公共服务财政公平。我国地域辽阔，区域之间、城乡之间经济发展不平衡，区域间财政收入还存在较大差距，体育公共服务供给不均衡，需要制定科学规范的体育公共服务转移支付法，促进区域间经济协调发展，推动城乡体育公共服务均衡发展。而目前我国的体育公共服务转移支付遵从的是财政部颁布的规章制度，约束力不强，而且转移支付也没有考虑各地区经济发展水平、体育公共服务供给能力等的差异，支付方法不科学。通过制定体育公共服务转移支付法，可以规范政府间体育公共服务转移支付行为，促使各地体育公共服务财权和事权相匹配，确保各地居民能享受到大致均等的体育公共服务。

第3章 发达国家体育公共服务财政保障的经验借鉴

西方发达国家体育公共服务理论研究和实践探索起步较早，在体育公共服务的财政投入、财政支出、绩效评价等方面积累了许多经验。他山之石，可以攻玉，通过对英国、德国、日本和澳大利亚等发达国家体育公共服务财政保障的研究，了解发达国家体育公共服务财政保障的基本做法和主要经验，可以为优化我国体育公共服务财政保障提供有益借鉴。

3.1 英国体育公共服务财政保障

3.1.1 英国政府间公共服务财政分权

英国是实行地方分权管理模式的单一制国家，国家最高权力集中于中央政府，中央政府有权授予地方政府权力，也有权改变或取消地方政府的权力。地方政府在法律上享有地方自主权，中央政府一般对地方政府的具体事务不直接干预，而是通过财政控制、立法控制等方式监管地方政府。英国财权高度集中于中央，中央政府和地方政府间实行地方自治的中央集权财政管理体制模式。

3.1.1.1 各级政府间公共服务的事权和财权划分

英国的基本法具体规定了中央政府和地方政府的事权。中央政府提供受益范围覆盖全国的公共产品和服务，承担了公共产品和服务的财政保障经费中的70%，支出范围主要包括医疗卫生、国防、外交、高等教育、环境保护、一般公共服务、公共安全、娱乐文化与宗教等，其中医疗卫生和国防支出几乎全部由中央政府承担①。地方政府财政支出主要用于发展社会福利、维护公共安全、改良社会设施、从事公共建设等事务，主要提供受益范围覆盖局部的公共产品和服务。地方公共产品和服务的财政保障经费中的 30%来自地方政府自有财力，其余部分来自中央政府对地方政府的财政补助收入②。英国实行严格的分税制管理体制，财权划分的依据是中央政府和地方政府的事权。英国政府税收收入的 95%归中央政府，财权高度集中于中央政府；地方政府自有税收收入主要是住宅房产税，因此财政收入非常有限，占全国财政收入的比重仅为 5%。

英国中央政府设有文化、媒体和体育部，下设休闲体育处，主管全国体育公共服务工作，制定国家层面有关体育公共服务的政策和规划，划拨财政预算给英国体育理事会、英格兰体育理事会等组织机构。具体负责管理英国体育公共服务事务的政府机构是文化、媒体和体育部的下属机构——英国体育理事会。英国体育理事会通过横向上建立与同级政府部门、企业的合作关系及社团组织，纵向上建立从国家、区域到地方的体育理事会，全面管理体育公共服务。国家单项体育管理组织负责英国体育公共服务发展战略的实施，主要的事权是开展社区体育和学校体育工作，开展体育公共服务所需要的经费主要来源于英国体育理事会拨付的 45%的财政资金③。

3.1.1.2 财政转移支付制度

英国地方政府承担了 28%的支出责任，但地方政府财政收入只占全国的 5%。为保证地方政府正常运转所需要的资金，中央政府对地方政府实行转移支付，这是地方政府的主要收入来源④。中央政府对地方政府的转移支付形式有两种：一种是一般转移支付，另一种是专项转移支付。

一般转移支付主要由收入援助转移支付和商业房产税两部分构成。收入援助转移支付的金额按照一个均等化的转移支付方案来确定，具体金额的确定要经历三个步骤：首先，中央政府要把地方政府履行职责所需的资金统计出来；其次，要计算地方政府通过征收住宅房产税所能获得的收入，以及地方政府通

① 中国财政科学研究院撰写组. 世界主要国家财政运行报告(上)[J]. 经济研究参考，2016(68)：3-23.

② 王志刚. 我国地方政府财政支出绩效管理的制度研究[D]. 北京：财政部财政科学研究所，2014.

③ 马德浩，季浏. 英国、美国、俄罗斯公共体育服务的发展方式[J]. 体育学刊，2016，23(3)：66-72.

④ 王鹏. 财政转移支付制度改革研究[D]. 长春：吉林大学，2012.

过统一的商业房产税所能获得的转移支付收入；再次，地方政府履行职能所需要的资金减去地方政府所能获得的收入就是中央对地方的收入援助转移支付数额。商业房产税主要由地方按照中央规定的统一税率负责征收，收入缴纳到中央后再按照地方人口数分配给各地方。总体来说，经过中央对地方的一般转移支付，地方政府所获得的财政收入正好能满足其履行职责所需的支出。

专项转移支付根据项目拨款，体现中央的政策意图，资金专款专用。这些项目来自不同部门，有的由相关政府部门为实现其目标而设立，有的由副首相办公室为实现其目标而设立。以英格兰为例，英格兰地方政府所获得的专项转移支付主要有教育标准资金、寻求庇护者转移支付、强制性租金补贴、教师工资改革、住宅房产税负担转移支付等 8 类，占英格兰专项转移支付资金的 80%。英国通过财政转移支付制度解决了地区间纵向及横向的公共服务供给不均衡问题，使各地区大体能享受到均衡的基本公共服务[①]。

3.1.2　英国体育公共服务的财政保障政策

1948 年，英国首先宣布建成了福利国家。作为最早完成工业革命的国家，英国在体育公共服务体系的建设上不断顺应时代发展革新探索，始终保持着世界领先水平。英国的福利制度改革大致经历了三个阶段：第一阶段实行的是传统福利国家模式，第二阶段实行的是新自由主义经济模式，第三阶段实行的是网络协作模式。在传统福利国家模式下，政府全额投入体育公共服务的生产，负责建设公共体育场地设施，以满足大众体育公共服务需求。但随着国家社会福利支出的日益增加，政府财政难以为继，高福利制度负面效应日益明显，影响了国家的正常发展[②]。因此，英国的福利政策逐步由政府完全承担大众体育的需求，转为政府和其他机构(包括企业)一起通过合作提供体育公共服务的网络协作模式[③]。在这样的理论指导下，英国政府出台了《大众体育的未来》(*A Sport Future for All*)、《游戏计划》(*Game Plan*)、《奥运会计划》、《英格兰体育战略》、《社区运动场所》、“社区业余体育俱乐部计划”等政策，为英国的体育公共服务财政投入提供政策支持。

① 李欣. 世界主要国家财政运行报告(上)英国[J]. 经济研究参考，2016(68)：3-23.

② 刘章才. 英国“福利国家”困境论析[J]. 中共成都市委党校学报，2001(5)：45-48.

③ 徐通. 英国福利制度与大众体育政策演变[J]. 体育文化导刊，2008(4)：110-111，118.

3.1.2.1 《大众体育的未来》

《大众体育的未来》于2000年颁布。这项大众体育政策有三个关注点：一是关注居民整个生命周期中体育的参与率；二是关注提高青少年体育的参与率，促进青少年体育的发展；三是关注高水平竞技人才的培养。《大众体育的未来》指出，政府不可以也不应该过多干预居民的体育锻炼，参与体育是个人的行为，但是居民参与体育锻炼需要体育参与机会、体育场地设施与器材等，这些需要地方政府、体育协会、体育俱乐部发挥关键性作用。① 这项政策规定，提取电视转播收入的5%～10%投入体育活动和基层体育设施建设，以吸引非成员组织的参与②。这项政策还规定要加大资金投入，75%的体育彩票收入将用于发展社区体育；加大社区体育的投入力度，将从新机遇基金中拨款1.25亿元提高现有体育场馆的利用率和开放程度，或是帮助城乡社区完善体育设施③。此外，这项政策还高度认可地方政府在大众体育发展中的核心作用，地方政府应在提高居民体育参与率上发挥关键作用，并掌控地方的体育设施④。

3.1.2.2 《游戏计划》

《游戏计划》于2002年颁布，是《大众体育的未来》的延续。《游戏计划》从基层参与、政策制定和实施、大型体育赛事、高水平表演性竞技运动四个方面来发展大众体育和竞技体育，不仅进一步细化了《大众体育的未来》中提出的提升体育参与率的目标，而且进一步实现了竞技体育的目标，体现了大众体育和竞技体育并行的政策⑤⑥。

《游戏计划》主要有两个特点：第一个特点是政府体育经费投入大，一般占GDP的0.2%～0.6%。政府在2002年至2005年间累计对体育的财政支出20亿英镑以上（1英镑约合9.3元人民币）②，2005年英国政府对体育的财政投

---

① 徐通.英国福利制度与大众体育政策演变[J].体育文化导刊，2008(4)：110-111，118.

② 王英峰.英国体育管理组织体系研究[D].北京：北京体育大学，2010.

③ 陈刚，乔均.公共体育服务体系建设：比较研究与创新探索[M].南京：江苏凤凰科学技术出版社，2015.

④ 戴健.中国公共体育服务发展报告[M].北京：社会科学文献出版社，2013.

⑤ 刘子华.大众体育宏观调控政策和法律问题研究[D].太原：山西大学，2009.

⑥ 徐通，孙永生，张博.英国“社会投资型国家”体育政策研究[J].沈阳体育学院学报，2008，27(5)：28-30.

入为26.19亿美元，约占当年英国GDP的0.24%。英国体育经费的投入构成比例中，地方政府占95%，中央政府占5%。第二个特点是关注儿童，该计划强调至少保证75%的儿童每周有2小时的时间参加体育锻炼。

3.1.2.3 英国伦敦的体育遗产计划①

为了兑现奥运会遗产承诺，为伦敦市民提供更多参与体育运动的机会，英国伦敦大约投入2250万英镑推出了《市长体育遗产计划》(*The Mayor's Sports Legacy Programme*)。该计划共包括以下五部分。

(1)体育设施基金。

设立体育设施基金的作用是资助当地的体育俱乐部翻修或新建体育场地设施，以便开展体育活动。至2014年，该计划已投入700多万英镑到伦敦的各个自治市，资助了77个项目，有的是对现有的体育设施的升级改造进行资助，有的是投入资金新建体育设施。该项基金可使伦敦的体育设施每周多容纳5.1万人。

(2)体育参与基金。

体育参与基金的主要作用是资助英国的大众体育组织，以鼓励更多的伦敦居民经常性地参与体育运动。体育参与基金的目的是支持现有的持续开展的活动计划，尤其是那些有望在伦敦不断发展壮大且定期参与人口在不断增多的活动。截至2014年，该项基金已拨款550万英镑资助伦敦各个自治市的大众体育组织。同时，该项基金资助开展了数以百计的体育活动，活动受益对象超过25万人，其中10%以上的受益对象之前很少参与体育运动。这些活动涉及35种体育项目，一部分项目是通过体育解决具体的社会问题，还有一部分项目单纯是为了增加体育参与人口。

(3)免费体育计划。

免费体育计划帮助各种体育组织免费为伦敦市民提供体育运动机会，鼓励不同运动水平、不同年龄的居民尝试参与体育运动，使伦敦奥运会遗产持续发挥作用。

免费体育计划允许社区组织、青少年群体和体育俱乐部申请不超过1500英镑的资金，免费为伦敦市民开展体育活动。免费体育计划并非一次性的，而是由一系列活动构成，这样持续性的活动有助于居民逐步参与到体育运

① 体育资讯网. 英国伦敦的体育遗产计划[EB/OL]. [2014-08-28]. http://www.sportinfo.net.cn/show/title.aspx? TID=38520.

动中来，最终养成良好的体育锻炼习惯。伦敦每年有 1.5 万居民受益于该项计划，其中超过 2/3 的居民可以获得 6 个多小时的免费课程，这些免费课程由具备资质的教练教授。免费体育计划向各种体育活动提供资金支持，既有现代项目，如舞蹈，也有传统项目，如足球。一般来说，免费体育计划的重点对象是缺乏规律锻炼的群体，如残疾人、不经常运动的人群等。免费体育计划还拨付资金给一般不涉及体育活动的组织，如难民组织和老年人协会，这样这些组织就可以尝试开展体育活动。

(4)培养能力与技能。

为伦敦储备体育人才是培养能力与技能的主要目的。通过培养能力与技能，为政府长久地促进体育参与奠定坚实基础。培养能力与技能包括：为志愿活动提供支持；培养俱乐部管理人员、教练和官员；支持社区体育机构、当地俱乐部或其他大众体育组织的发展。至 2014 年，培养能力与技能所取得的主要成绩如下：志愿者奉献给伦敦的社区体育时长超过 20 万小时；在体育休闲领域中，100 多名伦敦残疾市民获得了就业机会；在伦敦培训的志愿者、教练和官员超过 1.3 万人；体育从业人员自 2009 年以来能力得到提升，满足了体育人口增长的需求。

(5)“水花飞溅”计划。

“水花飞溅”计划的目的是在居民最急需的地方建设游泳池，通过在社区和学校开展水中健身项目和家庭欢乐课程，提高体育人口的比率，解决社会问题。《市长体育遗产计划》中“水花飞溅”是标志性项目，一次持续的时间为 12 周。至 2014 年，实施“水花飞溅”计划取得的成就如下：在伦敦各地设置了临时性的游泳池 19 个；30 所学校因开设游泳课程而受益；帮助 1.9 万多名伦敦人学习游泳；学校课程受益者中的 80%来自非白人家庭，少数族裔儿童受益于该计划；70%的参与者学习游泳之后的 6 个月内继续去其他游泳池游泳，对参与者产生了长期影响。

3.1.3　英国体育公共服务财政保障现状

3.1.3.1　体育公共服务财政投入总体情况

2016 年英国中央政府对体育的拨款金额为 5000 多万英镑，拨款给英国体育理事会、英格兰体育理事会和其他区体育理事会。体育拨款中给英国体育理事会的金额为 1000 多万英镑，主要用于竞技体育，竞技体育财政投入占英国体育财政投入的20%；拨款给英格兰体育理事会的金额为3000多万英镑，主要用于大众体育，大众体育财政投入占英国体育财政投入的60%；其余1000万英镑拨款给其他区体育理事会。由上可见，英国中央政府非常重视大众体育的发展，大众体育所获得的政府拨款由英格兰体育理事会负责分配给有合作关系的社区体育俱乐部和社团[①]。除政府拨款外，英国大众体育的资金还来源于国家彩票基金。2000年，《大众体育的未来》报告称投入社区体育的经费中有75%来自体育彩票的收益。英国中央政府对社区体育的财政拨款较少，地方政府的财政投入占绝大多数，如2007年英国财政拨款26.19亿英镑投入到社区体育，其中中央政府投入1.32亿英镑，仅占英国财政总投入的5%；地方政府投入24.87亿英镑，占英国财政总投入的95%[②]。

3.1.3.2 大众体育财政保障

1. 大众体育财政投入

2012年12月17日，英国体育理事会宣布，为实现伦敦奥运会激励更多人参与体育运动的承诺，2013—2017年有46个运动项目协会将会得到政府的大众体育资助，资助的项目包括奥运会和残奥会项目，资助金额达到4.93亿英镑，资助的内容包括大众参与和人才培养两方面。在此次大众体育拨款中，31个项目协会获得了有史以来最多的资助。为奖励铁人三项、登山、自行车、轮椅篮球、无挡板篮球、射箭、马术、保龄球等项目在大众体育领域取得的巨大进步，英国体育理事会对这些项目的拨款比2009—2013年增加了30%以上[③](表3-1)。

---

① 体育资讯网. 英国大众体育的现状与趋势[EB/OL]. [2013-07-12]. http://www.sportinfo.net.cn/show/title.asp? TID=36514.

② 陈刚，乔均. 公共体育服务体系建设：比较研究与创新探索[M]. 南京：江苏凤凰科学技术出版社，2015.

③ 体育资讯网. 英国体育理事会将为大众体育拨款近5亿英镑[EB/OL]. [2013-02-08]. http://www.sportinfo.net.cn/show/title.asp? TID=32394.

表 3-1　2013—2017 年英国体育理事会对体育项目投入的增加情况

项目	2013—2017 年			2009—2013 年	增长率（%）
	总额（万英镑）	大众参与（万英镑）	人才培养（万英镑）	总额（万英镑）	
铁人三项	750	530	220	470	60
登山	300	270	30	140	114
自行车	3200	2560	640	2470	30
轮椅篮球	200	180	20	70	186
无挡板篮球	2530	1680	850	1870	35
射箭	200	120	80	90	122
足球	3000	2500	500	2560	17
拳击	580	460	120	450	29
田径	2200	1700	500	2040	8
高尔夫球	1300	970	330	1250	4
曲棍球	1200	990	210	1120	7
体操	1180	1080	100	1100	7
皮划艇	1020	700	320	860	19
马术	600	490	110	410	46
长曲棍球	340	300	40	240	42
棒垒球	300	290	10	260	15
保龄球	200	200	0	80	150
跳舞	190	190	0	80	138
钓鱼	180	170	10	160	13
滑水	170	120	50	100	70
冬季项目	150	130	20	100	50
地滚球	130	100	30	80	63
跆拳道	120	0	120	80	50

续表3-1

项目	2013—2017 年			2009—2013 年	增长率(%)
	总额(万英镑)	大众参与(万英镑)	人才培养(万英镑)	总额(万英镑)	
轮椅橄榄球	120	90	30	50	140
手球	120	110	10	60	100
射击	110	90	20	80	38
举重	100	80	20	60	67
摔跤	90	70	20	40	125
盲人门球	80	60	20	40	100

英国政府对这一大笔公共拨款的使用进行严格监督，以确保公平、合理、严格地使用财政资金，让每一英镑都能用到实处。体育项目的资助金直接拨给每个项目的管理机构，英国体育理事会随后就对受资助的 46 个项目管理机构实行严格的评估及具有挑战性的监督。评估的内容主要包括两个方面：一是项目管理机构储备体育人才和开展社区体育的能力；二是各个机构制定的计划的可行性。

英国体育理事会对每个项目实行严格的成绩管理，采用按结果分配的原则，对获得成功的项目管理机构给予奖励，对失败的则给予处罚。英国体育理事会将这笔大众体育拨款划拨出一部分作为奖励和激励基金，金额达到 4000 万英镑，以帮助比较优秀的项目取得更大的成功；反之，没有完成提升体育参与度年度目标任务的体育管理机构，将面临扣除 20%剩余拨款的危险。

此外，不同的运动项目管理机构在完成目标过程中的情况各异，因此英国体育理事会还采取了差异化的大众体育拨款政策。由于壁球、击剑和乒乓球协会的某些工作领域还亟待改善，因此英国体育理事会只拨款给相关项目协会一年的款项。同样，篮球、网球和游泳协会在促进大众体育参与方面不太理想，为给这些管理机构一次证明自身能力的机会，这些协会只得到英国体育理事会为期一年的大众体育拨款。

上述 6 个项目协会在接受第一年大众体育拨款后，能否继续得到余下三年的体育拨款，则要看第一年财政拨款的使用情况。如果第一年拨付给这些协会的资助金被成功地使用，那么这些项目的管理机构仍会得到余下三年的大众体育拨款资助，否则，余下三年的大众体育拨款将拨给那些在社区居民体育参与度提升方面作出突出成绩的项目协会。

英国体育理事会除直接拨款给体育项目外，还拨出1510万英镑资助其合作组织。这些组织包括英国残疾人体育联合会、英国妇女运动与健身基金会等推动体育多样性的组织。英国体育理事会对这些组织提供资助是支持其提供高质量的咨询服务，双方达成资助的目标是鼓励更多的人参与体育运动①。

2. 大众体育财政重点保障对象

(1)支持发展青少年体育。

英国非常重视青少年体育的发展，并给予重点财政保障。2013—2017年英国对大众体育近5亿英镑的拨款中60%以上都用于青少年体育，青少年的年龄为14~25岁。为保证有体育才华的青少年接受最好的训练和享受高质量的体育设施，从拨款中支出了8300多万英镑用来支持他们，尽可能给他们最好的起点，43个体育项目是拨款的受益对象；还重点资助了帆船和皮划艇项目，增加了对它们的投入，目的是进一步完善这两个项目的体育人才计划②。

为了增强青少年终身体育意识，不断增加具有终身运动习惯的青少年数量，自2012年到2017年，英格兰体育理事会投入的政府拨款和彩票基金至少为10亿英镑，以打破阻止青少年持续参与运动的各种障碍，确保青少年能经常参加体育运动。英格兰体育理事会与学校、当地政府和志愿机构、国家体育管理机构、各郡体育机构合作，尽可能为青少年参与体育运动提供机会③。采取的措施主要包括以下几个方面。

第一，构建持久的校园体育竞赛文化。

学校运动会提供了开展体育竞技的框架，涉及学校、郡、地区和国家四个层面。英格兰体育理事会通过彩票、公共和私人部门，到2015年筹集到1.5亿多英镑的资金。通过持续举办学校运动会，为学校构建良好的校园体育竞赛文化。

---

① 体育资讯网. 英国体育理事会将为大众体育拨款近5亿英镑[EB/OL]. [2013-02-08]. http://www.sportinfo.net.cn/show/title.asp? TID=32394.

② 体育资讯网. 英国体育理事会将为大众体育拨款近5亿英镑[EB/OL]. [2013-02-08]. http://www.sportinfo.net.cn/show/title.asp? TID=32394.

③ 体育资讯网. 英格兰体育理事会投资10亿英镑开展青少年体育[EB/OL]. [2015-11-02]. http://www.sportinfo.net.cn/show/title.aspx? TID=43156.

第二，与体育管理机构合作：专注于青少年。

对于所资助的项目中参与人群主要是青少年的体育项目管理机构，英格兰体育理事会要求其拿出拨款资金的60%用于支持青少年，帮助他们将参与体育运动发展为生活习惯。要采取各种能促进青少年积极参与体育运动的措施，确保能实现约定目标。对项目管理机构拨款，要坚持按照结果定支出的资金使用原则，如果受资助的体育管理机构不能实现约定目标，英格兰体育理事会将收回对其拨付的资金。

第三，投资设施。

为使青少年参与运动有更好的体育设施，英格兰体育理事会拨款约 1.6 亿英镑对体育设施进行更新升级。另外投入英格兰体育理事会的场地、运动计划及人的金额已达 9000 万英镑，其中还包含了学校体育设施向公众首次开放的资金，这些向公众开放的体育设施包括 1/3 的游泳池和 3/4 的运动场馆。

第四，加强学校和社区体育俱乐部之间的联系。

为使青少年离开校园后继续参与体育运动更方便，英格兰体育理事会与网球、联合会式橄榄球、足球、板球、联盟式橄榄球组织合作，到 2017 年，学校与当地体育俱乐部间建立的合作伙伴关系数量至少达到 6000 个。建立合作伙伴关系的目标是至少有一个当地体育俱乐部能与当地多数小学和每所中学建立联系。另外，为保持长期友好的合作伙伴关系，所在区域学校和社区体育俱乐部之间的联系由每个郡体育合作机构指派专人负责。

第五，资助社区和志愿部门。

英格兰体育理事会与志愿团体、当地政府和其他组织机构合作，尽可能向青少年提供丰富多彩的体育活动。到 2017 年，英格兰体育理事会拨款 5000 多万英镑资助运行良好的志愿团体、体育俱乐部等组织机构，支持它们为大众提供让人精神振奋、引人瞩目的运动体验。英格兰体育理事会投资了 2.5 亿多英镑用于社区方面的青少年体育工作①。

(2)重视体育俱乐部的发展。

英国的体育俱乐部绝大多数是非营利性的，政府和体育理事会的资助、会员会费是其主要的经费来源，体育俱乐部的收入来源中也包括少量社会捐助和商业赞助。英国的体育俱乐部基本上没有自己的体育场地，大多是免费使用或

① 体育资讯网. 英格兰体育理事会投资 10 亿英镑开展青少年体育[EB/OL]. [2015-11-02]. http://www.sportinfo.net.cn/show/title.aspx? TID=43156.

租借学校、社区的体育设施，体育场地中的1/4借自学校，1/2借自当地政府。体育俱乐部有600多万名工作人员，一般都是义务性的和兼职的，他们没有或只有极少报酬，接受过有关体育协会的专项培训①。

为支持体育俱乐部为广大居民提供优惠服务，2002年英国政府启动了"社区业余体育俱乐部计划"，俱乐部加入该计划可享受税费减免政策。税费减免政策主要包括：免去80%的商业税，租赁收入2万英镑以内、交易收入3万英镑以内均可免税，个体捐助者可要求"礼物援助"（个人向慈善机构捐款可以现金形式，经过申报和认证后，获得的收入税减免为18%～40%）。实施"社区业余体育俱乐部计划"的目的是确保每个人都能接触到社区体育场地设施。体育俱乐部税收减免节省的经费可用于体育活动，对设备设施进行全方位改善。

2013年英国政府修改了"社区业余体育俱乐部计划"，目的是鼓励更多的体育俱乐部加入该计划，能够享受到政府减免税的优惠政策。"社区业余体育俱乐部计划"的修改主要包括以下几个方面的内容：第一，限制会员费的最高额度。俱乐部收取的包括参与运动和使用装备器材的相关会员费和参与费一般每年不超过520英镑。如果年收费超过520英镑，俱乐部要想被政府认定为面向社区开放，就需要为低收入人群提供优惠方案。第二，每个俱乐部每年可为运动员提供资金支持，金额不超过1万英镑。第三，为向青少年、低收入人群、残疾人等提供较低的费用，俱乐部可使用社会收入进行补贴，多元化的收入来源可使俱乐部对特殊群体降低会员费。第四，当运动员代表俱乐部参加俱乐部巡回赛或比赛时，俱乐部可向运动员提供合理数额的补贴或交通费。第五，政府对向俱乐部捐赠的公司实行税费免除优惠政策，通过此项政策，俱乐部新增加了一个收入来源。

截至2014年，英国约有6000家体育俱乐部享受此政策的优惠，节省的商业税超过1亿英镑，更多的人在当地获得了参与运动的机会②。

在政府的政策及财政支持下，英国的体育俱乐部是人们参加体育活动最有效、最方便的途径。英国体育俱乐部的数量约为15.1万个，平均每个俱乐部拥有青少年会员107名和成年人会员117名。英格兰体育俱乐部会员将近

---

① 体育资讯网. 英国大众体育的现状与趋势[EB/OL]. [2013-07-12]. http://www.sportinfo.net.cn/show/title.asp? TID=36514.

② 体育资讯网. 英国政府修改社区业余体育俱乐部计划[EB/OL]. [2014-01-06]. http://www.sportinfo.net.cn/show/Article.aspx? TID=37033.

1000 万人，占总人口的 23.3%，体育俱乐部已成为英国大众体育的基本组织形式。

(3)支持大众体育场地设施建设。

场地设施是开展大众体育的基础，早在 20 世纪 70 年代末英国就已实现了体育场地设施建设目标，即每个社区建设一个游泳池和一个体育中心。进入新千年，为了继续发挥老旧体育设施的作用，使其能够满足使用者的需求，英国投入巨额资金改建体育设施。在英国政府制定的《全民健身战略报告(2010—2013 年)》中，“更新和改建现有的体育场馆，加强体育设施建设”是该报告的第一个目标。

2010 年，“场地、人和运动奥运会遗产计划”由英国奥委会、英国残奥委会和英格兰体育理事会组织开展，目的是让奥运会遗产进入社区。该计划的主要工作之一是升级改造 1000 个体育场地设施。用于体育场地设施升级改造的 5000 万英镑经费来自国家彩票基金，同时该基金还投入 1000 万英镑保护和改造其他体育设施，旨在保证这些升级改造的体育设施能至少再用 25 年。除了升级和改造老旧体育设施，英国还投入 3000 万英镑建设一批世界一流的综合性体育设施，经费也来自国家彩票基金。这些综合性体育设施带有 2012 年伦敦奥运会标志，作为奥运会永久的遗产保留下来，同时为未来的体育设施建设确立了标准。

英国是现代足球的发源地，足球也是英国人极喜欢的运动项目之一。为了满足英国人对足球运动的场地需求，英国政府非常重视足球场地设施的建设和维护。如在《英国 2011—2015 年大众足球发展战略》中，英国投入 2.53 亿英镑用于改善足球场地设施质量和增加场地设施的数量，改善或保护的足球场数量达到 1000 个①。

英格兰体育理事会于 2012 年初启动的《青少年和社区战略 2012—2017》指出，投入 2.5 亿多英镑用于建设和升级改造体育场地设施，其中包括“场地、人和运动奥运会遗产计划”在内的 9000 万英镑。在“场地、人和运动奥运会遗产计划”取得成功的基础上，用于更新升级体育设施的资金大约为 1.6 亿英镑，其中投入最受欢迎的体育活动设施经费达到 1 亿英镑，如改造升级的游泳池和

---

① 体育资讯网. 英国大众体育的现状与趋势[EB/OL].[2013-07-12]. http://www.sportinfo.net.cn/show/title.asp? TID=36514.

新的人造草皮球场等[①②]。

(4)重视和发展小学体育。

参加体育活动可以有效提高小学生的学习注意力，因此，英国政府非常重视小学体育教育并给予相应的财政保障。2013 年，英国拨款 1.5 亿英镑用于加强英国各地的小学体育教育，经费来源于伦敦奥运会遗产。英国文化、媒体和体育部同教育部、卫生部三部门共同携手资助此项目运行，英国文化、媒体和体育部出资 1000 万英镑，教育部出资 8000 万英镑，卫生部出资 6000 万英镑。英国各小学 2013 年、2014 年均可从此项目中得到体育专用资金的资助[③]。英国还重视并通过财政支持学校运动会的举办，2011—2012 年，英国投入了 5008 万英镑公共资金用于学校运动会举办。在政府的财政支持下，至 2012 年 8 月 1 日，385 万名学生参加了学校运动会，这些学生是从英国 8341 所学校选拔出来参加比赛的，相当于每名选拔出来的学生得到 13.2 英镑的财政资助[④]。

为使英国小学生都能在小学毕业时掌握必要的运动知识和技能，养成终身参与体育运动的习惯，英国政府自 2013 年起实行了“小学体育教育与运动专项基金”计划，一直持续至 2020 年。该计划由英国政府通过教育部特别设立，每学年直接额外拨款金额达到 1.5 亿英镑。英国政府对这笔专项基金的使用作了明确规定，即必须将其用于提高小学体育活动的质量，但使用这笔资金的方式学校可以任意选择，如支出的内容可以包括：提高学校运动会的参与率或开展体育比赛；聘用专业的体育老师；提供教学资源给现有员工，辅助他们教授体育；同其他学校一起开展体育活动；聘用有资质的体育教练；通过开办或扩展假日俱乐部、学校体育俱乐部，使缺乏运动的孩子们也参与到体育锻炼中来[⑤]。

---

① 体育资讯网. 英格兰体育理事会青少年和社区战略(2012—2017)—把体育运动培养成生活习惯[EB/OL]. [2012-07-23]. http://www.sportinfo.net.cn/show/title.asp? TID=28324.

② 体育资讯网. 英格兰体育理事会投资 10 亿英镑开展青少年体育[EB/OL]. [2015-11-02]. http://www.sportinfo.net.cn/show/title.aspx? TID=43156.

③ 体育资讯网. 英国大众体育的现状与趋势[EB/OL]. [2013-07-12]. http://www.sportinfo.net.cn/show/title.asp? TID=36514.

④ 体育资讯网. 英国大众体育最新发展现状调查[EB/OL]. [2014-08-28]. http://www.sportinfo.net.cn/show/title.aspx? TID=38526.

⑤ 体育资讯网. 英国“小学体育教育与运动专项基金”运行计划[EB/OL]. [2015-09-10]. http://www.sportinfo.net.cn/show/title.aspx? TID=40575.

通过此项基金，拥有250名学生的小学校通常每年可以获得9250英镑[①]。从2013年9月起的三年时间里，英国政府拨款4.5亿英镑投入小学体育课和体育活动，以促使小学生更多地参与运动[②]。

3.1.3.3 竞技体育财政投入

为了确保英国绝大多数天才选手的潜能有充分发挥出来的机会，自1997年起，英国体育理事会开始实施世界级运动成绩计划，以保证运动员在发展的每个阶段都得到支持。该计划最初仅对那些极有希望夺取奖牌的运动项目进行资助，但现在几乎所有的夏奥项目和残奥项目都得到了该计划的资助，同时包括英国竞技水平较高的冬奥项目。资助遵循奥运周期，4年一个周期，一般从奥运会结束后第二年的4月1日开始，资助的经费主要来源于彩票收入和政府拨款。2009年至2013年，通过世界级运动成绩计划，英国体育理事会共投入2.613亿英镑支持伦敦奥运会运动项目的发展(不包括对残奥会项目的资助)[③]。

为备战2012年伦敦奥运会，英国体育理事会于2010年增加了对表现突出的6个项目的财政拨款，这6个项目分别是跆拳道、皮划艇、赛艇、拳击、曲棍球和体操，获得的额外资助大约从20万英镑到113万英镑不等。获得额外资助最多的项目是曲棍球，达到113万英镑；体操项目所获得的额外资助仅次于曲棍球，金额大约达到60万英镑；拳击、跆拳道、赛艇和皮划艇项目所获得的额外资助分别达到57万英镑、40万英镑、30万英镑和20万英镑[④]。

英国体育理事会为备战2016年里约奥运会和残奥会，以获得更多的夺牌机会，对奥运项目追加了230万英镑资金的资助，共有7个项目增加了财政拨款，其中奥运项目包括射击和击剑，其余为残奥项目。此前英国体育理事会已投入约3.5亿英镑到奥运项目中，经费来自国家彩票基金和财政拨款。2015年，

---

① 体育资讯网.英国大众体育最新发展现状调查[EB/OL].[2014-08-28].http://www.sportinfo.net.cn/show/title.aspx?TID=38526.

② 体育资讯网.英国发起运动越多，生活越好计划[EB/OL].[2014-03-14].http://www.sportinfo.net.cn/show/title.aspx?TID=37958.

③ 体育资讯网.英体育理事会资助奥运项目拨款创新高[EB/OL].[2010-10-18].http://www.sportinfo.net.cn/show/Article.aspx?TID=26300.

④ 体育资讯网.英大幅提高六个奥运赛项的备战资助[EB/OL].[2011-03-11] http://www.sportinfo.net.cn/show/Article.aspx?TID=26633.

英国对奥运项目追加的拨款，可使其在里约或东京奥运会和残奥会上有望分别有 20 个和 18 个夺牌的项目[①]。为支持 2016 年里约和 2020 年东京奥运会及残奥会奖牌战略，英国体育理事会官网 2015 年 11 月 25 日报道，英国对奥林匹克运动增加了投入，增加的额度达到 29%。政府拨款的增加既保障了英国高水平运动员持续备战 2020 年东京奥运会和残奥会，又扩大了基层居民的体育参与率[②]。

3.1.3.4　支持重大国际体育赛事的申办和举办

伦敦成功举办 2012 年奥运会和残奥会后，英国政府和民众的体育热情被极大地激发了起来。为确保英国成功申办国际重大赛事，同时以世界一流水准举办赛事，英国制定了新一轮的“黄金系列赛事”(Gold Event Series)计划[③]，此项计划长达七年(2013—2019)。该计划制定和发布的意义表现在两方面：一是有助于英国体育比赛的规划和中长期发展；二是有利于在英国举办的最重要的国际级体育赛事中能有更多的企业和非政府组织参与。此计划的内容主要包括以下几个方面。

1. 政府和社会力量携手举办赛事

通过“黄金系列赛事”计划，英国从国家彩票基金中拨款 2700 多万英镑支持和帮助英国申办和举办 2019 年的国际重大体育赛事。英国还提供新的综合的全面支持服务。

英国体育部门与众多的非政府机构建立起合作伙伴关系，对将要举办的重要体育赛事进行确认和优选，然后支持它们申办所选择的体育赛事，并对它们融资和举办体育赛事给予支持。为了成功申办和举办所选择的重要体育赛事，英国体育部门还与赛事网络系统(在全英举办赛事的城市、郡和四大地区间形成)密切配合，赛事举办城市和地区共投入 2.87 亿英镑的匹配资金。

2. 政府给予实实在在的支持

政府在 14 个领域支持体育赛事的申办和举办，具体如下。

---

① 体育资讯网. 英追加 230 万英镑资金备战里约[EB/OL]. [2015-03-26]. http://www.sportinfo.net.cn/show/Article.aspx? TID=39436.

② 体育资讯网. 英国政府大幅增加奥运备战拨款[EB/OL]. [2015-12-04]. http://www.sportinfo.net.cn/show/Article.aspx? TID=43195.

③ 体育资讯网. 英国制定新的黄金系列赛事计划[EB/OL]. [2013-11-01]. http://www.sportinfo.net.cn/show/title.aspx? TID=36822.

申办赛事方面的支持包括：重大国际赛事要求的政府担保；通过彩票基金给予申办工作资金支持；通过出席、函件等表明政府对体育赛事的官方支持；赛事的可行性研究、商务开发计划、场馆选定等方面的支持；赛事的国际遗产方面的支持；申办政策和资源协调等方面的咨询；通过彩票基金资助即将举办的赛事。

举办赛事方面的支持包括：组成高效的赛事组委会并提供举办赛事的专业咨询；履行和监管申办阶段政府所作出的担保承诺，如签证支持、税项豁免、文件签署、海关支持等；赛事的市场开发和品牌促销；监控赛事对经济、体育、媒体等方面的影响；提供免费或低成本的赛事专用设施设备；赛事的知识传承；赛事用品的品牌包装和推广。

3. 民众和志愿者广泛参与

每一位民众可通过“黄金系列赛事”计划，了解有关的赛事信息。民众情况各异，有的可能只是体育迷，通过对每月独特的体育比赛、活动等的关注，体验 2012 年伦敦奥运会产生的持久影响；有的可能是对奥林匹克文化、志愿者活动、观赛门票感兴趣。通过“黄金系列赛事”，有 2.5 万名志愿者和官员获得了举办大型赛事的经验，到现场观看比赛的观众达到 250 万人。

4. 通过举办高水平赛事来推动体育和社会发展

通过实施“黄金系列赛事”计划，英国举办赛事可实现的目标主要如下：第一，展示 2012 年伦敦奥运会和 2014 年格拉斯哥英联邦运动会遗产；第二，举办高水平赛事；第三，为英国带来积极的经济和社会影响；第四，创造让民众参与的一流的体育运动机会。

英国推出“黄金系列赛事”计划的目的不只限于以上四个方面，它还向人们展示了英国的决心，即在 2012 年奥运会后继续推动和举办重大体育赛事，此决心能被国内居民认可，同时国际体育界对在英国举办重大体育赛事的信心也能得到增强。

奥运会、残奥会和英联邦运动会项目是英国体育部门集中支持的对象，此类项目的高水准世界巡回赛事、欧锦赛和世锦赛是“黄金系列赛事”计划的重点支持对象。

3.1.4 志愿者在体育公共服务财政保障中的作用

在欧洲很多发达国家，志愿服务在体育公共服务的供给中有着悠久的历史，享有良好的社会声誉，群众基础广泛。在这些国家，不仅有众多的人参与体育志愿服务，而且志愿服务的体育项目众多，为本国体育公共服务的供给提供了大量的人力资源。

英国平均每个体育俱乐部拥有志愿者 21 名，但有薪员工只有一两名[①]。2010—2011 年英格兰体育人口调查所公布的数据显示，英格兰每周至少有 300 万人参加了 1 小时的体育志愿活动，占英格兰总人口的 7.3%。他们遍及全英各类体育俱乐部，担当着裁判员、教练员、管理人员、官员、比赛主管、司机、会计以及其他服务人员等角色，为近千万名会员服务。这些志愿者每年提供的体育服务总计约 12 亿小时，相当于 72 万名全职工人一年的工作量，创造的经济价值高达 14 亿英镑，相当于为国家节省了 14 亿英镑的体育公共服务财政支出。

2010 年英国推出了“场地、人和运动奥运会遗产计划”，目的是进一步发扬体育志愿服务的光荣传统。该计划提出，2012 年伦敦奥运会影响力巨大，要利用其影响力，在全国招募和培训体育带头人 4 万名，每名体育带头人承诺进行的志愿活动至少 10 个小时。组织者的目标是招募的体育带头人至少能有一半作为志愿者坚持下来，为体育作出长期的贡献[②]。

---

① 体育资讯网. 英国体育俱乐部调查[EB/OL].[2011-11-15]. http://www.sportinfo.net.cn/show/title.asp? TID=27449.

② 体育资讯网. 欧洲主要国家大众体育发展策略研究[EB/OL].[2014-11-18]. http://www.sportinfo.net.cn/show/title.aspx? TID=38841.

3.2 德国体育公共服务财政保障

3.2.1 德国公共服务财政管理体制

德国是联邦制国家，虽然行政管理层次较为复杂，但财政体制仅仅由联邦、州、市镇三个层次组成，三者之间的财政关系在德国基本法中有明确规定，即州和市镇财政主要负责辖区内的公共支出，全国及中央公共支出主要由联邦财政负责。虽然联邦、州、市镇三者之间不断调整财政关系，但“财权集中、共享为主、横向均衡”的财税模式仍然是其主线，并且沿袭至今[①]。

3.2.1.1 各级政府间公共服务的事权和财权划分

按照德国基本法的规定，联邦、州、市镇三级对各自区域内的财政收支平衡负责。联邦政府在事权方面负责的是关系国家利益的相关支出，主要包括立法、国防、外交、货币金融管理等。同时，促进地区间协调发展也是联邦政府的主要责任。在财权方面，由于基本法规定了各级政府的财权必须与其事权相适应，因此各级政府有着相对独立且平等的地位。

州政府在事权方面主要负责本级行政管理、区域内的经济协调发展、治安、司法、环境保护、卫生健康和保健设施建设、社会文化、教育事业和体育事业等。州政府最大的支出项目是财政供养人员经费开支，占财政支出的比重约为40%；各个市镇的财政平衡由州政府负担，因此州政府对市镇政府的财政补助占总支出的比重在30%以上。州政府重视科学研究和教育事业的发展，对科学研究和教育事业的财政支出约占总支出的29%。在财权方面，州政府的固定收入包括啤酒税、赌博税、消防税、盐税、机动车辆税、彩票税、遗产税等。州政府的主要收入来源是共享税，州政府与联邦政府的共享税包括工资税、增值税和公司税，其中工资税比例最高。

市镇政府的事权范围包括地方科学文化和教育事业、公共交通、水电和能源供应、医疗卫生等。作为基层政府，向辖区内的公民提供基本公共服务是其主要责任。在财权方面，地方营业税、消费税和娱乐税等是市镇政府的主要税

---

① 张锋. 江西省直管县财政管理体制改革研究［D］. 南昌：江西财经大学，2016.

收收入。此外，市镇政府很重要的收入还有州政府对地方政府的财政补助。

市镇政府主要负责体育设施的建设、维修和翻新，为体育俱乐部提供支持。由于体育公共服务的供给由德国州政府承担，因此这一级政府设有专职的体育管理机构。德意志联邦的 16 个州都有主管体育的部门，有一些州由社会部和内政部共同管理体育事务，而大部分州则由文化、青年和体育部管辖。德国各州体育管理的重点是学校体育方面，同时也参与建设与维护体育设施的工作，所需经费主要由州政府承担；当体育公共服务惠及的范围超过各州政府时，则所需经费就由联邦政府和州政府共同承担①。

3.2.1.2　科学的财政平衡制度

为确保政府间财权和事权相匹配，德国建立了较完善的转移支付制度。德国的财政转移支付体系包括两部分：一是纵向财政转移支付，二是横向财政转移支付，这两种转移支付实现了有效的结合。同时，德国制定了财政平衡法，以保障横向转移支付能在州之间以及州内的各市镇之间顺利实施，对改善地方民生发挥了重要作用。

第一，州内各市镇的横向转移支付。市镇之间工资所得税的分配是实现市镇之间财政平衡的重要方式。德国于 1971 年颁布的税收分解法对工资税采用税收分解法作出了明确规定，采取的做法如下：工资税实行属地原则，如果企业拥有多家分支机构，则所有分支机构的职工工资所得税由总公司统一缴纳，但缴纳的所得税需划归给纳税者所居住的当地财政局。此外，税收分解法还规定企业所得税和个人所得税也采用税收分解法，实行属地原则。税收分解法实现了税收横向分配，解决了政府间税收分配不公的问题②。

第二，州级财政平衡。德国增值税的分享具有均等化效果，州级财政平衡是建立在增值税分享基础上的。根据财政平衡法，为实现州级间财政的预先平衡，按各州的人口将州级大部分的增值税收入进行均等化分配；然后测量与比较各州的税收能力和平衡指数，以确定财政资金的流向及规模。

---

① 杨叶红，方新普. 中国、美国、德国财政制度模式与体育体制的比较[J]. 成都体育学院学报，2011，37(3)：6-10.

② 袁华萍. 财政分权下的地方政府环境污染治理研究[D]. 北京：首都经济贸易大学，2016.

3.2.2 德国体育公共服务的财政保障政策

3.2.2.1 “黄金计划”①

德国的“黄金计划”于1959年由德国奥林匹克学会会长格奥尔格·冯·欧宝首次提出。该项计划的主要目的是在全国建设体育设施，以便所有国民能便捷地参与体育运动，共计需要投入63亿德国马克②，该预算很大一部分由政府拨款。

德国第一个“黄金计划”的实施时间是1960—1975年。计划实施中，德国体育设施建设不但得到了全国各城市政策的保障，更得到了社会各界的大力支持。该计划实际总投入约220亿德国马克，远远超出63亿德国马克的预算，体育设施数量和面积都发生了巨大变化(表3-2)。

表3-2 第一个“黄金计划”实施后德国体育设施发展情况

设施类型	1960年		1975年	
	数量(个)	面积(万平方米)	数量(个)	面积(万平方米)
儿童游戏场	18500	1200	42800	5925
全民健身活动中心	32800	12690	55100	20730
网球场	5300	—	16000	—
室外游泳池	3030	320	3580	470
室内游泳池	730	11	2980	75

资料来源：林显鹏. 国外群众体育发展趋势[M]. 北京：国家体育总局信息研究所，2001：78.

德国第二个“黄金计划”的实施时间为1976—1984年，投入金额76亿德国马克。该计划对体育场地设施的建设提出了更高标准③，如运动场每人4平方

① 陈刚，乔均. 公共体育服务体系建设：比较研究与创新探索[M]. 南京：江苏凤凰科学技术出版社，2015.

② 德国马克原为德国的法定货币，1999年欧盟开始发行欧元，德国马克逐渐停止使用。1欧元=1.95583德国马克≈8元人民币。

③ 潘华. 中德全民健身的比较研究：兼论《全民健身计划纲要》与《黄金计划》[J]. 成都体育学院学报，2008，34(1)：18-21.

米，露天游泳池水面每人 0. 05～0. 15 平方米等。计划要求各区镇参照这一指标，合理布局，统筹兴建，综合利用。1976—1984 年，德国体育设施的数量有了较大的增长(表 3-3)。

表 3-3　第二个“黄金计划”实施后德国体育设施发展情况

设施类型	数量(个)		增长率(%)
	1976 年	1985 年	
儿童游戏场	42800	58000	35. 5
全民健身活动中心	55100	64700	17. 4
网球场	16000	29200	82. 5
室外游泳池	3580	8600	140. 2
室内游泳池	2980	4100	37. 6
高尔夫球场	88	130	47. 7
马术场	2927	4900	67. 4
滑冰馆	201	246	22. 4
壁球馆	2935	3050	3. 9
射击场馆	1856	2389	28. 7

数据来源：陈刚，乔均. 公共体育服务体系建设：比较研究与创新探索[M]. 南京：江苏凤凰科学技术出版社，2015.

德国第三个“黄金计划”的实施时间是 1985—1989 年，投入金额近 150 亿德国马克。此次计划的一大突出特点是体育设施与环保挂钩，投入的资金主要用于建设新场地和改善现有场地。计划还特别强调，体育设施，如自行车道、水上设施、马术专用道路等应主要兴建在风景区和大自然中。1985—1989 年，德国体育场地设施的建设数量显著增加(表 3-4)。

表 3-4　第三个"黄金计划"实施后德国体育设施发展情况

设施类型	数量(个)		增长率(%)
	1985 年	1989 年	
儿童游戏场	58000	59145	2
全民健身活动中心	64700	65132	0.7
网球场	29200	29962	2.6
室外游泳池	8600	9285	8
室内游泳池	4100	4236	3.3
高尔夫球场	130	145	11.5
马术场	4900	5012	2.3
滑冰馆	246	289	17.5
壁球馆	3050	3120	2.3
射击场馆	2389	2451	2.6

数据来源：陈刚，乔均. 公共体育服务体系建设：比较研究与创新探索[M]. 南京：江苏凤凰科学技术出版社，2015.

3.2.2.2 《德国体育宪章》

《德国体育宪章》由德国体联于 1966 年制定，宪章开头就明确提出"体育为全民的健康和幸福服务"。《德国体育宪章》对学校体育作出了明确要求，规定学校每天都要安排一、二年级的小学生体育活动时间，从小学三年级起学校要保证学生每周有 3 小时的体育课，每天下午在自愿组成的兴趣小组中进行有 2 小时体育锻炼；实行学校与学生家长共同负责制；职业学校要有固定的体育课；为学生颁发"青少年体育奖章"以及提供良好的体育场馆；要进一步加强学校体育与俱乐部的合作。《德国体育宪章》希望大众体育活动的开展不重点强调竞技能力，要举行大众体育比赛及举办大众体育讲座。

3.2.2.3 《德国体育指南》

《德国体育指南》于 2000 年 12 月颁布实施，是《德国体育宪章》在 21 世纪的修订本。《德国体育指南》对德国体育运动的宗旨、原则、机构及其各自的职权范围、组织、成员资格等作了明确规定。该法规包括 6 部分，其中第六部分内容主要是大众体育条款，主要有“完善体育志愿者队伍”“加强青少年体育工作”“坚持满足大众日益增长的体育需求”等，它事实上已成为德国 21 世纪大众体育的行动纲领。

3.2.3　德国体育公共服务财政保障现状

3.2.3.1　德国体育公共服务财政投入总体情况

德国体育公共服务经费主要来自两方面：一是国家财政拨款补贴，二是社会团体自筹款，主要指俱乐部的收入。一般情况下，德国政府每年对体育公共服务的财政投入占德国 GDP 的 1%以上，体育博彩或体育彩票的提成也属于德国财政拨款补贴的范畴。德国联邦政府对体育公共服务投入不多，地方政府对体育公共服务投入比重较大，一般联邦政府对体育公共服务投入占体育公共服务投资总额的 10%，地方政府对体育公共服务的财政投入比重在 90%以上。彩票收入作为政府财政拨款的组成部分，是德国大众体育经费的一个重要来源①。2008 年德国内政部对体育的财政拨款为 1.26 亿欧元，2009 年为 1.359 亿欧元，2010 年是 1.389 亿欧元，可见，国家对体育的财政投入呈现逐年增长的态势。2010 年，德国联邦政府各部门共拨款 2.5 亿欧元财政资金投入体育，比前一年增加了 300 万欧元，用于支持德国体育公共服务的供给②。

3.2.3.2　大众体育财政保障

1. 支持大众体育发展的优惠政策

德国大众体育经过数十年的发展，已经形成雄厚的基础，德国被公认是大众体育发展水平领先的国家之一。德国制定各种优惠政策，为所有人参加体育活动提供平等的条件和机会。

(1)俱乐部可免费或以很低的价格使用体育场馆。德国体育俱乐部大多利用学校的体育场地和设施来开展体育活动，所占比例达到 58%，其中免费使用公共体育设施的俱乐部占 34%，需要支付场地设施使用费的俱乐部约占 45%，

---

① 陈刚，乔均. 公共体育服务体系建设：比较研究与创新探索[M]. 南京：江苏凤凰科学技术出版社，2015.

② 体育资讯网. 德国不断推出资助竞技体育新举措[EB/OL]. [2010-05-25]. http://www.sportinfo.net.cn/show/Article.aspx? TID=25927.

需要以某种形式进行回报的俱乐部约占42%①。

(2)对非营利性的体育俱乐部和协会实行减税政策。德国体育俱乐部大多是非营利性的，此项减税政策意味着大多数俱乐部不用交税；鼓励社会力量对体育协会和体育俱乐部进行捐赠，捐赠者个人所得税可以要求减免。

2. 大众体育财政保障的重点

(1)大众体育场地设施。

二战结束后，德国根据不同历史时期经济社会发展水平和体育设施发展情况，推出了一系列“黄金计划”，对各阶段体育场地设施建设提出了明确的目标。德国体育场地设施从最初的大力兴建，到按居民的需求和兴趣分类建设，再到场地设施现代化水平的提高，最后到统一后东部与西部体育场地设施差距的缩小，可见，德国体育场地设施建设目标节节推进，为德国体育公共服务的供给奠定了坚实的“硬件”基础②。德国不但大力新建体育场地设施，还重视对体育设施的重建与改造，如划拨420亿欧元对40年以上的旧体育设施进行重建、改建、翻新。

经过数十年的努力，德国体育场地设施建设得到了长足发展。2013年，德国就已有23万个体育设施，其中运动场如足球场、田径场、曲棍球场、迷你足球场等约6.6万个，室内体育馆约3.6万个，射击运动场地1.5万个，室内外游泳池0.7万个，室内外网球场地1.3万个，其他设施如高尔夫、自行车、皮划艇、马术等项目的设施9.3万个。除上述约23万个体育设施外，德国还有运动健身路径/路线37万千米，主要有滑雪运动路线、登山路径、水上运动路线、徒步旅行路径等。

德国的体育场地设施不仅总量大，2013年平均每万人拥有体育场地设施至少28个(2013年德国总人口8213.2753万人③)，而且德国的体育场地设施星罗棋布，遍布城乡各地，极大地方便了居民运动健身。在体育设施归属方面，德国乡镇拥有相当数量的露天体育设施、体育馆和游泳池，是最主要的经营者或承担主体(约60%)；俱乐部拥有大批射击和网球设施，是德国体育设施的第

① 侯海波. 德国大众体育发展现状及成功经验探析[J]. 山东体育科技，2014，36(3)：95-99.

② 体育资讯网. 德国推动大众体育发展的举措及成效[EB/OL]. [2017-05-17]. http://www.sportinfo.net.cn/show/Article.aspx? TID=53811.

③ 本书人口数据均来源于中华人民共和国国家统计局网站，后文中有关国内外、国内各省份人口数据不再另外标注来源。

二大承担主体。

(2)体育俱乐部。

在德国，民众参加有组织的体育活动的最主要场所是体育俱乐部。在政府的财政支持下，2002年德国体育俱乐部的数量为88960家[①]，2013年体育俱乐部的数量已增加到约91000家，会员约2700万名，约占德国总人口的1/3。德国体育俱乐部覆盖城乡各地，就体育场地规模和条件等方面而言，大城市中的体育俱乐部相对要好，但城镇和农村也有非常多的俱乐部存在，无论在德国的任何地方，民众都可以找到适合自己的俱乐部，从事自己喜爱的运动项目。

(3)学校体育。

为了防止学生因缺少运动而影响健康，德国各级政府非常重视学校体育的发展，并根据学生身心发展的特点，合理安排课程结构，留出运动场地，为学生提供更多的运动机会。每周除了体育课以外，学生还有众多课外体育活动的机会，同时，学校还在其他课程中安排和增加了身体活动的内容，创造便于运动的学习环境。德国发展学校体育的策略之一是注重学校与体育俱乐部的合作，合作的时间较长，合作项目数量众多，大多数合作项目都获得了政府的财政支持。如在德国巴登-符腾堡州，学校和体育俱乐部的合作历史就已有二三十年，2009—2010学年，它们之间的合作项目达到5731项，其中州政府资助了4398项，政府财政资助的项目数比重高达76.7%，财政资助的金额达到159.638万欧元。巴登-符腾堡州学校和体育俱乐部合作的运动项目众多，而促进青少年强身健体、培训学校体育指导教师、推动竞技体育发展等方面是双方合作的主要内容，但合作内容会根据不同类型学校的具体情况各有侧重[②]。

3.2.3.3　竞技体育财政投入

北京奥运会后，针对当前各国史无前例地加大对竞技体育的投入，德国根据国内外竞技体育的新形势，也增加了对竞技体育的投入。尽管德国总体经济形势困难，然而2010年德国联邦内政部拨款1.389亿欧元投入体育，比2009年增加了300万欧元。2010年增加的体育财政拨款首先用于更新奥林匹

---

① 体育资讯网. 德国奥体联会员人数持续增加[EB/OL].[2013-02-08]. http://www.sportinfo.net.cn/show/title.asp? TID=32396.

② 体育资讯网. 德国巴登州发展学校体育的策略[EB/OL].[2011-06-17]. http://www.sportinfo.net.cn/show/title.asp? TID=26921.

克训练基地的设备，提高教练员的收入，资助联邦体育科学研究所、柏林运动器材研究所和莱比锡应用训练科学研究所的科学研究。德国内政部长德迈齐埃和德国奥林匹克体育同盟(简称奥体联)的代表均认为，拥有一批高水平的教练员是德国竞技体育保持国际竞争力的必备条件，因此德国联邦政府支持近些年德国奥体联实施的“教练员攻势”行动。该行动的主要措施包括：提高教练员的社会地位，招募更多的教练员，评选年度最佳教练员，将教练员的平均收入提高 7%，为教练员提供培训①。为支持德国国家反兴奋剂机构和国际反兴奋剂机构，德国联邦政府还额外拨款约 500 万欧元用于反兴奋剂工作，以保持兴奋剂预防、分析和研究的延续性②。

为在索契冬奥会上取得优异成绩，达到预期的奖牌目标，2013 年德国政府拨款 814 万欧元资助冬季各项目协会，德国奥体联具体负责财政资金的分配。获得资助最多的是雪橇和雪车协会，金额达到 316 万欧元；获得资助最少的是德国滑雪协会，资助金额仅为 70 万欧元，主要用于自由式滑雪项目，政府资助少的原因是该项目协会自身财政状况较好③。

体育在德国一直有着很高的社会地位，在树立德国外部形象方面，很多被调查者认为，体育的作用经常要超过经济、政治和文化。为提升德国在奥运会和国际大赛上的成绩，在联邦政府对顶尖选手的财政补贴近期不可能有进一步提高的情况下，德国于 2014 年发行名为“德国体育彩票”(DSL)的新彩票，主要目的是支持顶尖业余选手集中精力备战奥运会和残奥会，同时也为德国体育俱乐部和国家反兴奋剂机构提供资金支持。德国通过发行新体育彩票这一途径，使顶尖业余选手每月的资助金额可提高到1000 欧元，这样可促使顶尖业余选手全身心地投入竞技运动④。

---

① 体育资讯网. 德国不断推出资助竞技体育新举措[EB/OL]. [2010 - 05 - 25]. http://www.sportinfo.net.cn/show/Article.aspx? TID = 25927.

② 体育资讯网. 德国增加明年体育预算[EB/OL]. [2009 - 07 - 13]. http://www.sportinfo.net.cn/show/title.aspx? TID = 21448.

③ 体育资讯网. 德公布各冬奥项目索契目标及资助金额[EB/OL]. [2013 - 11 - 18] http://www.sportinfo.net.cn/show/Article.aspx? TID = 36866.

④ 体育资讯网. 德国将发行新彩票资助奥运备战[EB/OL]. [2014 - 08 - 28]. http://www.sportinfo.net.cn/show/Article.aspx? TID = 3851.

3.2.3.4 体育科技财政保障

持续不断的科研财政资助是德国运动员迈向世界顶尖水平的基础。2010年德国内政部拨款1210万欧元财政资金保障本国顶尖竞技体育的研发，主要拨付给莱比锡应用训练科学研究所和其合作伙伴柏林运动器材研究所。近些年来，德国运动员在国际竞争中赢得了优异成绩，莱比锡应用训练科学研究所为此所作出的贡献功不可没。德国政府因而逐渐重视体育科学研究，对其财政拨款呈逐年增加的趋势。2006年德国政府对莱比锡应用训练科学研究所和柏林运动器材研究所的资助金额为860万欧元，2010年增加到了1210万欧元，是2006年的1.4倍。莱比锡应用训练科学研究所自2000年以来就得到德国联邦政府及其所在的萨克森自由州政府的资助，不断修缮和扩建各项设施，满足各奥运会项目协会不断增长的体育场地设施需求，以便德国竞技体育迎接未来的挑战①。

① 体育资讯网. 德政府大力支持体育科技保障工作[EB/OL]. [2011-03-02]. http://www.sportinfo.net.cn/show/title.aspx? TID=26605.

3.3 日本体育公共服务财政保障

3.3.1 日本公共服务财政管理体制

日本作为中国的邻国，研究其公共服务财政管理体制对完善我国体育公共服务财政保障体制具有重要借鉴意义。日本财政体制分为中央和地方两级，政府间财权和财政职能划分由法律明确界定，政府一切财政收支活动均纳入法治化管理轨道。

3.3.1.1 各级政府间公共服务的事权和财权划分

日本于 1951 年发布了神户公告，确定了中央和地方政府事权划分的依据。在日本，中央负责国防、外交和公共安全等支出；地方主要负责消防、城市规划、港口等支出，中央和地方政府共同负责教育、社会福利、卫生等支出。在财权划分上，日本实行的财政制度的特点是财政收入集中、支出使用相对分散。日本中央财政的集中度较高，负责征收的是大宗税源和便于全国统一征管的税种，中央财政收入以消费税、法人税和个人所得税为主。地方政府负责征收的小宗税源和其他税种，都、道、府、县收入以事业税和居民税为主，固定资产税和居民税是市、区、町、村收入的主要来源①。

日本的体育公共服务实行三级管理模式：第一级为文部科学省等省(厅)，第二级为都、道、府、县教育委员会等，第三级为市、区、町、村教育委员会。日本体育公共服务的最高政府机构是文部科学省，下设体育与青少年局，主要职责是出台体育法律法规、相关政策，协调国内外体育赛事和体育活动，对体育事务进行宏观、统筹管理，提供资金。地方教育委员会负责各地区的社区和学校体育服务，其主要职责是体育场馆设施的利用和管理，学校体育、社区体育的开展，国家体育法律法规、相关政策的实施和监督执行，本地区学校和俱乐部的体育活动及赛事的协调，国家及地区资金的使用。

---

① 肖宇亮. 中国民生问题的财政投入研究[D]. 长春：吉林大学，2013.

3.3.1.2　政府间转移支付制度

日本财政体制属于中央集权型，中央集中了 2/3 以上的财力，而地方承担了 2/3 左右的事权，中央和地方政府间财权和事权不匹配，需要大规模的政府间转移支付来弥补失衡。日本的财政转移支付形式包括国库支出金、地方交付税和地方让与税三种。

(1)国库支出金。

国库支出金是国家落实宏观调控政策的重要手段，属于专项财政转移支付。日本设立国库支出金是为了弥补不同地方的横向财政失衡，对落后地区给予财政补贴，确保区域间公共服务均等化；同时也是为了委托地方建设受益范围覆盖全国的较大的项目。国库支出金是由中央政府直接分配给地方政府并指定用途的补助金，地方政府基本没有自由裁量其用途的权力。

(2)地方交付税。

地方交付税属于一般性财政转移支付，中央政府将其拨付给地方政府后，地方政府完全有自主决定权，中央政府不能对其附加任何条件。地方交付税分为普通交付税和特别交付税。普通交付税是为了弥补地方基本财政收入和需求之间的差额而交付给地方政府的，这种补助比例高达 94%。特别交付税是为了解决在计算普通交付税时没有预见到的特殊财政需求而存在的地方收支缺口的，补助比例大致为 6%①。

(3)地方让与税。

地方让与税是指中央出于便于征管的目的，由中央代征的地方税在征收后全额返还地方资金。目前地方让与税主要包括石油天然气让与税、消费让与税等，它具有均衡财政收入的作用，占地方财政收入的比重为 2. 5%。

3.3.2　日本体育公共服务的财政保障政策

日本是一个法治国家，制定了有关体育的各项法律、法规及政策。日本国会早在 1961 年就以法律形式颁布了《体育振兴法》，其在推动日本体育发展中发挥了巨大作用。正是因为日本制定了健全的法规政策并严格执行，才保证了日本体育场地设施的建设及各项体育活动的顺利开展。

---

① 肖宇亮. 中国民生问题的财政投入研究[D]. 长春：吉林大学，2013.

3.3.2.1 日本21世纪以来施行的主要体育法律制度

1.《体育基本法》

《体育基本法》于2011年6月24日颁布，是在全面修订《体育振兴法》基础上制定实施的。旧的《体育振兴法》中未涉及体育权、社区体育俱乐部的概念，也没有包括职业体育的相关内容。《体育基本法》以法律形式明确提出国民体育权；把活跃社区体育与高水平运动员服务保障两项内容作为促进体育发展的两大驱动轮；提出了一些重要的具体改革课题，如首次提出设置体育厅的问题等；增加了残疾人体育的服务保障等内容。《体育基本法》的创新点在于重点提出了新时期体育的8项基本理念，提出了弘扬体育精神和体育人文价值的内容，是21世纪日本统筹体育事业发展的基础性法律。

2.《体育振兴彩票法》

《体育振兴彩票法》于1998年通过，并于同年底实施。该法得以制定的重要推动因素有两方面：一是体育财政预算不升反降造成体育事业发展财源紧张，二是体育政策范围扩大和重要性提升。《体育振兴彩票法》就彩票的赛事对象、彩票购买对象限制、奖金提取、体育彩票收益用途等作了详细规定。2001年初日本开始全面销售体育彩票，2002年体育彩票开始为体育振兴提供收入来源。

3.《日本体育振兴中心法》

该法制定于2002年，是针对日本体育振兴中心设立与运营的专门立法。《日本体育振兴中心法》对该中心运营的组织架构、日本体育教育和学校健康中心解散、管理条款、国家财源保障等作出了详细规定。该组织现已成为最主要的国家层面实质性体育政策的执行机构。目前日本体育振兴中心运营的主要业务包括：体育振兴助成业务；在校学生意外伤害赔付及学校安全支援业务；国立体育场的运营和体育的普及振兴；体育彩票业务；登山指导者的培养和调查研究；体育医学、科学、信息研究业务等①。

3.3.2.2 文部科学省的体育政策

1.《体育立国战略》

2010年8月，日本文部科学省出台《体育立国战略》，以确立新的体育文化

① 景俊杰.二十一世纪以来日本体育政策运行研究[D].上海：上海体育学院，2013.

为目标，实现让所有人都能参与体育活动并能分享体育的快乐。《体育立国战略》的基本思路包括三个方面：首先，进一步完善相关法律制度、机构、税制、财源等体制机制；其次，重视三类人群的发展，即支援体育的人、观赏体育的人和参与体育活动的人；最后，促进各方的合作与协同行动。《体育立国战略》明确了日本未来 10 年的体育政策方向，具体提出了 5 项重点战略，即建造全社会支持体育事业的基础，促进体育界的合作和协调行动，创造适合各年龄段人群参与体育的机会，提升体育界公平公正性和透明性，培养世界级高水平运动员。

2.《体育基本计划》

《体育基本计划》由日本文部科学省于 2012 年 3 月颁布，明确了社会的总目标是“以体育为手段构建人人幸福、生活丰富多彩的社会”，确定了日本未来 10 年的体育发展方针和今后 5 年的具体实施策略，是《体育基本法》的政策执行总纲领。《体育基本计划》提出了 7 项政策课题：完善居民主动参与策划的社区体育环境；为少年儿童提供更多体育机会；提高国际竞技水平；推进适应人们生活方式的体育活动；推进体育仲裁工作，预防兴奋剂，提升体育界的公平公正性和透明性；申办和举办奥运会等国际竞技大赛，促进国际交流；促进社区体育与高水平体育相互协作。《体育基本计划》要求政府不间断评估计划实施状况，以不断完善计划内容，进而制定出切实有效的改进方案。《体育基本计划》还强调了检验评估方法与指标研究开发的必要性①。

3.3.3　日本体育公共服务财政保障现状

3.3.3.1　日本体育公共服务财政投入总体情况

日本体育公共服务的经费来源多元化，除了政府财政拨款外，还包括社会筹集及市场运作形式所获得的经费，主要包括体育彩票、体育振兴基金、门票、会费和企业赞助等收入。日本体育公共服务现已形成政府、民间组织、协会及个人多元化供给模式。

1. 政府预算

日本体育公共服务供给以政府出资为主导，财政拨款在本国体育公共服务

① 体育资讯网. 日本大众体育政策发展动向研究[EB/OL]. [2014-03-14]. http://www.sportinfo.net.cn/show/title.aspx? TID=37956,.

供给中发挥着重要作用。2013 财政年度日本文部科学省体育总预算为 243 亿日元(100 日元约合 5.75 元人民币),2014 财政年度增加到 255 亿日元,比 2013 年增长了 4.9%①,占当年文部科学省全部预算的 0.5%,主要用于完成国立体育场改建,实现体育立国方针目标,培养体育人才,迎接 2020 年东京奥运会申办,提高竞技体育国际竞争力②。2015 年度日本政府体育财政预算为 290 亿日元,2016 年度体育财政预算追加到 324 亿日元,比 2015 年增长了 34 亿日元③;2017 年日本政府体育财政预算达到 334 亿日元,再创历史新高(图 3-1),体育财政预算年均增长率为 8.3%④。

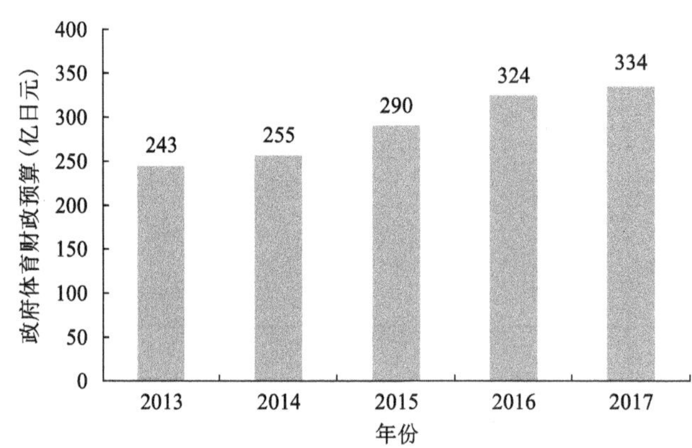

图 3-1　2013—2017 年日本政府年度体育财政预算

2. 体育彩票

日本 TOTO 彩票发行后连续多年销售额下滑,2001 年体育彩票的销售额为 643 亿日元,2006 年体育彩票销售额下降到 135 亿日元,约为 2001 年体育彩票销售额的 1/5。为刺激彩票销售,2006 年起一种名为“BIG”的足球彩票开始发

① 体育资讯网. 日本政府 2014 财政年度体育预算概要[EB/OL]. [2014-07-22]. http://www.sportinfo.net.cn/show/Article.aspx? TID=38458.

② 体育资讯网. 日本大众体育政策发展动向研究[EB/OL]. [2014-03-14]. http://www.sportinfo.net.cn/show/title.aspx? TID=37956.

③ 体育资讯网. 日本 2016 年度体育预算再创新高[EB/OL]. [2016-02-23]. http://www.sportinfo.net.cn/show/Article.aspx? TID=43370.

④ 体育资讯网. 日本能否在东京奥运会获得 82 枚奖牌[EB/OL]. [2017-01-24]. http://www.sportinfo.net.cn/show/Article.aspx? TID=52252.

行，竞猜对象保持不变，仍是 J 联赛，但最高奖的奖金金额有了较大幅度的提高，增加至 6 亿日元。在巨额奖金的刺激下，日本的体育彩票销售额大幅提升，由 2006 年的 135 亿日元提高到 2012 年的 848 亿日元，年均增长速度为 35.8%（图 3-2）。

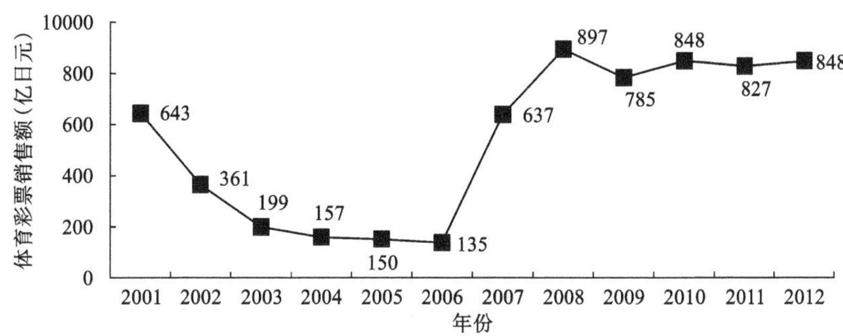

图 3-2 2001—2012 年日本体育彩票销售额

2002—2012 年，日本体育彩票资助的体育事业项目共约 1.2 万个，资助的金额总计达 571 亿日元，主要用于资助青少年健康培育、教育文化振兴、体育国际交流等事业①。

3. 体育基金

体育基金在日本体育公共服务的供给中发挥着重要作用。2012 年，日本体育振兴基金提供 13 亿日元的经费，资助了 818 个体育项目。26 个都、道、府、县(共 47 个)共设立了 30 项体育振兴基金，设立体育振兴基金的都道府县占日本都、道、府、县的 63.8%。26 个都、道、府、县设立的体育振兴基金总额达到 303.71 亿日元，其中金额最大的为"东京都体育、文化振兴交流基金"，金额为 126.67 亿日元，支出总额达到 56.35 亿日元②。

① 体育资讯网. 日本大众体育政策发展动向研究[EB/OL]. [2014-3-14]. http://www.sportinfo.net.cn/show/title.aspx? TID=37956.

② 体育资讯网. 日本大众体育政策发展动向研究[EB/OL]. [2014-03-14]. http://www.sportinfo.net.cn/show/title.aspx? TID=37956.

3.3.3.2 日本体育公共服务财政保障的重点

1. 体育场地设施

日本政府振兴体育的首要任务是建设体育场地设施，因此给予了充足的资金保障。日本许多政策法规都明确提出支持体育场馆设施建设，如 1961 年颁布的《体育振兴法》和 2011 年颁布的《体育基本法》都明确规定，国家对于地方和公共团体的体育场馆建设给予部分经费补贴。2002 年日本最新修改的《社会体育场馆设施建设补助要领》，明确了体育场馆建设补助的对象、补助标准等①。自 1968 年起，日本体育场地建设的资金占体育经费的比重一直维持在 70%以上②。正因为日本对体育场地设施建设给予了充足的资金保障，本国体育场地设施建设才得以快速发展，满足了国民参加体育活动对场地设施的要求。

根据文部科学省的数据，日本在 1956 年有公共体育场地 1634 个，此后至 20 世纪 90 年代初一直保持增长，到 1995 年左右，日本的体育场地总数接近 30 万个，达到日本体育场地设施建设的最高峰，平均每 400 个日本人就能使用一个体育场地，而同期中国平均每 350 万人才能使用一个体育场地。如今，日本已进入少子高龄化社会，由于学校的合并、旧场地的关闭废弃和新场地增长有限，日本的体育场地总数量相对于 1995 年有所减少。2010 年日本全国共有 222533 个体育场地(日本当年人口总数为 1.2807 亿人)，平均每万人拥有体育场地 17.38 个(表 3-5)；当前，日本人均体育场地面积达 19 平方米。日本体育场地的一个显著特点是大型场地多，主要包括多用途运动场、体育馆、棒垒球场、训练场、室外游泳池、柔剑道场和室外网球场 7 类，这些大型场地的数量总计 16 万多个，占日本体育场地总数的比重达到 76.3%③(表 3-6)。

---

① 林伟刚. 日本的体育设施建设及其启示[J]. 体育文化导刊, 2013(12): 69-72.

② 戴健. 中国公共体育服务发展报告[M]. 北京: 社会科学文献出版社, 2013.

③ 戴健. 中国公共体育服务发展报告[M]. 北京: 社会科学文献出版社, 2013.

表 3-5　日本体育场地统计表　　　　单位：个

公共	民间	职场	高校	中小学				合计	每万人拥有场地
				小学	中学	高中	中专		
53732	17323	6827	8375	64119	40152	31437	568	222533	17. 38

资料来源：日本文部科学省. 体育场地调查统计结果[EB/OL]. http://www. mext. go. jp/b_menu/toukei/chousa04/shisetsu/1261381. htm.

表 3-6　日本主要大型场地数量统计表

项目	多用途运动场	体育馆	棒垒球场	训练场	室外游泳池	柔剑道场	室外网球场
数量(个)	46413	48902	10113	6154	31315	7941	18975
占比(%)	20. 9	22	4. 5	2. 8	14. 1	3. 6	8. 5

资料来源：日本文部科学省. 体育场地调查统计结果[EB/OL]. http://www. mext. go. jp/b_menu/toukei/chousa04/shisetsu/1261381. htm.

在日本222533个体育场地中，分布在中小学的体育场地共有136276个，分布在中小学的体育场地数量占全国总体育场地数量的61%。日本《体育振兴计划》和各地的具体实施细则中都要求所有公立学校的体育设施对外开放，政府给予专项补贴。目前，日本公立学校体育设施对外开放的比重达到99%，极大地方便了附近居民利用学校体育场地设施进行身体锻炼①。值得一提的是，大多数日本公共体育场地和学校体育场地设施是免费对外开放的，只有少数是收费的，且由于公共体育场地和学校体育场地设施是公费建设的，具有非营利性，因此收取的费用也非常低廉，仅是管理费用。

2. 社会体育指导员

日本政府全面振兴体育事业的一项重大举措是培养不同类别、不同层次、高质量、多数量的社会体育指导员，并通过建章立制来保障这支队伍的发展。日本早在1957年就开始实行体育指导员制度，1961年颁布的《体育振兴法》使该制度法制化；1988年颁布了《公认体育指导员制度》，使社会体育指导员的培训及资格认定工作步入法制化的轨道；2000年颁布了《体育指导员知识、技能

① 体育资讯网. 日本大众体育政策发展动向研究[EB/OL]. [2014-03-14]. http://www. sportinfo. net. cn/show/title. aspx? TID=37956.

审查事项》①，以规范社会体育指导员培训的要求、目的；2005 年颁布了新的社会体育指导员制度，社会体育指导员的作用得以进一步强化。

日本社会体育指导员上岗必须持有日本体育协会颁发的指导员资格证书，日本的各个体育场所及俱乐部均配有社会体育指导员。日本的社会体育指导员资格种类较多，主要包括初级资格、单项指导类、健身指导类、体质指导类、体育管理类等，每类又有不同的级别，因此日本社会体育指导员的种类众多。在日本相关政策法规的保障下，日本社会体育指导员队伍发展迅速。2004 年日本体育协会曾提出到 2014 年本国社会体育指导员的发展目标是达到 38 万人，而实际到 2013 年 10 月，在日本体育协会注册的社会体育指导员达到 416577 人，已提前实现并超额完成目标②，每 306 人享用 1 个社会体育指导员的指导(2013 年日本总人口为 127338621 人)(表 3-7)。

表 3-7　2013 年 10 月日本体育协会体育指导员级别及注册人数　　单位：人

类别	级别	人数
初级资格	体育领队	247824
单项指导类	指导员	104309
	高级指导员	14784
	教练	14988
	高级教练	5092
	教师	3830
	高级教师	1549
健身指导类	运动处方指导员	4759
	健身指导员	684
	青少年体育指导员	5436

① 周松青，何颖，胡建忠，等. 中日社会体育指导员现状的比较及对策[J]. 首都体育学院学报，2013，25(4)：309-313.

② 体育资讯网. 日本大众体育政策发展动向研究[EB/OL]. [2014-3-14]. http://www.sportinfo.net.cn/show/title.aspx? TID=37956.

续表3-7

类别	级别	人数
体质指导类	体质指导员	2078
	运动医生	5512
	运动营养师	127
体育管理类	体育设施管理员	5096
	俱乐部管理员	326
旧制度下的类别	运动教练 1 级	55
	运动教练 2 级	128
体育志愿者指导员(计划中)	—	0
合计		416577

资料来源：体育资讯网. 日本大众体育政策发展动向研究[EB/OL]. [2014-03-14]. http://www.sportinfo.net.cn/show/title.aspx? TID=37956.

日本不仅关注社会体育指导员的数量，更关注体育指导员的类别和级别，以及获得资格证书后的工作状态。日本针对社会体育指导员的培养建立了一套完整而连贯的指标体系，评价指标涉及社会体育指导员的培训、派遣、工作评价及表彰。日本的社会体育指导员从事体育指导工作基本都是志愿服务性质，没有或只有极少的报酬。因此，为鼓励先进，树立典型，根据《社会体育优良团体表彰制度》《体育功劳者表彰制度》《文部大臣表彰制度》等规定，政府每年都会对优秀的社会体育指导员进行表彰，以作为一种精神奖励①。

3. 体育俱乐部

俱乐部是整个日本体育组织的终端，是日本体育系统的基础组织。数量众多的体育俱乐部是日本体育系统的重要组成部分。

(1)单项俱乐部。

从 20 世纪 70 年代末到 80 年代，日本经济快速增长，社会发生变革，政府将体育活动作为社区建设的重要战略手段，社区体育俱乐部创建也成为社区建

① 体育资讯网. 日本大众体育政策发展动向研究[EB/OL]. [2014-03-14]. http://www.sportinfo.net.cn/show/title.aspx? TID=37956.

设的重要内容。1977年，文部省新设专项资金“推动体育俱乐部创建事业”，财政资助市、区、町、村开展体育俱乐部创建工作。在政府的大力扶持下，日本社区体育俱乐部的数量不断增加，但这些俱乐部规模普遍较小，而且项目单一①。目前，日本共有各类体育俱乐部超过40万个②，大约20%的国民是体育俱乐部会员③。

(2)综合型地域体育俱乐部。

为激发日本民众参加体育活动的兴趣，1995年日本文部省启动了综合型地域体育俱乐部的试点创建工作。文部省通过向都、道、府、县等行政单位进行财政支付，对试点体育俱乐部的运营经费给予财政补贴，补贴项目包括运营推进委员会、体育培训班、体育指导员的配置、体育比赛、健康与体力咨询活动以及体育讲座等④。1999年文部省在全国推广广域(跨市、町、村)体育中心建设，以协助发展综合型地域体育俱乐部。2000年，被指定为典型实验区的市、区、村有48个，文部省和日本体育协会每年分别投入1300万日元和105万日元到每个俱乐部，且连续资助3年，以支援典型综合型地域体育俱乐部的创立⑤。2002年日本开始将足球体育彩票的收益金作为资金源，创建了专项资金“综合型社区体育俱乐部活动资助”，资助的项目包括综合型地域体育俱乐部的创建、俱乐部管理人员的配置、俱乐部的活动及俱乐部顾问的配置等。

在政府逐年增多的财政资金及相关政策保障下，日本综合型地域体育俱乐部总数不断增加，2002年该类俱乐部数量为541个，俱乐部创建率为13.1%(创建该类俱乐部的市、区、町、村占全国所有市、区、町、村总数的比率)，2012年该类俱乐部数量增加到3396个，俱乐部创建率为78.2%⑥；到2015年7月1日，该类俱乐部增加到3550个，是2002年的6.6倍，市、区、町、村该

---

① 何文捷，王泽峰.日本社区体育俱乐部发展历程及启示[J].体育文化导刊，2017(4)：192-196.

② 戴健.中国公共体育服务发展报告[M].北京：社会科学文献出版社，2013.

③ 体育资讯网.日本大众体育政策发展动向研究[EB/OL].[2014-03-14].http://www.sportinfo.net.cn/show/title.aspx? TID=37956.

④ 何文捷，王泽峰.日本社区体育俱乐部发展历程及启示[J].体育文化导刊，2017(4)：192-196.

⑤ 陆作生，刘宪军.日本综合型地域体育俱乐部的运营机制及发展[J].体育学刊，2009，16(3)：33-36.

⑥ 体育资讯网.日本大众体育政策发展动向研究[EB/OL].[2014-03-14].http://www.sportinfo.net.cn/show/title.aspx? TID=37956.

类俱乐部的创建率达到了 80. 8%[①]。综合型地域体育俱乐部以当地所有居民为对象，一般规模较大，开设的运动项目种类众多。有些综合型地域体育俱乐部还开设了消除疲劳、提高协调能力、锻炼肌肉、增强心肺功能等的课程。而仅增强心肺功能的课程，又考虑到了不同需求，针对不同类别的人开设了多种类别的课程。这种以需求为导向的服务和经营理念促使更多社区居民参与体育活动[②]，此类俱乐部的建立和运营模式值得我们借鉴。

3.3.3.3　竞技体育财政投入

日本自举办 1964 年东京奥运会之后，其体育发展的重心转向大众体育，大众体育获得快速发展，而竞技体育的水平明显下滑，引起了国民强烈的不满。为重塑日本国民的民族自信，日本通过加大对竞技体育的财政投入，以逐步提升本国的竞技体育实力。东京申奥成功后，日本政府年度体育财政预算连年增加，而竞技体育财政预算占年度体育财政预算的比重在 60%以上，2013 年度竞技体育财政预算所占比重为 65%，2014 年度所占比重增加到 68. 7%，2015 年所占比重又提升至 69. 7%[③]，由此可见日本对竞技体育的重视程度。

2014 年度日本政府体育财政年度预算中拨款 28 亿日元资助“综合支援有望夺牌项目”，主要用于研究开发重点夺牌项目；划拨 26 亿日元补贴日本奥委会，主要用于参加仁川亚运会和里约热内卢奥运会的选手集训；此外，从 2014 年度体育财政预算中拨款 13. 7 亿日元用于“选拔培养 2020 年奥运会适龄选手”，这是一个新增的财政预算项目，旨在发掘培养有潜力的运动员，以期实现在 2020 年东京奥运会上进入金牌榜第三至第五名的目标[④]。2017 年度日本 334 亿日元的体育预算中有 92 亿日元直接用于提高运动员竞技水平，所占比重达到 27. 5%。日本体育财政预算的不断增加可以保证运动员享有高水平的训

---

① 何文捷，王泽峰. 日本社区体育俱乐部发展历程及启示[J]. 体育文化导刊，2017(4)：192-196.

② 体育资讯网. 日本推动大众体育运动发展的几点启示[EB/OL]. [2014-08-28]. http://www.sportinfo.net.cn/show/title.aspx? TID=38519.

③ 体育资讯网. 2015 年日本奥运实力分析[EB/OL]. [2016-11-28]. http://www.sportinfo.net.cn/show/Article.aspx? TID=45494.

④ 体育资讯网. 日本政府 2014 财政年度体育预算概要[EB/OL]. [2014-07-22]. http://www.sportinfo.net.cn/show/Article.aspx? TID=38458.

练，对于备战2020年东京奥运会是极好的推动力①。

此外，为备战2020年东京奥运会，日本文部科学省成立了提高竞技水平特别工作小组，以培养和强化训练奥运会运动员。该特别工作小组决定从2015年度的63亿日元奥运会相关经费中拨款12亿日元给重点竞技项目，主要包括游泳、摔跤、体操等21个夏奥会项目和4个冬奥会项目，这些项目有望在奥运会等大赛中获得奖牌。同时，该特别工作小组还决定，2015年度在分配强化训练经费时减轻19个财务基础薄弱的单项协会负担，免除其1/3自筹经费部分②，以助推这些项目在奥运会中创造优异成绩。

---

① 体育资讯网. 日本能否在东京奥运会获得82枚奖牌[EB/OL].[2017-01-24]. http://www.sportinfo.net.cn/show/Article.aspx? TID=52252.

② 体育资讯网. 2015年日本奥运实力分析[EB/OL].[2016-11-28]. http://www.sportinfo.net.cn/show/Article.aspx? TID=45494.

3.4　澳大利亚体育公共服务财政保障

3.4.1　澳大利亚公共服务财政管理体制

澳大利亚是相对中央集权的联邦制国家，政府在行政层级上分为三级，分别为联邦政府、州政府和地方政府，澳大利亚政府实行的财政管理体制是完全分税的分级管理制度。

3.4.1.1　各级政府间公共服务的事权和财权划分

根据宪法的有关规定，在事权方面，联邦政府负责国防、社会保障、贸易、外交、灯塔航标、宏观经济管理、军队等方面；州政府负责公共教育、卫生事业、公共交通等方面；地方政府主要负责社区公共服务等事务。在财权方面，澳大利亚三级政府实行了彻底分税，不存在共享税，各自拥有自己的税种和税率。澳大利亚联邦收入主要包括商品服务税、特许权收入、关税等；州政府的主体税种是土地税、工资税、财产税等；地方政府从属于州政府，主要收入是地方土地税①。

2011 年，澳大利亚出台了建立“国家体育与休闲政策框架”的重大举措，以指导全国体育政策的制定。此框架规定了联邦政府和各州政府在体育公共服务供给中的角色和职责。联邦政府的职责是制定有关优先考虑体育休闲内在价值的政策；制定促进体育与休闲设施建设方面的战略方针；制定发展国家研究计划，独立评估“国家体育与休闲政策框架”等项目；资助和开展体育计划；促进联邦政府各部门之间在政策制定方面协同合作；投资体育与休闲设施建设；与相关体育服务供应商合作，提高土著居民、乡村人口、弱势群体、残疾人和女性等目标群体的体育参与度。州政府主要负责州政府各部门之间在政策制定方面协同合作，投资各州体育与休闲设施建设；促进各州体育与休闲活动的举办等②。

① 王鹏. 财政转移支付制度改革研究[D]. 长春：吉林大学，2012.

② 体育资讯网. 澳大利亚大众体育发展现状与成效[EB/OL]. [2013-07-12]. http://www.sportinfo.net.cn/show/title.asp? TID=36515.

3.4.1.2 政府间转移支付制度

澳大利亚政府间财政收入主要集中在联邦政府，如2007—2008年度，联邦政府的财政收入比重为76.3%，州政府的财政收入比重为21.2%，地方政府的财政收入比重仅为2.5%；从各级政府间财政支出比重来看，联邦政府为60.7%，州政府为34.1%，地方政府为5.2%。可见，政府间财政收支存在纵向不平衡，州和地方政府都需要来自联邦政府的财政转移支付。同时，由于澳大利亚各州之间历史背景、自然条件和产业结构存在差异，各州之间的财政收入不同。澳大利亚东南沿海发达地区创造了全国75%的财政收入，广大西北部地区所创造的财政收入仅占全国财政收入的25%，区域间横向财政也不均衡。为实现各地公共服务大致均等化，澳大利亚联邦政府将25%的支出用于财政转移支付，包括一般性转移支付和专项转移支付①。

1. 一般性转移支付

一般性转移支付是澳大利亚联邦政府实现州际公共服务均等化的主要手段。澳大利亚的一般性转移支付包括三部分，分别是商品和服务税、预算平衡援助拨款、国家竞争政策拨款。商品和服务税的拨付由联邦拨款委员会根据各州的收入能力和支出需求，通过一套公式测算均等化补助标准，这样有助于解决不均衡问题。预算平衡援助拨款是过渡性拨款，从新税制改革即商品和服务税改革开始到2006年6月30日，联邦政府通过实施该转移支付以保障各州的既得利益不受损失，弥补商品和服务税收入与州保证的最小财力值的差距。国家竞争政策拨款是由联邦政府对州政府发放的财政补助，以实施国家改革措施和竞争政策。国家竞争政策拨款对各州不附带任何条件，各州可自由支配。

2. 专项转移支付

澳大利亚转移支付总量的40%用于专项转移支付。专项转移支付是有“条件”的拨款，主要覆盖教育、社会保障、健康、交通等领域。联邦政府和各州政府就专项转移支付签订协议，以保障专款专用。协议内容包括：确定绩效指标和报告制度，规定联邦政府和州政府各自的责任，主要目标说明。协议通常包括一些全国性的目标，而实现全国性目标的保障是“条件”。

---

① 田贵贤. 我国横向财政转移支付制度研究：基于区域基本公共服务均等化视角[D]. 保定：河北大学，2013.

3.4.2 澳大利亚体育公共服务财政保障政策

1."活跃澳大利亚：国家参与机构"计划

澳大利亚虽然在奥运会等国际赛场上取得了优异成绩，但本国国民的身体素质却逐渐下降，基于此，1996年底，体育、国土及地方政府部长弘·沃维奇·史密斯和卫生与家庭服务部长米切尔·沃德理兹共同提出了"活跃澳大利亚"理念。以此为标志，该计划正式启动。该计划提出了三大目标：一是兴建基础设施，为居民参与体育运动提供机会和服务；二是实现居民参与体育运动对提高其身体健康和促进社会经济发展的价值；三是提高居民体育终身参与度。

2."游戏生活——加入体育俱乐部"计划

20世纪80年代以来，澳大利亚社会工作模式发生了改变，联邦体育教育水平下降，导致家庭也减少了让孩子参加学校体育活动或其他活动的机会，儿童也因生活自动化而减少了在家活动的次数。据统计，澳大利亚不参加任何有组织的体育活动的5~14岁儿童有100万人，约占儿童总量的37%，1/4的儿童超重或者肥胖①。在此背景下，澳大利亚体育委员会于2002年发起了"游戏生活——加入体育俱乐部"，该计划针对儿童并在全国范围内开展。该计划的目的是对体育俱乐部的价值进行宣传并提高体育参与率，核心内容是在孩子加入体育俱乐部后使其及家庭都感受到加入体育俱乐部的好处，如加入体育俱乐部可帮助孩子培养自律、宽容、合作和尊重他人等品质。帮孩子找到一项感兴趣的体育运动是每个家庭的责任。为此，澳大利亚举办了覆盖全国范围的"体验运动日"活动，参与的体育俱乐部有几百个，体育俱乐部与澳大利亚体育委员会共同向成千上万的儿童介绍各种免费、安全和有趣的体育锻炼项目。

3.活跃课外社区计划

为解决学校其他课程挤占运动时间、儿童肥胖率不断攀升等问题，澳大利亚于2005年开始实施活跃课外社区计划，旨在为经常不参加体力活动的儿童和初等学校的适龄学生在课余时间提供更多的参加体力活动的机会。根据该计划，全澳儿童在下午放学后3:00—5:30期间免费参加有计划的健身活动，每周

---

① 体育资讯网.澳大利亚群体新计划：游戏生活——加入体育俱乐部[EB/OL].[2010-12-20].http://www.sportinfo.net.cn/show/Article.aspx? TID=26436.

至少2次,而且要求每次参加活动的小学生要超过15人①。该计划涉及的运动项目有80多种,且都是常规健身项目。活跃课外社区计划实施后效果显著,影响范围逐步扩大,2009年参与该计划的学校和课余活动中心仅900所,2011年增长到3162所,增长了3.5倍,遍及各地方社区。参与该计划的位于比较偏远的地区和社区的学校和课余活动中心所占比重为58%,位于土著社区的占14%,位于经济欠发达社区的占23%。2011年,澳大利亚围绕该计划举办了一场名为"为生命而运动"的主题活动,主要服务对象是小学生。该活动不仅获得了4350万澳元(1澳元≈4.5元人民币)的公共资助,而且获得了120多万澳元的政府专项拨款,目的是让小学生能够免费参加各种有组织的课外体育活动,提供的课余活动服务总时长达2200小时②。

3.4.3 澳大利亚体育公共服务财政保障现状

3.4.3.1 澳大利亚体育公共服务财政投入总体情况

澳大利亚是一个体育强国,无论是竞技体育还是大众体育在世界上都具有重要地位,这些成绩的取得均离不开本国政府财政的大力支持。2006—2007财政年度澳大利亚政府为体育系统拨款约2.649亿澳元,用于大众体育、竞技体育、政府正在实施的高山运动安全项目和水上运动、社区体育和休闲设施的升级、体育反兴奋剂管理等。2006—2009年澳大利亚政府大幅增加体育预算,累计达到5570万澳元,主要用于高水平运动员、教练员等,以应对北京奥运会和伦敦奥运会的激烈挑战;政府还拨款预算外资金1000万美元支持澳大利亚地区性大学的体育运动发展,旨在为学生提供更多的参与体育运动的机会③。2014—2015财政年度,澳大利亚联邦政府为体育事业拨款1.2亿澳元,用于竞技体育和大众体育④;2015—2016财政年度,澳大利亚政府直接为运动员和各

① 徐士韦.澳大利亚大众体育政策的演进述析[J].沈阳体育学院学报,2016,35(6):6-13.

② 体育资讯网.澳大利亚大众体育发展现状与成效[EB/OL].[2013-07-12].http://www.sportinfo.net.cn/show/title.asp? TID=36515.

③ 杨小龙.澳大利亚、芬兰的体育事业财政制度及其经验借鉴[J].广州社会主义学院学报,2012(3):98-100.

④ 体育资讯网.澳大利亚2014—2015年大众体育经费分配情况[EB/OL].[2014-08-28].http://www.sportinfo.net.cn/show/title.aspx? TID=38528.

体育组织投入 1.34 亿澳元①，比上一财政年度增加了 11.7%。在政府的财政支持下，澳大利亚体育在本国的经济、社会、大众生活等领域都发挥着重要作用。

3.4.3.2　大众体育财政保障

1. 大众体育财政投入

澳大利亚是世界上体育运动参与率极高的国家之一，大众体育已成为澳大利亚促进移民社会稳定和谐的重要推动力。澳大利亚政府十分重视大众体育的发展，2010 年除正常财政投入大众体育外，5 月还新增拨款 3.25 亿澳元投入大众体育，以进一步提高澳大利亚国民的体育运动参与率。2011 年初，澳大利亚政府再次为各体育组织新增 1100 万澳元拨款，作为提高大众体育参与率的专项经费，此项新增拨款持续 4 年，这是澳大利亚体育史上对大众体育单笔数额最高的一次拨款。此次拨款惠及澳大利亚 29 个体育组织，这些组织每年可获得 5 万到 75 万澳元不等的财政资金；拨款的重点对象是社区体育，同时也顾及妇女体育、土著体育、残疾人体育②。此次新增拨款资助了各式大众体育活动，极大地提高了体育运动参与率，帮助解决了民众肥胖问题，为大众体育注入了新的活力，让澳大利亚家庭和社区更加活跃。

2010—2011 财政年度澳大利亚政府投入 29 个体育组织的大众体育财政资金为 472.04 万澳元。为促进这些组织更好地开展大众体育活动，该财政年度澳大利亚政府又新增加了财政拨款 1107.5 万澳元，其中澳大利亚板球协会、澳大利亚澳式足球联盟和澳大利亚网球协会均获得 75 万澳元拨款，新增体育参与基金分配额最高；澳大利亚大学生体育联合会获得的新增体育财政资金最少，仅为 5 万澳元③(表 3-8)。

---

① 体育资讯网. 澳大利亚体委制定大众体育经费投入新模式[EB/OL]. [2015-09-10]. http://www.sportinfo.net.cn/show/title.aspx? TID=40583.

② 体育资讯网. 澳大利亚大众体育发展现状与成效[EB/OL]. [2013-7-12]. http://www.sportinfo.net.cn/show/title.asp? TID=36515.

③ 体育资讯网. 澳大利亚大众体育拨款创历史记录. [EB/OL]. [2011-03-15]. http://www.sportinfo.net.cn/show/title.asp? TID=26664.

表 3-8　2010—2011 财政年度各体育组织所得拨款分配表　单位：万澳元

体育项目或机构	资金分配情况（不包括竞技体育）	新增体育参与基金分配情况	合计
板球/室内板球	36.6	75	111.6
网球	21.6	75	96.6
足球	21.6	70	91.6
投球	27.99	70	97.99
体操	21.6	60	81.6
滑冰	18.6	50	68.6
篮球	21.64	50	71.64
曲棍球	16.18	50	66.18
冲浪	8.66	50	58.66
游泳	21.6	40	61.6
帆船	14.64	40	54.64
滚球	14.68	40	54.68
自行车	24.25	35	59.25
高尔夫球	15.16	35	50.16
铁人三项	9.64	25	34.64
触式橄榄球	20	25	45
垒球	16.18	25	41.18
水上救生	16.16	25	41.16
马术	8.7	25	33.7
棒球	14.6	15	29.6
乒乓球	4.82	15	19.82
田径	14.64	15	29.64
羽毛球	2.7	15	17.7
定向	0	10	10

续表3-8

体育项目或机构	资金分配情况（不包括竞技体育）	新增体育参与基金分配情况	合计
十瓶保龄球	15	7.5	22.5
澳大利亚大学生体育联合会	0	5	5
澳大利亚澳式足球联盟	21.6	75	96.6
澳大利亚橄榄球协会	21.6	45	66.6
澳大利亚国家橄榄球联盟	21.6	40	61.6

注：没有获得新增拨款的项目或机构未被统计在内。

澳大利亚政府通过对各个体育项目开展各式大众体育计划提供帮助，以提升全澳的体育运动参与率。2014—2015 财政年度澳大利亚 1.2 亿澳元体育事业财政拨款中支付给全国体育组织用于发展大众体育的经费总额为 1842.16 万澳元。大众体育经费分配给普通项目（全国性体育组织）的财政资金为 1688.66 万澳元，占大众体育经费的 91.7%；分配给全国残疾人体育组织的财政资金为 123.5 万澳元，占大众体育经费的 6.7%；分配给残奥会项目（全国性体育组织）的财政资金为 30 万澳元，占大众体育经费的 1.6%。澳大利亚政府通过财政支持大众体育的发展，以鼓励所有澳大利亚人在每周计划中包括体育锻炼，进而使其早日收获健康益处①。

2015—2016 财政年度，澳大利亚政府将 1.34 亿澳元体育组织（运动项目协会）和运动员拨款中的 2200 万澳元投给大众体育，获得资助的 27 个运动项目根据其大众体育的参与结果划拨该年度的体育经费。自 2016—2017 财政年度起，澳大利亚正式实施新的大众体育投入模式。原来的大众体育经费投入依据是澳大利亚体育委员会年度体育成绩评估报告中的数据及澳大利亚统计局提供的大众体育参与数据，新的大众体育经费投入依据是澳大利亚体育委员会新推出的全国“大众体育参与调查”结果及澳大利亚体育委员会年度体育成绩评估报告中的大众参与数据两类，每个类别分配固定的资金。新的大众体育投入经费框架提供的“大众体育参与调查”结果统计方法比原来的更透明、更统一、更

① 体育资讯网. 澳大利亚 2014—2015 年大众体育经费分配情况[EB/OL].[2014-08-28]. http://www.sportinfo.net.cn/show/title.aspx? TID=38528.

简单①。

2. 大众体育财政保障的重点

(1)大力修建体育设施。

为鼓励居民积极参加体育运动，澳大利亚政府大力修建体育设施，以保障本国居民的体育场地需求。2008—2009 财政年度，澳大利亚联邦政府拨款 2090 万澳元为 94 个社区建设休闲体育设施。2009—2010 财政年度，澳大利亚共投入约 1.2 亿澳元用于体育休闲设施的建设。这笔资金的管理部门为地方政府，基础设施、交通和地区发展部以及卫生和老年部。此外，澳大利亚政府还投入了 16.7 亿澳元的项目资金，其中包括地区和当地社区基础设施项目等，此项目资金的一部分用于建设体育和休闲行业的基础设施②。

以维多利亚州为例，州政府体育休闲部每年拨款给地方政府修建体育设施，资助金额达到 400 万澳元。全州每年约有体育设施计划 120 个，它们付诸实施须经政府审批同意。此外，州政府还重视小型体育场地建设，每年小型体育场地建设资金有 250 万澳元，该笔资金由州政府和博彩公司共同管理。在澳大利亚政府的财政保障下，至 2009 年，澳大利亚拥有可容纳 10 万人以上的体育馆 2 个，可容纳 1 万人以上的体育馆 142 个；可容纳 1000 人以上的体育馆 212 个，其中南澳大利亚州 20 个、新南威尔士州 63 个、塔斯马尼亚州 15 个、维多利亚州 60 个、北领地 4 个、昆士兰州 27 个、西澳大利亚州 18 个、首都领地 5 个。

(2)关注青少年体育。

为促进青少年体育发展，1999 年澳大利亚体育委员会制定并颁布了《青少年体育政策》，该政策针对青少年体育发展模式、学校和社区的联系、器材和设施、体育教育、安全指南等提出了明确的标准，成为澳大利亚开展青少年体育活动的纲领性文件。2005 年，澳大利亚推动了一项重要措施——活跃课外社区计划，以推动青少年体育的发展。2011 年，澳大利亚共拨款 4470 多万澳元资助“为生命而运动”的主题活动，此活动是活跃课外社区计划的一项面向小学生的服务，小学生可免费参加此服务提供的各种有组织的课外体育活动，以促进

① 体育资讯网. 澳大利亚体委制定大众体育经费投入新模式[EB/OL]. [2015-09-10]. http://www.sportinfo.net.cn/show/title.aspx? TID=40583.

② 体育资讯网. 澳大利亚大众体育发展现状与成效[EB/OL]. [2013-7-12]. http://www.sportinfo.net.cn/show/title.asp? TID=36515.

小学生养成锻炼的习惯，获得健康的身体①。为使孩子们活跃起来，提高壁球运动参与率，澳大利亚体育委员会拨款给澳大利亚壁球协会，向青少年推广壁球运动，以提高体育活动参与率。2012—2013 财政年度，为鼓励青少年养成终身热爱体育运动的习惯，澳大利亚政府拨款 3920 万澳元用于社区课外活动项目，这再次证明了澳大利亚政府的理念，即关注体育，并借助体育提高青少年的健康水平及养成健康的生活方式②。

（3）扶持体育俱乐部的发展。

为使更多的人参与到体育活动中来，澳大利亚体育委员会重视体育俱乐部的建设，建立了俱乐部发展网，以促进体育俱乐部的持续发展。俱乐部发展网专门管理和支持体育俱乐部，是一个网络式的、免费的项目，其注册会员已超过 1 万人。该项目对俱乐部在发展规划、会员管理、领导管理和员工组成等方面给予指导，指导的内容包括如何制定战略计划、如何组织体育比赛、如何修改完善俱乐部章程、如何筹募资金等，有助于体育俱乐部开发更多的体育活动项目。

澳大利亚有各种俱乐部 5 万多个，平均约每 447 人就拥有一个体育俱乐部（2011 年澳大利亚总人口为 22340024 人），分布在乡村地区的俱乐部的比重为 60%～70%。澳大利亚日益壮大的体育俱乐部已经成为本国开展大众体育运动的基本载体。澳大利亚体育俱乐部的发展过程中，成千上万的志愿者、管理者、教练、官员的共同参与发挥着重要作用。体育俱乐部不但鼓励更多的人参加体育锻炼，还提供了很多奉献社会的机会，同时也提供了很多就业机会③。

（4）鼓励开展体育志愿服务。

澳大利亚的一大竞争优势是志愿服务传统。21 世纪伊始，为了强化体育与休闲组织对志愿者的管理与帮助，澳大利亚实施了志愿者管理计划。该计划的运行模式如下：招募志愿者→志愿者人数保持稳定→管理志愿者：优良的工作指导方式→管理参与体育活动的志愿者→制定志愿者管理策略→设立志愿活动统筹协调人。在澳大利亚政府的鼓励下，2010 年 18 岁及以上的澳大利亚人

---

① 体育资讯网. 澳大利亚大众体育发展现状与成效[EB/OL].［2013-7-12］. http://www.sportinfo.net.cn/show/title.asp? TID=36515.

② 体育资讯网. 澳大利亚向青少年推广壁球运动[EB/OL].［2014-01-06］. http://www.sportinfo.net.cn/show/Article.aspx? TID=37034.

③ 体育资讯网. 澳大利亚大众体育发展现状与成效[EB/OL].［2013-7-12］. http://www.sportinfo.net.cn/show/title.asp? TID=36515.

中有600多万人参加了志愿服务工作，占总人口的比重达到36%。其中吸引志愿者数量最多的是体育与休闲组织，人数达230万人，占总志愿者人数的37%。许多志愿者不止为一家体育组织开展志愿活动，因此，志愿者协调体育组织开展活动的次数远超过体育志愿者的实际人数，超过半数的体育志愿者从事教练和裁判的工作[①]。

(5)重视学校体育。

为解决日益严重的青少年肥胖问题，2015年澳大利亚在全国范围内开展学校体育计划——运动学校。联邦政府在2014—2015年度用于该计划的财政预算为1亿多澳元，旨在鼓励全澳广大学生积极参加校内外有组织的体育活动。运动学校计划是澳大利亚联邦政府、澳大利亚体育委员会和国家体育组织共同实施的项目，涉及35个主要体育项目，包括足球、体操、网球、投球等。该计划每年资助5700多所小学，惠及85万多名小学生[②]，资助资金用于开展适合小学生的有趣的体育活动，以帮助他们培养终身体育兴趣。运动学校计划是活跃课外社区计划的升级版。

3.4.3.3 竞技体育财政投入

澳大利亚是为数不多的夏季奥运会所有比赛项目都能够参与的国家，澳大利亚竞技体育成绩的取得离不开澳大利亚政府的财政支持。为备战2012年伦敦奥运会，澳大利亚政府从联邦政府预算中拨款1.95亿澳元支持奥运会代表队，使其备战训练顺利进行，同时也阻止了其他国家利用更高的薪水来挖走本国顶级的教练[③]。为帮助精英运动员们备战2012年伦敦奥运会和2014年索契冬奥会，澳大利亚高水平运动再获2320万澳元资助，这是澳大利亚体育史上单笔金额最高的拨款，由澳大利亚体育委员会对25个受资助的国家体育组织进行分配[④]。

---

① 体育资讯网.澳大利亚大众体育发展现状与成效[EB/OL].[2013-7-12].http://www.sportinfo.net.cn/show/title.asp? TID=36515.

② 体育资讯网.澳大利亚正式向全国推行“运动学校”计划[EB/OL].[2015-09-10].http://www.sportinfo.net.cn/show/Article.aspx? TID=40585.

③ 体育资讯网.澳政府拨款1.95亿澳元备战奥运会[EB/OL].[2010-5-25].http://www.sportinfo.net.cn/show/Article.aspx? TID=25951.

④ 体育资讯网.澳高水平运动再获2320万澳元资助[EB/OL].[2010-10-18].http://www.sportinfo.net.cn/show/Article.aspx? TID=26294.

澳大利亚在2012年伦敦奥运会上遭遇了自2000年悉尼奥运会以来的最差成绩。为扭转这种竞技体育成绩快速下滑的局面，2012年末，澳大利亚体育委员会推出了“澳大利亚制胜之道——2012—2022竞技体育十年发展战略规划”（简称“澳大利亚制胜之道”）①。该规划所提出的竞技体育目标包括：冬季奥运会和残奥会均进入前十五名，夏季奥运会和残奥会均进入奖牌榜前五名，英联邦运动会获得第一名，每年夺得20个以上世界冠军。该规划实施后，澳大利亚体育委员会拨款金额直接与运动项目的阶段成果和目标挂钩。采取的措施主要如下：扩大优秀运动员的资助范围，增加高水平教练员和竞技管理人才投入，针对不同种类人群实施系列资助和推广计划，如地方体育冠军奖学金计划，对12~18岁的年轻人参加比赛提供资助（这些比赛包括“澳大利亚学校体育”举办的全国和各州锦标赛或由运动协会举办的国际、全国和各州正式比赛），为他们提供食宿、差旅、器材、服装等参赛费用，实现冠军梦想；女性领导者（女性教练员、管理人员、裁判员）奖学金资助计划，其中单位年资助额为10000澳元，个人年资助额为5000澳元②。

2014—2015财政年度，联邦政府的1.2亿澳元体育事业拨款中有1200多万澳元直接用于资助650名左右的运动员，受资助的运动员属于澳大利亚体育学院设立的“运动员直接资助”（DAS）项目人员，这是澳大利亚历史上最大的一笔此类财政拨款。2014—2015财政年度有较大潜力达成“澳大利亚制胜之道”目标的项目成为竞技体育的重点拨款对象。自2012年末“澳大利亚制胜之道”实施之后的2年内，澳大利亚竞技体育拨款发生了很大变化，表现如下：第一，该规划发布之前，体育经费中竞技体育经费所占的比重为64%，该规划发布之后，2013—2014财政年度竞技体育经费占体育经费的比重为68%，2014—2015财政年度提升为71%；第二，57个运动项目中竞技体育拨款出现了变化的项目有37个；第三，规划发布前，“运动员直接资助”项目的经费仅为840万澳元，规划发布后，2013—2014财政年度“运动员直接资助”项目的经费增加到1040万澳元，2014—2015财政年度增至1200万澳元③。在澳大利亚体育的新

① 汪颖，李桂华. 澳大利亚新一轮体育改革特点及其启示[J]. 体育文化导刊，2016(9)：20-23，43.

② 体育资讯网. 澳大利亚体育新一轮改革综述[EB/OL]. [2014-12-15]. http://www.sportinfo.net.cn/show/title.aspx? TID=39000.

③ 体育资讯网. 澳大利亚为奥运重点项目增加经费投入[EB/OL]. [2014-07-30]. http://www.sportinfo.net.cn/show/Article.aspx? TID=38472.

一轮改革及政府财政的大力支持下，2015年澳大利亚在不同的项目上获得了世界冠军25项，国际竞技体育成绩有了很大提升①。为实现冬奥会的目标，澳大利亚体育委员会每年通过澳体院提供资金资助澳大利亚冬奥会项目学院。2015—2016财政年度，澳体院拨款260万澳元给澳大利亚冬奥会项目学院，作为2018年平昌冬奥会专项备战资金，以鼓励高水平运动员积极训练，在平昌冬奥会上创造优异成绩②。

---

① 体育资讯网. 澳大利亚体育新一轮改革综述[EB/OL]. [2014-12-15]. http://www.sportinfo.net.cn/show/title.aspx? TID=39000.

② 体育资讯网. 澳大利亚斥资590万澳元建造冬季项目训练设施[EB/OL]. [2017-01-09]. http://www.sportinfo.net.cn/show/Article.aspx? TID=52238.

3.5　发达国家体育公共服务财政保障的经验及对我国的启示

从上述对部分发达国家有关体育公共服务财政投入的研究可以看出，发达国家由于政治体制、财政体制等方面的不同，各国在体育公共服务的财政管理体制、财政政策、财政支出规模、财政保障重点等方面都存在差异。各国体育公共服务财政保障各具特色，积累了丰富的可供参考的做法，同时也呈现出体育公共服务财政保障的新趋势，为我国体育公共服务财政保障提供了很好的借鉴。

3.5.1　发达国家体育公共服务财政投入的特点

3.5.1.1　体育事权和财权划分明确

总体来看，英国、德国、日本和澳大利亚四个国家对体育公共服务的事权和财权都有明确分工，而且通过法律法规加以明确规范。由于四国的政治体制、财政体制等方面有所不同，因此这些国家在体育事权和财权的具体划分上存在一些差异。但是四国都将涉及全国的体育公共服务或各州不能单独承担的体育公共服务列为中央政府或联邦政府的事权。如英国中央政府主管全国体育公共服务工作，制定国家有关体育公共服务的政策和规划，划拨财政预算给英国体育理事会、英格兰体育理事会等组织机构；日本中央政府出台体育法律法规、相关政策，协调国内外体育赛事和体育活动，对体育事务进行宏观、统筹管理，并提供资金；澳大利亚联邦政府的职责是制定促进体育与休闲设施建设方面的战略方针，资助和开展体育计划等。地方政府负责本地区的地方体育公共服务事务，如德国地方政府主要负责体育设施的建设、维修和翻新，为体育俱乐部提供支持；日本地方政府的主要职责是体育场馆设施的利用和管理，学校体育、社区体育运动的开展，国家体育法律法规、相关政策的实施和监督执行，本地区学校和俱乐部的体育活动及赛事的协调；澳大利亚州政府主要负责州政府各部门之间在政策制定方面的协同合作，投资各州体育与休闲设施建设。可见，发达国家地方政府体育公共服务的主要职责是本地区体育场地设施的建设和维护。

3.5.1.2 建立了科学规范的财政转移支付制度

从国家层面上看，英国、德国、日本和澳大利亚四国的体育财权主要集中在中央政府(或联邦政府)，而体育事权则分散于地方，这是目前世界上绝大多数国家普遍采取的做法。这是因为地方政府提供体育公共服务更能够尽可能地贴近受益者，有利于提高公共财政资金的使用效果。为了确保地方政府能够公平、有效地履行体育公共服务职责，发达国家建立了科学规范的财政转移支付制度，以便地方政府的财权和事权相匹配。如英国和澳大利亚实行一般转移支付和专项转移支付相结合的财政转移支付制度，德国实行纵向财政转移支付和横向财政转移支付相结合的财政转移支付制度，日本实行国库支出金、地方交付税和地方让与税三种形式相结合的财政转移支付制度。发达国家非常重视转移支付制度的法制化建设，并由宪法或法律对其作了明确规定，确保了体育公共服务财政转移支付的科学性和有效性。采用科学规范的财政转移支付制度，实现了本国地方政府体育财权和体育事权的统一，使各地区大体都能享受到均衡的基本体育公共服务，确保区域间体育公共服务均等化。

3.5.1.3 政府日益加大对体育公共服务的财政投入

随着发达国家服务型政府的建立，各国政府进一步强化了公共服务职能。作为公共服务重要载体的体育公共服务，无疑成为政府公共服务供给的重要内容。当今社会，体育公共服务在促进大众身体健康、维护社会和谐稳定等方面发挥着越来越重要的作用，故各国政府都加大了对体育公共服务的财政投入。英国中央政府 2016 年对体育的拨款金额为 5000 多万英镑，其中投入大众体育的财政金额达到 3000 多万英镑，占英国体育事业财政投入的比重达到 60%。为激励更多人参与体育运动，2013—2017 年英国对 46 个运动项目协会财政拨款 4.93 亿英镑，其中铁人三项、登山、自行车、轮椅篮球等项目所获得的拨款比 2009—2013 年增加了 30% 以上。德国每年体育公共服务财政投入占德国 GDP 的比重在 1%以上，且呈逐年增长趋势。日本体育公共服务财政预算投入逐年增加，2013 年为 243 亿日元，2017 年增加到 334 亿日元，2017 年体育公共服务财政预算投入是 2013 年的 1.37 倍。发达国家不仅持续增加体育公共服务的财政投入，而且还制定相关的政策保障体育公共服务的财政投入，如英国政府出台了《大众体育的未来》《游戏计划》等，德国政府出台了“黄金计划”、《德国体育宪章》等，日本出台了《体育基本法》《体育基本计划》等，澳大利亚出台了“活跃澳大利亚：国家参与机构”计划、活跃课外社区计划，这些政策的出台使发达国家体育公共服务财政投入规范化、制度化，保障了该国体育公共服务的有效供给。

3.5.1.4　政府对竞技体育的财政投入有所增加

近年来，发达国家为了在奥运会中取得优异成绩，不同程度地加大了对竞技体育的财政投入。英国自 1997 年起就开始实施世界级运动成绩计划，通过该计划，2009—2013 年，英国体育理事会对伦敦奥运会运动项目的资助金额达到 2. 613 亿英镑。在北京奥运会周期，英国中央政府共投入 2. 35 亿英镑用于高水平运动队，而雅典奥运会周期中央政府的投入仅 7100 万英镑，北京奥运会周期的投入是雅典奥运会周期投入的 3 倍多；伦敦奥运会周期英国中央政府通过多种渠道所获得的资金进一步增加到 2. 64 亿英镑（表 3-9），最终在伦敦奥运会上在金牌榜上排名第三。日本自 2020 年东京申奥成功后，政府年度体育财政预算连年增加，增加的预算基本用于竞技体育，2013—2015 年日本竞技体育财政预算占日本年度体育财政预算的比重均值达到 67. 8%，可见日本政府高度重视竞技体育。澳大利亚自 2012 年末“澳大利亚制胜之道”实施之后的两年内，竞技体育投入进一步加大，2013—2014 财政年度和 2014—2015 财政年度竞技体育经费占体育经费的比重均值达到 69. 5%，澳大利亚国际竞技体育成绩有了较大幅度的提高。

表 3-9　英国中央政府近几届奥运会周期对各运动项目的投入　单位：万英镑

项目	悉尼奥运会	雅典奥运会	北京奥运会	伦敦奥运会
自行车	540	860	2215. 1	2603. 2
体操	590	410	903. 6	1077. 06
篮球	—	—	369. 4	859. 9
赛艇	960	1060	2604. 2	2728. 76
射箭	—	80	283. 4	440. 8
摔跤	—	—	212. 5	143. 52
柔道	390	410	694. 7	749. 8
游泳	690	640	2065. 9	2514. 46

续表3-9

项目	悉尼奥运会	雅典奥运会	北京奥运会	伦敦奥运会
羽毛球	—	—	875.9	743.49
跆拳道	60	60	266.7	483.36
田径	1060	1140	2651.3	2514.8
曲棍球	—	—	988.2	1501.32
乒乓球	—	—	253.3	121.38
拳击	—	—	500.5	955.14
水球	—	—	314.7	292.8
现代五项	110	200	592	628.88
划独木舟	450	470	1362.2	1617.67
举重	—	30	168.6	136.52
潜水	90	140	587.3	653.57
花样游泳	—	—	164.8	339.83
排球	—	—	411.2	353.61
马术	300	440	1172.7	1339.51
铁人三项	140	260	511.3	529.13
击剑	—	—	307.4	252.93
射击	—	140	505.6	246.19
手球	—	—	298.6	292.47
帆船	510	760	2229.2	2294.27
总计	5890	7100	23510.3	26414.37

资料来源：根据 UK Sports 整理。

3.5.1.5 重视体育公共服务财政投入的绩效评价

发达国家非常重视受众对体育公共服务的满意程度，并对体育公共服务的供给质量及财政投入的效率进行严格的监控。进入 21 世纪以来，英国为了确保政府服务效益性、效率性，保证成本和质量，开始使用最佳价值审计(best value)来评价地方政府的公共服务绩效，地方政府能否获得正常的财政拨款与评估结果密切相关。具体做法是制定评估指标体系，每年对各级地方政府的服务绩效进行评估，每隔五年再对其进行全面评估，评估合格后方能得到来自中央政府的正常财政拨款①。英国政府严格监督大众体育财政资金的使用情况，采用按结果分配的原则，对受资助的项目管理机构实行严格的成绩管理，对完成提升体育参与度目标的体育管理机构给予奖励，对未完成的则给予处罚。澳大利亚体育委员会推出的“澳大利亚制胜之道”规定本国运动项目的拨款直接与其完成规划的阶段成果和目标挂钩。

3.5.2　发达国家体育公共服务财政投入对我国的启示

3.5.2.1　理顺体育事权和财权是实现体育公共服务有效供给的基础

理顺体育事权和财权是政府履行好体育公共服务职能的一个重要前提。如果政府在体育公共服务的供给中不知提供什么、向谁提供、由谁提供、优先提供什么，则势必影响到政府有效发挥其职能。发达国家各级政府的体育财权和事权都非常明确，而且这些体育财权和事权都以法律的形式加以确认。而目前我国各级政府的体育事权划分基本上是包含与被包含的关系，范围相当模糊，我国也未制定相关法律明确规定各级政府间的体育事权。在此形势下，政府履行体育公共服务职能自然而然形成了以自上而下为主的供给抉择机制，即下级政府的体育公共服务事权几乎全是中央政府事权的延伸或细化，体育公共服务供给数量、方式及结构主要取决于中央和省(区、市)两级政府及相关职能机构，这样的供给机制很难满足当地居民的体育公共服务供给需求。因此在我国服务型政府构建进程中，政府要切实履行好体育公共服务职能，就要合理划分各级政府的体育事权和财权，并制定相关的法律法规将其加以确定。在体育财权方面，如果体育公共服务事权由各级政府独立承担，则由各级政府承担财政支出责任；如果体育公共服务事权涉及各级政府，则不同层级政府应合理分担财政支出资金比例。

① 孔玉生，张珍珍，赵泽华. 英国最佳价值审计及其对我国的启示[J]. 会计之友，2011(6)：74-75.

3.5.2.2 加强立法，完善财政转移支付制度

财政转移支付制度对于增加地方政府财政实力、促进区域间体育公共服务均等化具有重大意义。我国现行的财政转移支付制度形式多样，主要包括一般转移支付、税收返还、专项转移支付、体制补助等。该制度是在保留分税制改革前结算补助等转移支付项目基础上逐步确立和完善的，因此存在不少弊端：一是一般转移支付均等化效果不明显；二是税收返还基本上不具备均等化功能；三是专项补助不规范、不科学、不透明等。我国应借鉴发达国家经验，加强财政转移支付的立法工作，明确财政转移支付的目标、资金来源、分配方法等，以实现财政转移支付制度的科学化、规范化、民主化。与此同时，我国还要完善现行的财政转移支付制度，建立起纵横交错的混合转移支付模式。该模式应以纵向转移支付为主、横向转移支付为辅，虽然操作起来比较复杂，但透明度较高。通过该模式，地方政府间的联系也可进一步增强。

3.5.2.3 财力保障是政府提供体育公共服务的重要前提

体育公共服务型政府构建过程就是不断增加体育公共服务的供给数量及提高体育公共服务供给质量的过程。地方政府的基本职能是提供能满足居民需求的体育公共服务，而这需要其有坚实的财力作为保障，否则有效供给体育公共服务就成为空谈。长期以来，我国体育公共服务财政投入较少，公共体育场地设施、体育组织、公益性社会体育指导员等体育公共产品供给不足，地方政府作为体育公共服务供给的绝对主体，面临着大量的体育公共产品的支出责任。伴随着全民健身上升为国家战略，居民的体育健身需求日益高涨，地方政府体育事权日益增多，体育财政支出责任进一步加重，这对地方政府的财力提出了更高的要求。我国要借鉴发达国家的成功经验，一方面要扩大地方政府自主财源，不断提高地方政府财政自给能力，另一方面应不断调整体育事业财政支出结构，不断加大体育公共服务的财政投入，以提供给广大居民更多更好的体育公共产品，进而让体育公共服务的阳光照进中国每一扇窗户，洒遍中国各个角落。

3.5.2.4 努力实现体育公共服务资金来源渠道的多样化

充足的经费是政府切实履行好体育公共服务职能的重要保障。发达国家都在努力拓宽体育公共服务的资金来源渠道，除了政府财政拨款外，彩票公益

金、企业赞助等也是这些国家体育公共服务的重要收入来源。英国中央政府非常重视体育公共服务的供给，近两年中央政府体育拨款中有60%的比重用于大众体育。此外，英国还通过发行体育彩票来积极筹集体育公共服务资金。在德国，企业青睐的赞助领域是大众体育。2010年德国大众体育的企业资助金额达到20.5亿欧元，明显高于本国竞技体育约11亿欧元的赞助金额；大众体育的受助者数量为9万多家，也高于竞技体育的受助者数量①。我国应借鉴发达国家筹措体育公共服务经费的经验，广开财源：一是积极争取政府提供更多的财政拨款；二是积极发行体育彩票，努力提高体育彩票的销量，降低体育彩票的发行成本；三是积极争取企业的赞助、捐赠等，以形成由政府、社会和市场等构成的多元化供给体育公共服务的格局。

3.5.2.5　建立有效的体育公共服务财政投入绩效评价体系

早在20世纪80年代，英国、澳大利亚等西方国家就因新公共管理运动的兴起而重视政府绩效管理，并于90年代相继构建了比较成熟完善的公共支出绩效评价制度和体系。我国公共财政支出绩效评价起步相对较晚，但随着我国政府行政管理体制改革的不断深化，其日益受到重视，自2003年起相继颁布了一系列政策性指导办法，如2003年印发了《中央级项目支出绩效考评管理办法》、2009年出台了《财政支出绩效评价管理办法》、2013年出台了《预算绩效评价共性指标体系框架》等，以规范我国的财政资金管理工作和财政支出绩效评价。由此可见，稳步推进财政支出绩效评价工作，已成为我国深化改革的一个重要方向。体育公共服务财政投入是我国财政支出的重要组成部分，随着全民健身上升为国家战略，公众对体育公共服务财政资金的使用效益要求更高。我国应借鉴国外体育公共服务财政投入绩效评价的成功做法，建立科学合理的绩效评价体系，全面评估我国体育公共服务财政投入的效率及效果，以进一步提高我国体育公共服务财政资金的精细化管理水平和使用效益，切实改善体育公共服务的供给效率。

---

①　体育资讯网. 欧洲主要国家大众体育发展策略研究[EB/OL]. [2014-11-18]. http://www.sportinfo.net.cn/show/title.aspx? TID=38841.

第 4 章 我国体育公共服务财政保障的现状及问题

公共财政体系主要包括财政收入、财政支出和财政平衡等，因此研究体育公共服务财政保障就必须深入分析体育公共服务的收支情况。本章以体育事业经费收支作为研究对象，重点对 1998—2016 年的体育公共服务财政保障的规模及结构进行分析，剖析其存在的问题，进而为优化我国体育公共服务财政保障提供实证依据。

4.1 我国体育公共服务财政收入现状

体育事业是人们体育公共需求的集合①。体育事业经费是为满足体育行政部门执行体育职能而筹集、使用的公共资金，因此，体育事业经费是公共财政资金的重要组成部分。

4.1.1 体育事业经费收入规模

体育事业经费收入规模是指体育系统通过各种渠道在一年内所获得的资金总和。体育事业经费收入规模分为绝对规模和相对规模，体育事业经费的绝对规模是指体育事业经费的收入总额，体育事业经费的相对规模指标通常用体育事业经费占国内生产总值的比重来表示。

① 李丽，张林. 体育公共服务：体育事业发展对公共财政保障的需求[J]. 体育科学，2010，30(6)：53-58，80.

改革开放以来，随着我国经济的快速发展，国家不断加大对体育事业的财政支持，1978—2016 年，我国共筹集体育事业经费 59472399.2 万元，其中地方共筹集体育事业经费 52120387.7 万元，中央直属共筹集体育事业经费 7352012.6 万元，体育事业经费收入以年均 15.5%的速度保持增长。1978 年我国体育事业经费收入总额 25386 万元，2016 年体育事业经费收入总额增加到 5993626.9 万元①（表 4-1），2016 年体育事业经费收入是 1978 年的 236.1 倍。

表 4-1　我国体育事业经费收入

年份	地方（万元）	中央直属（万元）	总计（万元）	增长率（%）
1977	16899	1474	18373	—
1978	22729	2657	25386	38.2
1979	24620.5	4417.8	29038.3	14.4
1980	26644	3672.3	30316.3	4.4
1981	29739.6	4685.1	34424.7	13.6
1982	36619	4810	41429	20.3
1983	39761	5705.3	45466.3	9.7
1984	53127.7	6739.4	59867.1	31.7
1985	66865	8592.3	75457.3	26
1986	89116.5	9808.3	98924.8	31.1
1987	88665.8	11534.7	100200.5	1.3
1988	105271.9	11397.4	116669.3	16.4
1989	126274.9	11445.2	137720.1	18
1990	133837.1	12439.1	146276.2	6.2
1991	153391.9	13184.3	166576.2	13.9
1992	172400	14100	186500	12

① 本书有关体育事业经费及体育场地设施、体育组织、社会体育指导员、国民体质监测等相关数据基本来自《体育事业统计年鉴》，后文不在文中另外标注说明。

续表4-1

年份	地方(万元)	中央直属(万元)	总计(万元)	增长率(%)
1993	190800	18600	209400	12.3
1994	187045.6	15309	202354.6	-3.4
1995	216235.8	22567.6	238803.4	18
1996	263229.2	20945	284174.2	19
1997	354042.6	47317	401359.6	41.2
1998	506885	61254	568139	41.6
1999	563714	67994	631708	11.2
2000	697075	171377	868452	37.5
2001	940759	250328	1191087	37.2
2002	1201949.9	216197	1418146.9	19.1
2003	1267986.2	285153.3	1553139.5	9.5
2004	1391454	346020	1737474	11.9
2005	1525708	276123	1801831	3.7
2006	1780273	376575	2156847	19.7
2007	2293017	307630	2600647	20.6
2008	3376533.7	462844	3839377.7	47.6
2009	3256500.2	509716.3	3766216.5	-1.9
2010	3693143.5	504818.7	4197962.2	11.5
2011	4246375.3	561930.6	4808305.9	14.5
2012	4824057.9	560456.6	5384514.5	12
2013	4123579.1	390808.2	4514387.2	-16.2
2014	4325682.1	392587.1	4718269.2	4.5
2015	4644392.4	447531.4	5091923.8	7.9
2016	5080885.3	912741.6	5993626.9	17.7

1978年以来，我国体育事业经费收入总体呈上升趋势（图4-1）。1978—1993年我国体育事业经费收入持续增长，且增长较快。1994年我国可能因为开始实施分税制改革及在足球领域开始实行职业化改革，中央和地方都减少了体育事业经费投入，导致我国体育事业经费收入比1993年下降了3.4%。1995—2008年，我国体育事业经费收入增长率虽有起伏，但总体增长较快，尤其是2008年因为我国举办第29届夏季奥运会，为保证北京奥运会的成功举办及取得优异成绩，地方和中央直属都加大了对体育事业的投入力度，我国体育事业经费收入比上年增长了47.6%。2009年后，我国中央直属虽然增加了对体育事业的投入，但地方减少了对体育事业的投入，而且地方减少的幅度超过中央直属增长的幅度，导致2009年我国体育事业经费收入比上年降低了1.9%。2010—2012年，我国又加大对体育事业的经费投入，体育事业经费收入年均增长率为13.3%；2013年，中央直属和地方都减少了对体育事业的经费投入，体育事业经费收入较上年降低了16.2%；2014—2016年，中央直属和地方对体育事业的经费投入均逐年增加，体育事业经费收入分别比上年增长了4.5%、7.9%和17.7%。

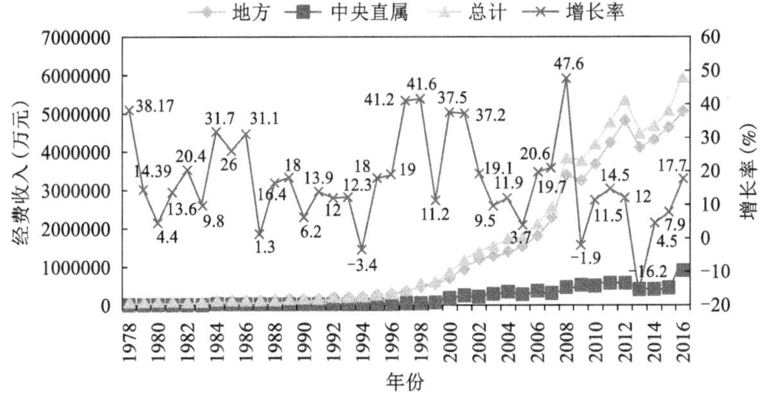

图4-1　体育事业经费收入

4.1.2　体育事业经费的收入结构

体育事业经费的收入结构是指各类体育事业收入来源在体育事业经费收入中所占的比重，根据2012年财政部、国家体育总局印发的《体育事业单位财务制度》，体育事业经费的收入结构分为财政拨款收入、非财政拨款收入和体育彩票公益金收入。

4.1.2.1 体育事业经费的财政拨款收入

1. 国家有关体育事业财政投入的政策法规

新中国成立以来，特别是党的十四大提出建立社会主义市场经济的改革目标以来，我国经济快速发展，人们对体育的公共服务需求逐步增强，国家对体育事业的重视程度也进一步提高，并颁布了一系列有关体育事业的政策法规，为人民日益增长的体育公共服务需求提供了政策支持。1995 年颁布的《中华人民共和国体育法》就明确规定："县级以上各级人民政府应当……随着国民经济的发展逐步增加对体育事业的投入。"2003 年国务院颁布了《公共文化体育设施条例》，提出了各级人民政府基本建设投资计划和财政预算应当包括公共文化体育设施的建设、维修、管理资金，以保证满足人民群众开展文化体育活动的基本需求。为提高公民身体素质，促进全民健身活动的开展，国务院于 2009 年颁布了《全民健身条例》，并于 2013 年和 2016 年两次对其进行修订。该条例明确提出县级以上人民政府应随着国民经济的发展逐步增加对全民健身的投入，全民健身工作所需经费应当被列入本级财政预算，从法律的层面保障了广大群众参与全民健身运动的权利。

除了颁布相关法律法规对体育公共服务财政保障提供立法支持外，国务院有关部门还发布了一系列文件为我国体育公共服务财政投入提供政策保障。2002 年《中共中央 国务院关于进一步加强和改进新时期体育工作的意见》强调，各级政府"确保体育事业经费随着财政收入的增长逐步增加"。2007 年《中共中央 国务院关于加强青少年体育增强青少年体质的意见》明确提出"把义务教育阶段学生健康体检的费用纳入义务教育经费保障机制"。2012 年教育部等四部委联合发布的《关于进一步加强学校体育工作的若干意见》明确规定："利用现有渠道，将学校体育场地设施建设、体育活动经费纳入本级财政预算和基本建设投资计划，并加大投入力度。"2014 年国务院颁布了《关于加快发展体育产业促进体育消费的若干意见》，提出"各级政府要将全民健身经费纳入财政预算，并保持与国民经济增长相适应"。2015 年文化部等四部委联合发布了《关于做好政府向社会力量购买公共文化服务工作的意见》，要求"逐步加大现有财政资金向社会力量购买公共文化服务的投入力度"。2016 年中共中央、国务院印发了《"健康中国 2030"规划纲要》，明确要求"进一步健全政府购买体育公共服务的体制机制，打造健身休闲综合服务体"，"调整优化财政支出结构，加大健康领域投入力度"。

为保障体育公共服务的有效供给，国务院办公厅也颁发了一系列文件保障体育公共服务的财政投入。2016 年颁发的《关于强化学校体育促进学生身心健康全面发展的意见》，对完善学校体育经费投入机制作了明确规定："各级政府要切实加大学校体育经费投入力度，地方各级人民政府在安排财政转移支付资金和本级财力时要对学校体育给予倾斜。各级教育部门要根据需求将学校体育工作经费纳入年度预算，学校要保障体育工作的经费需求。"同年国务院发布了《全民健身计划（2016—2020 年）》，要求县级以上地方人民政府应当将全民健身工作相关经费纳入财政预算，并随着国民经济的发展逐步增加对全民健身的投入。此外，为了促进社会体育指导员队伍发展，2011 年国家体育总局颁布了《社会体育指导员管理办法》，该办法第二十四条规定"各级体育主管部门应当在本级事业经费预算中列支社会体育指导员工作经费"，以保障社会体育指导员在引领群众参加健身活动中的骨干作用。

2. 体育事业经费的财政投入规模

自党的十四大明确提出建立社会主义市场经济体制后，我国现代化建设事业进入一个崭新阶段，国民经济保持持续快速稳定增长，1998—2016 年政府财政收入以年均 16. 7% 的速度保持增长。1998 年我国财政收入 9876 亿元，2016 年我国财政收入增加到 159605 亿元[①]，2016 年的财政收入是 1998 年的 16. 2 倍。随着政府财政收入的不断增加，国家对体育事业的财政拨款也逐渐增多，体育事业财政拨款收入年均增长率为 15%。1998 年国家对体育事业的财政拨款为 387039 万元，2016 年体育事业财政拨款增加到 4819837. 8 万元，2016 年国家对体育事业的财政拨款是 1998 年的 12. 45 倍。1998—2016 年，我国体育事业经费中财政收入所占的比重平均达到 65. 4%，2015 年体育事业财政收入占体育事业经费的比重达到 82. 5%，是 1998 年以来比重最高的年份，2016 年体育事业财政投入所占比重虽有所降低，但也达到了 80. 4%（表 4-2）。

---

① 本书中财政收入和支出数据均来源于中华人民共和国国家统计局网站，故文中有关财政收支数据不再另外标注来源。

表 4-2 体育事业财政投入

年份	体育事业财政投入(万元)	增长速度(%)	体育事业经费(万元)	体育事业财政投入/体育事业经费(%)
1998	387039	—	568139	68. 1
1999	393768	1. 7	631708	62. 3
2000	476006	20. 9	868452	54. 8
2001	607698	27. 7	1191087	51
2002	886303. 8	45. 8	1418146. 9	62. 5
2003	998407. 7	12. 6	1553139. 5	64. 3
2004	1135313	13. 7	1737474	65. 3
2005	1211542	6. 7	1801831	67. 2
2006	1328099	9. 6	2156847	61. 6
2007	1770278	33. 3	2600647	68. 1
2008	2435506	37. 6	3839377. 7	63. 4
2009	1962123. 8	-19. 4	3766216. 5	52. 1
2010	2178423. 5	11	4197962. 2	51. 9
2011	2970376. 8	36. 4	4808305. 9	61. 8
2012	3527482. 9	18. 8	5384514. 5	65. 5
2013	3601831. 5	2. 1	4514387. 2	79. 8
2014	3737322. 1	3. 8	4718269. 2	79. 2
2015	4198915	12. 4	5091923. 8	82. 5
2016	4819837. 8	14. 8	5993626. 9	80. 4

4.1.2.2 体育事业经费的非财政拨款收入

1. 体育事业非财政拨款收入规模

体育事业非财政拨款收入主要包括五个方面，分别是事业收入、上级补助收入、附属单位上缴收入、经营收入和其他收入。1998 年以来，我国体育事业非财政拨款收入增长可分为四个阶段：第一阶段为 1998—2001 年，体育事业非财政拨款收入增长较快，由 1998 年的 181100 万元增加到 2001 年的 583389 万元，年均增长率达到 47.7%。第二阶段为 2002—2004 年，为小幅上涨阶段，2002 年体育事业非财政拨款收入为 531843.2 万元，比上年下降了 8.8%，2003 年和 2004 年体育事业非财政拨款收入分别上涨了 4.3%和 8.6%，增长缓慢。第三阶段为 2005—2010 年，这一时期体育事业非财政拨款收入涨幅虽上下波动，但较上一阶段增速加快，年均增长率达到了 19.5%。第四阶段为 2011—2016 年，这一阶段体育事业非财政拨款收入一年跌一年涨，非财政拨款收入不稳定（表 4-3）。由此可见，我国体育事业非财政拨款收入不容乐观，体育系统内体育市场开发力度不够。

表 4-3 体育事业经费的非财政拨款收入

年份	非财政拨款收入（万元）	增长率（%）	事业收入（万元）	上级补助收入（万元）	附属单位上缴收入（万元）	经营收入（万元）	其他收入（万元）
1998	181100	—	97134	19187	3711	17972	43096
1999	237940	31.4	151543	21817	3025	16531	45024
2000	392446	64.9	280439	29190	5082	32219	45516
2001	583389	48.7	383658	67694	6533	29485	96019
2002	531843.2	-8.8	385028.8	0	5650.8	30581	110582.6
2003	554731.9	4.3	411403.8	0	7628.7	28834.4	106865
2004	602160	8.5	449611	0	7213	32751	112585
2005	590289	-2	422414	0	5245	26502	136128
2006	828750	40.4	520762	0	6549	46878	254561
2007	830369	0.2	544019	0	6536	33813	246001
2008	999935.7	20.4	788690.7	62638	6102.5	26767.8	115736.7
2009	1334519.7	33.5	1096014	66198.7	6279.2	37735.3	128292.5
2010	1435505.2	7.6	1135285.9	98745.6	7160.7	38133.1	156179.9
2011	1297777	-9.6	785352.6	68779.3	3542.1	52779.5	387323.5

续表4-3

年份	非财政拨款收入(万元)	增长率(%)	事业收入(万元)	上级补助收入(万元)	附属单位上缴收入(万元)	经营收入(万元)	其他收入(万元)
2012	1304599.4	0.5	734042.9	80155.2	7471.1	58576	424354.2
2013	912555.7	-30.1	538646.8	124348.3	1767.9	47643.6	200149.1
2014	980947.1	7.5	591175.5	145980	2068	45381.9	196341.7
2015	893008.8	-9	538680.9	116039.9	1078.6	43366.3	193843.1
2016	1173789.1	31.4	401732.2	385566.6	8825.2	203547.5	174117.6

2. 体育事业非财政拨款收入来源

由于上级补助收入、附属单位上缴收入所占的份额较小，本书仅对事业收入、经营收入和其他收入进行分析。

事业收入是指体育事业单位开展体育业务活动和辅助活动取得的收入，包括体育竞赛收入、体育公共设施服务收入、体育技术服务收入、体育衍生业务收入和其他体育事业收入。经营收入是指体育事业单位开展经营活动所获得的收入，而这种经营活动具有非独立核算性质，且经营的体育活动不属于体育专业活动和辅助活动。其他收入是指除财政补助收入、上级补助收入、事业收入、附属单位上缴收入、经营收入以外的各项收入，包括捐赠收入、投资收益、利息收入等。

事业收入与体育事业非财政拨款收入的增长趋势基本保持一致(图4-2)，事业收入在体育事业非财政拨款收入中所占比重年均值达到65.6%，在体育事业非财政拨款收入中占有举足轻重的地位。经营收入跌多涨少，每年体育事业单位开展经营活动所获得的收入较少，经营收入占体育事业非财政拨款收入的比重年均值只有5.8%。其他收入的增长极不稳定，波动较大，突出表现在两个时期：一是2006—2008年，2006年其他收入比上年增长了87%，2007年其他收入比上年有所下降，而2008年其他收入又比上年下降了53%，涨跌幅度较大。二是2011—2013年，2011年其他收入比上年增长了148%，而2013年其他收入又比上年下降了52.8%，收入极不稳定，具体原因有社会对体育事业的关注程度较低、捐赠收入有限、体育系统资金的投资收益率也不高等。

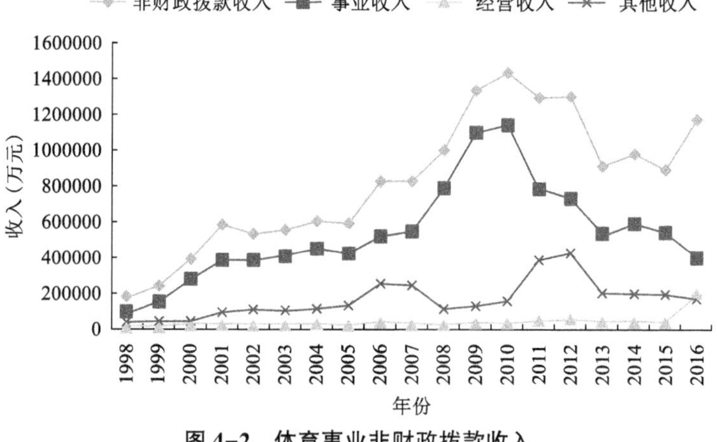

图 4-2 体育事业非财政拨款收入

4.1.2.3 体育彩票公益金收入

1. 国家有关体育彩票的相关法律法规

体育彩票是国家为筹集社会公益资金，促进社会公益事业和体育事业发展而特许发行、依法销售的凭证。为了规范彩票市场发展，保护彩票参与者的合法权益，国务院于 2009 年颁布了《彩票管理条例》，明确规定“彩票公益金专项用于社会福利、体育等社会公益事业”，“彩票发行费、彩票公益金的管理、使用单位，应当依法接受财政部门、审计机关和社会公众的监督”等。该条例的颁布有利于加强彩票管理，维护彩票市场秩序，充分发挥体育彩票的公益性质，可更好地体现体育彩票“取之于民，用之于民”的发行宗旨。

除国务院制定相关法律加强体育彩票的管理外，国家体育总局也制定了一系列文件规范体育彩票市场及公益金的使用。2008 年公布的《关于加强体育彩票公益金援建项目监督管理的意见》，强调“用于援建项目的公益金必须实行专项管理，并按规定用途专款专用”，“各级体育行政部门和受赠单位不得以任何形式截留、占用和挪用援建项目资金”等。该规范性文件充分发挥了体育彩票公益金在构建面向大众的体育服务体系中的积极作用，严防了在体育彩票公益金援建项目中发生的腐败现象，提高了体育彩票公益金的使用效益。为加强“中国体育彩票全民健身工程”的建设和管理，国家体育总局于 2008 年颁布了《中国体育彩票全民健身工程管理暂行规定》，明确规定“全民健身工程建设启动资金由国家体育总局和地方体育行政部门按一定比例从本级体育彩票公益金中投入”。该文件的颁布和实施为旨在开展全民健身活动的公益性体育场地设施建设提供了稳定的经费支持。

为规范和加强中央集中彩票公益金支持体育事业专项资金使用管理，2013年财政部、国家体育总局颁布了《中央集中彩票公益金支持体育事业专项资金管理办法》，规定群众体育和竞技体育是彩票公益金的补助范围，其中用于群众体育的比例不低于70%，用于竞技体育的比例不高于30%。该办法的制定和实施确保了体育彩票公益金专款专用，充分发挥了资金使用效益。

2. 体育彩票销售额及筹集的公益金

体育彩票公益金专项用于发展体育、社会福利等公益事业，该资金是按规定比例从体育彩票销售额中提取，按政府性基金管理办法纳入预算的。自1994年在全国范围内统一发行体育彩票以来，我国不断完善体育彩票的管理运营机制，逐步加强对体育彩票市场的监督检查，持续完善体育彩票的技术体系，体育彩票销售渠道的标准化、专业化水平得以不断提高，销售渠道结构逐渐趋于合理，我国体育彩票实现了跨越式发展。1995年我国体育彩票销售额仅有10亿元，2016年体育彩票销售额增加到1881.49亿元，2016年体育彩票销售额是1995年的188倍，年均增长率达到28.3%。随着体育彩票销量的不断增加，我国从体育彩票中提取的公益金也持续增多，1995年我国体育彩票提取的公益金只有2.25亿元，2016年体育彩票提取的公益金达到448亿元，比1995年增长了199倍，年均增长率达到28.7%，高于体育彩票销售额的增长率。1994—2016年，我国体育彩票销售额累计达12327.07亿元，共筹集公益金3347.27亿元(表4-4)，为社会公益事业和体育事业作出了重要贡献。

表4-4　体育彩票销售额及提取公益金情况

年份	销售额(亿元)	增长率(%)	提取公益金(亿元)	增长率(%)
1995	10	—	2.25	—
1996	12	20	2.87	27.6
1997	15	25	4.27	48.8
1998	25	66.7	7.6	78
1999	40.36	61.4	12.11	59.3

续表4-4

年份	销售额(亿元)	增长率(%)	提取公益金(亿元)	增长率(%)
2000	91.14	125.8	27.46	126.8
2001	149.29	63.8	44.8	63.1
2002	217.73	45.8	76.21	70.1
2003	201.35	-7.5	70.47	-7.5
2004	154.2	-23.4	53.98	-23.4
2005	302.66	96.3	103.62	92
2006	323.63	6.9	106.06	2.4
2007	385.14	19	127.06	19.8
2008	456.15	18.4	137.02	7.8
2009	568.73	24.7	165.21	20.6
2010	694.46	22.1	191.94	16.2
2011	937.85	35	253	31.8
2012	1104.92	17.8	293.5	16
2013	1327.97	20.2	350.84	19.5
2014	1764	32.8	454	29.4
2015	1664	-5.7	415	-8.6
2016	1881.49	13.1	448	8

资料来源：《中国彩票年鉴》编辑委员会. 中国彩票年鉴 2015[M]. 北京：中国财政经济出版社，2016；搜狐彩票. 2016 年体彩销售 1881 亿创新高 27 省份销量增长[EB/OL]. (2017-02-06). http://caipiao.sohu.com/20170206/n479994907.shtml.

3. 体育彩票公益金成为我国体育事业的重要经费来源

2008 年我国体育事业经费本年收入为 3435441.7 万元，在体育事业经费收入来源中，体育彩票公益金收入为 448838 万元，体育彩票公益金收入占体育事业经费本年收入的比重为 13.1%；2012 年我国体育事业经费本年收入为 4832082.3 万元，在体育事业经费收入来源中，体育彩票公益金收入为 1072737.1 万元，体育彩票公益金收入占体育事业经费本年收入的比重达到

22.2%(图 4-3)。在体育事业经费本年收入中，体育彩票公益金收入所占的比重逐年上升，已成为我国体育事业经费的重要来源。

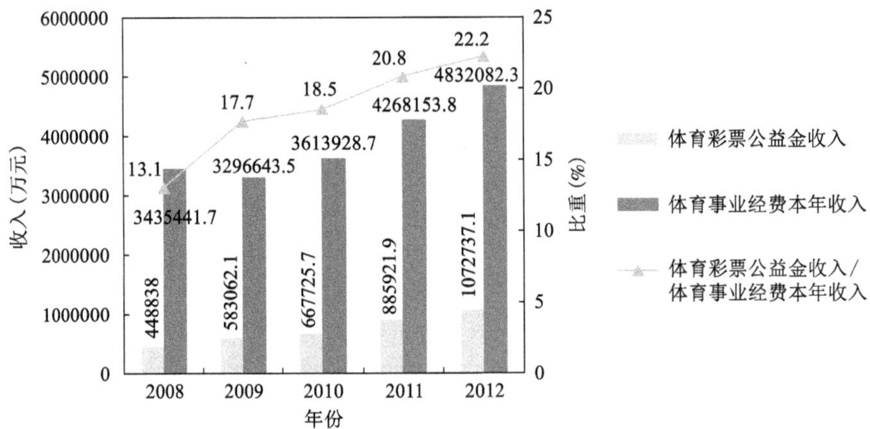

图 4-3　体育彩票公益金收入占体育事业经费本年收入比重

4.2 我国体育公共服务财政收入存在的问题

4.2.1 体育事业经费收入的相对规模偏小

我国体育事业经费的收入总量即绝对规模虽不断增加，但体育事业经费收入的相对规模却没有相应增加。从表 4-5 可以发现，1998—2008 年，我国体育事业经费收入占政府财政支出的比重为 0.48%~0.64%，其间有起伏，但从 2008 年起，体育事业经费收入占政府财政支出的比重呈逐年下降的趋势，2008 年体育事业经费收入占政府财政支出的比重为 0.61%，2015 年体育事业经费收入占政府财政支出的比重下降到 0.29%，2016 年体育事业经费所占比重有所提升，但也仅 0.32%，等同于 2013 年体育事业经费收入所占比重。

体育事业经费收入占国内生产总值的比重的涨跌情况如下：1998—2002 年比重呈逐年上升趋势，由 1998 年的 0.07%上升到 2002 年的 0.12%；2003—2007 年又呈下降趋势，由 2003 年的 0.11%下降到 2007 年的 0.1%；2008 年由于北京举办奥运会，我国体育事业经费收入占国内生产总值的比重小幅上升到 0.12%；但从 2009 年起，我国体育事业经费收入占国内生产总值的比重逐年下降，由 2009 年的 0.11%下降到 2015 年的 0.07%，2016 年比重虽稍有回升，但所占比重也仅为 0.08%。总体而言，我国体育事业经费收入占国内生产总值的比重年均仅 0.09%，可见，我国体育事业经费收入的相对规模偏低，与发达国家相差甚远。体育公共服务财政收入总量不足，与我国经济快速发展的状况不相匹配，影响了我国体育公共服务型政府构建及体育强国目标的实现。

表 4-5　我国体育事业经费收入相对规模

年份	体育事业经费收入(亿元)	政府财政支出(亿元)	国内生产总值(亿元)	体育事业经费收入占政府财政支出比重(%)	体育事业经费收入占国内生产总值比重(%)
1998	56.81	10798.18	85195.5	0.53	0.07
1999	63.17	13187.67	90564.4	0.48	0.07
2000	86.85	15886.5	100280.1	0.55	0.09

续表4-5

年份	体育事业经费收入(亿元)	政府财政支出(亿元)	国内生产总值(亿元)	体育事业经费收入占政府财政支出比重(%)	体育事业经费收入占国内生产总值比重(%)
2001	119.11	18902.58	110863.1	0.63	0.11
2002	141.81	22053.15	121717.4	0.64	0.12
2003	155.31	24649.95	137422	0.63	0.11
2004	173.75	28486.89	161840.2	0.61	0.11
2005	180.18	33930.28	187318.9	0.53	0.1
2006	215.68	40422.73	219438.5	0.53	0.1
2007	260.06	49781.35	270232.3	0.52	0.1
2008	383.94	62592.66	319515.5	0.61	0.12
2009	376.62	76299.93	349081.4	0.49	0.11
2010	419.8	89874.16	413030.3	0.47	0.1
2011	480.83	109247.79	489300.6	0.44	0.1
2012	538.45	125952.97	540367.4	0.43	0.1
2013	451.44	140212.1	595244.4	0.32	0.08
2014	471.83	151785.56	643974	0.31	0.07
2015	509.19	175877.77	689052.1	0.29	0.07
2016	599.36	187755.21	743585.5	0.32	0.08

4.2.2 体育公共服务财政投融资渠道单一

近年来，在国家相关政策的保障下，我国体育公共服务财政投入不断增加，而且，为解决体育公共服务财政投入不足的问题，我国也不断创新体育公共服务的投入方式。尽管如此，体育公共服务的资金来源仍很单一，投融资渠道匮乏，财政拨款仍然是我国体育公共服务收入的主要来源，所占的比重年均值达到了65.36%。而发达国家体育公共服务的主要收入来源是非财政拨款收入，政府财政拨款只占其中的很小部分，大约为1/3①。

以我国健身场地设施为例，2013年我国健身场地设施投资总额中财政资金为1868878.53万元，占投资总额的54.10%，彩票公益金为1028862.76万元，占投资总额的29.78%，社会基金为556926.2万元，占投资总额的16.12%；2014年我国健身场地设施投资总额中财政资金为1224894.98万元，占投资总额的51.64%，彩票公益金为729441.91万元，占投资总额的30.75%，社会基金为417775.71万元，占投资总额的17.61%；2015年财政资金在健身场地设施投资中所占比重降到32.12%，社会资金所占的比例增加到20.37%；2016年财政资金在健身场地设施投资中所占比重又增加到64.92%，在四年中所占的比重最高，社会资金所占的比例减少到9.68%，为四年中所占比重最低的一年。可见，财政资金仍是健身场地建设的主要收入来源，社会资金在健身场地设施建设投资中所占比重还较低，说明社会力量参与体育公共服务供给的积极性不高（表4-6）。

表4-6　我国健身场地设施情况

年份	投资总额（万元）	财政资金		彩票公益金		社会基金	
		金额（万元）	比例（%）	金额（万元）	比例（%）	金额（万元）	比例（%）
2013	3454667.49	1868878.53	54.1	1028862.76	29.78	556926.2	16.12
2014	2372112.6	1224894.98	51.64	729441.91	30.75	417775.71	17.61
2015	3286690.38	1055833.37	32.12	1561440.19	47.51	669416.82	20.37
2016	2062015.07	1338657.35	64.92	523717.29	25.4	199640.4	9.68

我国体育系统基本建设投入情况可进一步说明体育公共服务资金来源渠道单一。基本建设是指体育系统建设单位利用国家财政拨款、自筹资金、国内外贷款和其他专项资金进行投资，以改善工作条件、扩大生产能力等为主要目标的新建、改建、扩建等建设经济活动。从表4-7可以看到，2008—2012年，我国体育系统内本年完成的基本建设中财政拨款所占的比重年均值达到75.8%，而国内贷款、利用外资、自筹资金及其他专项资金的比重总和年均值仅有

① 李丽，杨小龙.我国体育事业公共收入研究[J].上海体育学院学报，2012，36(4)：12-16，26.

24.2%，尤其是2008年，财政拨款在体育系统本年完成的基本建设中所占的比重达到了95.8%。基本建设本年计划投资是指经有关机关批准或同意安排的当年计划投资额。2013—2015年，我国体育系统内基本建设本年计划投资中财政拨款所占的比重均值达到了77.7%；2016年财政拨款所占比重减少到43.7%，自筹资金所占的比重增加到50.2%，基本建设本年计划投资的多元供给格局有了较大改善(表4-8)。但总体而言，我国基本建设资金主要来源于政府财政投入的情况仍未得到根本改变，体育公共服务多元化供给机制还有待进一步完善。

表4-7 基本建设本年完成情况

年份	财政拨款		国内贷款		利用外资		自筹资金		其他专项资金	
	金额(万元)	比重(%)	金额(万元)	比重(%)	金额(万元)	比重(%)	金额(万元)	比重(%)	金额(万元)	比重(%)
2008	5272937.4	95.8	38054	0.7	1240	0.02	177348.2	3.2	15542.1	0.3
2009	656354.6	64.9	71866.6	7.1	5510	0.5	214941	21.3	62382.7	6.2
2010	982378.1	72.2	72168.6	5.3	900	0.1	210292.9	15.5	95818.4	7
2011	553895.2	70.7	13761.3	1.8	15603.9	2	160716.1	20.5	39994.5	5.1
2012	680050.1	75.3	19399	2.2	1869	0.2	155531.3	17.2	46460.2	5.1

表4-8 基本建设本年计划投资情况

年份	财政拨款		国内贷款		利用外资		自筹		其他	
	金额(万元)	比重(%)	金额(万元)	比重(%)	金额(万元)	比重(%)	金额(万元)	比重(%)	金额(万元)	比重(%)
2013	2302436.2	80.6	9066	0.3	3580	0.1	249969.9	8.8	290101.4	10.2
2014	1725827.8	68.7	72571.6	2.9	8092.5	0.3	98153.5	3.9	606319.9	24.2
2015	1167638.3	83.9	15240	1.1	720	0.1	117057.4	8.4	90577.9	6.5
2016	1201369.2	43.7	15950	0.6	16280	0.6	1380678.6	50.2	137896.5	5

4.2.3　区域间体育公共服务收入仍差距较大

改革开放以来，由于自然条件、历史原因、政策环境等因素，我国东、中、西部经济差距呈扩大趋势，导致区域间体育公共服务收入不平衡。从表 4-9、表 4-10 可以发现，东、中、西部人均体育事业经费收入差距并没有得到有效的遏制。2008—2010 年，区域间人均体育事业经费收入差距呈缩小趋势，东、中、西部体育事业经费收入差距由 2008 年的 4.5：1：0.99 缩小到 2010 年的 3.87：1：1.36。然而 2011 年东、中、西部人均体育事业经费收入差距又扩大到 4.28：1：1.5，2012—2014 年东、中、西部人均体育事业经费收入差距又呈减小趋势，但即使是差距最小的 2014 年，东部人均体育事业经费收入仍是中部的 3.05 倍，是西部的 1.74 倍，体育事业经费收入差距仍很明显。2015 年东部和西部的人均体育事业经费收入差距虽然缩小了，但东部、西部与中部的差距进一步扩大；2016 年东、中、西部的差距又进一步扩大。通过研究还发现，2009 年起西部的人均体育事业经费收入高于中部，原因主要在于改革开放以来，我国东部、西部分别实施"优先发展东部沿海地区""西部大开发"，相继领政策之先，中部发展问题日益凸显，出现了"中部塌陷"，再加上西部人口较少，因此这些年来西部地区人均体育事业经费收入要明显高于中部地区。此外，区域内人均体育事业经费收入差距也较显著，以东部地区为例，人均体育事业经费差距最大的是 2008 年，北京人均体育事业经费收入达到 115.9 元，广东人均体育事业经费收入为 26.9 元，北京人均体育事业经费收入是广东的 4.3 倍；差距最小的是 2014 年，北京人均体育事业经费收入是广东的 2.8 倍，区域内差距仍较显著。

表 4-9　不同区域人均体育事业经费收入情况　　单位：元

地区		2008 年	2009 年	2010 年	2011 年	2012 年	2013 年	2014 年	2015 年	2016 年
东部	北京	115.9	122.7	112.4	110.6	133.7	103.9	98.4	118.5	126.2
	上海	80.8	93.8	100.3	116	97.2	59	65.3	48.8	110.4
	天津	82.1	85	82.9	119.1	131.1	94.4	75.3	95.5	98.8
	江苏	35.1	36.2	38	44.3	67.2	42	44.5	41.8	43.3
	浙江	34.5	39.3	46.8	45.7	49.4	46.3	44.4	49.8	48.5
	广东	26.9	31.6	32.9	42.6	35.8	30.2	34.6	39.7	46

续表4-9

地区		2008 年	2009 年	2010 年	2011 年	2012 年	2013 年	2014 年	2015 年	2016 年
中部	湖北	14.8	20.9	18.2	21	33.2	30.9	28.9	33	37.5
	湖南	10.2	11.5	13.2	14.2	15.8	15.6	19.9	20.9	19.9
	河南	7.6	11.2	11.3	11.5	13.8	11.1	10	9.4	10.3
	江西	19.4	16.6	24.6	24.2	20.4	17.8	17.9	19.6	19.7
	安徽	11.7	12.8	16.7	14.6	18.7	14.5	16.3	16.8	16
	山西	19.8	19.7	22.9	25.9	26.6	28.4	25.5	28.3	30.5
西部	陕西	15.1	22	24.3	25.6	28	30	29.7	27.9	35.8
	青海	24	28.7	35.7	35.3	39.8	48.6	57.4	105.4	113.2
	甘肃	10.5	19.9	22.4	28.6	35.2	21.7	41.6	44	40.8
	云南	11.7	17.4	20.1	33	35	25.8	32.5	26.5	20.9
	四川	13.3	18	22.9	21.4	22	21.9	20.7	22.4	24.7
	贵州	8.4	12.9	19.9	23.6	29.2	24.3	26.7	30.4	36.3

表 4-10　不同区域人均体育事业经费收入比较　　单位：元

年份	人均体育事业经费收入			东、中、西部之比
	东部六省	中部六省	西部六省	
2008	62.6	13.9	13.8	4.50：1：0.99
2009	68.1	15.5	19.8	4.39：1：1.28
2010	68.9	17.8	24.2	3.87：1：1.36
2011	79.7	18.6	27.9	4.28：1：1.5
2012	85.7	21.4	31.5	4.00：1：1.47
2013	62.6	19.7	28.7	3.18：1：1.46
2014	60.4	19.8	34.8	3.05：1：1.76
2015	65.7	21.3	42.8	3.08：1：2.01
2016	78.9	22.3	45.3	3.54：1：2.03

4.2.4　体育彩票销售总体规模和公益金总量仍较小

自1994年我国开始发行体育彩票以来，体育彩票在我国经济和社会生活中的作用日益凸显，对促进社会福利、体育等社会公益事业的发展成效显著。然而，由于我国彩票业行业管理体制不健全、法律法规体系尚不完善、市场销售渠道创新受阻和产品玩法创新明显滞后等，我国体育彩票销售额占国内生产总值的比重年均值仅为0.2%（表4-11）。按照国际通行经验，一国正常的彩票发行规模占国内生产总值的比重应为1%左右①，2016年我国国内生产总值为743585.5亿元②，按照国际通行经验，彩票发行规模应在7400亿元左右，而实际上该年我国彩票销售额仅为3946.4亿元③，尚有3400亿元左右的差距。彩票业在我国目前只能算是经济发展的一个增长点，而在发达国家被视为国民经济的第六大产业④。通过相关调查数据显示，世界彩票业年销售额与各国国内生产总值的比例平均为0.44%⑤，而我国年均值仅为0.2%，即使比重最高的2014年，也仅为0.27%（表4-11）。由此可见，我国彩票销售额相对于世界平均水平仍存在一定的差距，体育彩票业仍存在巨大的拓展空间。

表4-11　体育彩票销售额及提取公益金情况

年份	体育彩票销售额（亿元）	国内生产总值（亿元）	体育彩票公益金（亿元）	体育彩票销售额/国内生产总值（%）	体育彩票公益金/体育彩票销售额（%）
2008	456.2	319515.5	137	0.14	30
2009	568.7	349081.4	165.2	0.16	29
2010	694.5	413030.3	191.9	0.17	27.6
2011	937.9	489300.6	253	0.19	27

---

① 杨亚莉，程林林，张永韬.体育彩票销量的计量模型及促销策略研究：以四川省为例[J].成都体育学院学报，2012，38(9)：1-7.

② 中华人民共和国国家统计局.国家数据[EB/OL].http://data.stats.gov.cn/easyquery.htm? cn=C01.

③ 搜狐彩票.2016年体彩销售1881亿创新高　27省份销量增长[EB/OL].(2017-02-06).http://caipiao.sohu.com/20170206/n479994907.shtml.

④ 何建东，骆秉全.我国体育彩票管理研究[J].体育文化导刊，2011(1)：13-16.

⑤ 王薛红.我国彩票业发展趋势及对策研究[J].中国财政，2014(1)：44-45.

续表4-11

年份	体育彩票销售额(亿元)	国内生产总值(亿元)	体育彩票公益金(亿元)	体育彩票销售额/国内生产总值(%)	体育彩票公益金/体育彩票销售额(%)
2012	1104.9	540367.4	293.5	0.2	26.6
2013	1328	595244.4	350.8	0.22	26.4
2014	1764	643974	454	0.27	25.7
2015	1664	689052.1	415	0.24	24.9
2016	1881.5	743585.5	448	0.25	23.8

资料来源:《中国彩票年鉴》编辑委员会. 中国彩票年鉴 2015[M]. 北京:中国财政经济出版社,2016;搜狐彩票. 2016 年体彩销售 1881 亿创新高 27 省份销量增长[EB/OL]. (2017-02-06). http://caipiao.sohu.com/20170206/n479994907.shtml.

我国于 2002 年 1 月 1 日起调整了彩票资金的分配比例，即发行成本不得高于总销售额的 15%，返奖奖金比例不得低于销售额的 50%，公益金的提取比例不得低于总销售额的 35%，国际上彩票公益金提取比例通行的标准也在 34% 左右①，我国公益金的提取比例与国际通行的标准基本相符。然而从表 4-11 可以看到，我国提取的体育彩票公益金占体育彩票销售额的比重呈逐年下降趋势，由 2008 年的 30%下降到 2016 年的 23.8%，这与国家体育总局规定的提取比例及国际通行的做法不相符合。虽然 2002 年 1 月起我国体育彩票的发行成本由之前的 20%降低到 15%，但相比世界发达国家，我国体育彩票的发行成本仍过高，如美国、澳大利亚、加拿大的发行成本占彩票销售额的比重分别只有 5.8%、6.4%、6.4%，英国的彩票发行费用最低，仅为 5%②，体育彩票公益金提取比例的不断降低及过高的发行成本都将影响我国体育公共服务收入规模。

① 张策宇. 我国体育彩票公益金管理分析[J]. 体育文化导刊，2012(6)：90-92.

② 何建东，骆秉全. 我国体育彩票管理研究[J]. 体育文化导刊，2011(1)：13-16.

4.3　我国体育公共服务财政支出现状

财政支出也称公共财政支出，是各级政府为提供公共产品和服务而花费的开支，体现了政府活动的方向和范围。财政支出是公共服务型政府构建的一个重要方面，因为政府履行公共服务职能主要是通过公共财政支出来实现的。提供体育公共服务是政府职能的重要内容，因此，政府对体育公共服务财政支出的规模和结构反映了政府政策的选择，体现了政府介入体育事业的范围和力度。

4.3.1　体育事业财政支出规模

体育事业财政支出规模是体育事业财政支出总量的货币表现，它是衡量一个国家或地区政府体育财政活动规模的重要指标。自 1998 年我国开始建立公共财政、启动预算管理体制改革以来，我国体育事业经费收入规模不断扩大，政府对体育事业的财政支出不断增多，为政府履行体育公共服务职能提供了财政资金保障。1998 年我国共支出 534765 万元用于体育事业的发展，2016 年体育事业经费支出的总金额达到 5693013.8 万元，19 年来我国体育事业经费支出扩大了 10.6 倍，年均增长率达到 14%(图 4-4)。

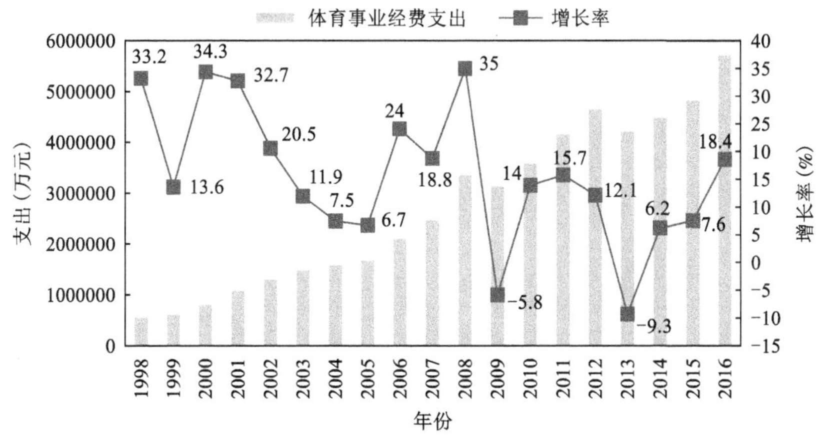

图 4-4　体育事业经费支出及增长率

1998—2016年的19年间，我国体育事业经费支出仅有2009年和2013年为负增长，与我国体育事业经费收入的增长趋势保持一致。体育事业经费支出有三个快速增长点：一是1998年，体育事业经费支出的增长率达到33.2%，增长的原因可能是当年我国首次提出了建设公共财政体制框架的目标，1999年骤然下降到13.6%；二是2000年，我国体育事业经费支出的增长率又快速增加到34.3%，但2001年起开始回落，2005年下降到6.7%后又曲折上升；三是2008年，我国体育事业经费支出增长率上升到35%，为1998年以来增长最快的一年，增长的原因主要是北京举办奥运会，我国加大了对体育公共服务的财政投入。北京奥运会后的第一年，即2009年，我国体育事业经费支出增长速度开始减缓，甚至出现了负增长，如2009年和2013年分别下降了5.8%和9.3%，可见，我国体育事业经费支出还未形成稳定的增长机制。

4.3.2 体育事业经费支出的会计科目

1998—2016年，我国体育事业经费支出的会计科目在2002年、2008年、2013年进行了调整。由于会计科目设置的不连续性，鉴于本书需要及突出研究重点，本书只对2008年以来的会计科目进行分析。

2008—2012年，根据《体育事业统计年鉴》，体育事业经费支出的会计科目分为事业支出、上缴上级支出、对附属单位补助支出、经营支出、结转自筹基建、其他。2013年1月1日起，根据财政部、国家体育总局于2012年12月28日发布的《体育事业单位财务制度》，《体育事业统计年鉴》中，体育事业经费支出的会计科目调整为事业支出(基本支出、项目支出)、上缴上级支出、经营支出、对附属单位补助支出、其他支出。基于此，本书除对两个时期共有的会计科目，即经营支出、上缴上级支出、对附属单位补助支出进行分析外，还对不同阶段重要的会计科目，即事业支出进行分析，同时也对2013—2016年事业支出中的基本支出和项目支出分别进行分析。

4.3.2.1 经营支出

经营支出，即体育事业单位开展非独立核算经营活动所发生的支出，而这些经营活动是在专业业务活动及其辅助活动之外开展的。经营支出应当与经营收入进行比较，体育事业经营收支的差值大致能反映我国体育事业单位的经营状况。图4-5显示，2008年以来，我国体育事业经营支出基本与体育事业经营收入保持一致，经营收支差值均为正值，说明我国体育事业单位经营均处于盈利状态，但盈利额不高，表明我国体育事业单位的经营水平还较低。体育事业经营收支差值最高的年份是 2016 年，盈利额为 178148. 4 万元，收支差距大的原因是当年经营支出仅有 25399. 1 万元，是 2011 年以来支出最少的，而经营收入又远远超过 2008—2015 年，是 2008 年的 7. 6 倍，是 2015 年的 4. 7 倍。由此也说明我国体育事业经营支出还存在较大的随意性。

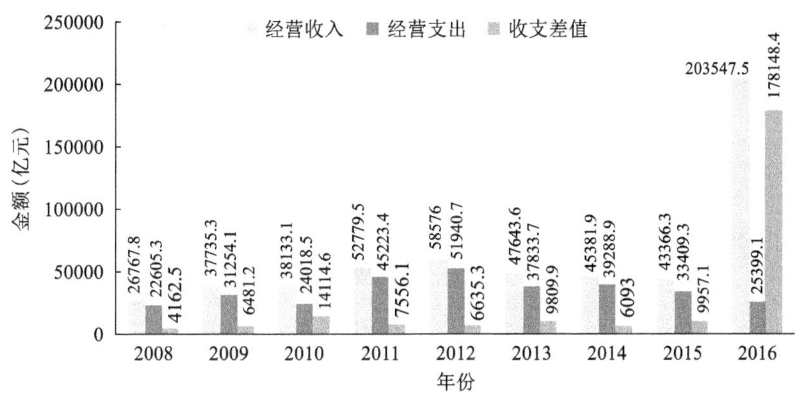

图 4-5 体育事业经营收入及收支差值

4.3.2.2 上缴上级支出

上缴上级支出，即按照财政部门和主管部门的规定，体育事业单位上缴上级单位的支出。从表 4-12 可以发现，2009—2014 年，上缴上级支出的绝对规模呈逐年增加趋势，2009 年上缴上级支出为 2256. 8 万元，2014 年增长到 27368. 1 万元，2014 年上缴上级支出是 2009 年的 12. 1 倍，年均增长率达到 64. 7%；2015 年上缴上级支出比上年下降了 59. 9%，2016 年上缴上级支出比 2015 年增长了 2081. 2%。虽然上缴上级支出占体育事业经费支出的比重很低，年均值仅有 0. 63%，但每年体育事业经费支出的预算是既定的，上缴上级支出的增加必然会挤占其他体育公共服务的支出，因此上缴上级支出增长过快势必会影响地方政府的财力，进而影响地方政府履行体育公共服务的能力。

表 4-12　体育事业上缴上级支出情况

年份	上缴上级支出(万元)	增长率(%)	体育事业经费支出(万元)	上缴上级支出/体育事业经费支出(%)
2008	2651.1	—	3327020.6	0.08
2009	2256.8	-14.9	3135369.8	0.07
2010	2319.1	2.8	3574059.3	0.06
2011	3201.9	38.1	4136381.8	0.08
2012	4194.6	31	4638400.5	0.09
2013	11758.5	180.3	4207962	0.28
2014	27368.1	132.8	4469217.8	0.61
2015	10982.9	-59.9	4808420.1	0.23
2016	239557.2	2081.2	5693013.8	4.2

4.3.2.3　对附属单位补助支出

对附属单位补助支出是指体育事业单位对附属单位补助发生的支出，补助资金来源于财政补助收入之外的收入。体育事业单位主要是用非财政拨款资金补助附属单位，因此对附属单位补助支出规模在一定程度上受到非财政拨款收入规模的影响。2008 年对附属单位补助支出额最多，为 30116.2 万元，比上年增长了 182.1%，主要原因是 2008 年北京举办奥运会，体育事业单位加大了对附属单位的补助支出，以促使下级单位更好地开展体育活动和竞赛。2013 年对附属单位补助支出只有 4712.5 万元，比上年下降了 84%；2014—2015 年对附属单位补助支出逐年减少，主要原因是这两年的体育事业非财政拨款收入也非常少，是 2008 年以来收入规模最小的两年，从而影响了对附属单位的补助支出；2016 年对附属单位补助支出总额为 14030.2 万元，比上年增长了 308%，主要原因可能是该年体育事业非财政拨款收入比上年有了大幅度的增长，故提高了对附属单位的补助支出(图 4-6)。

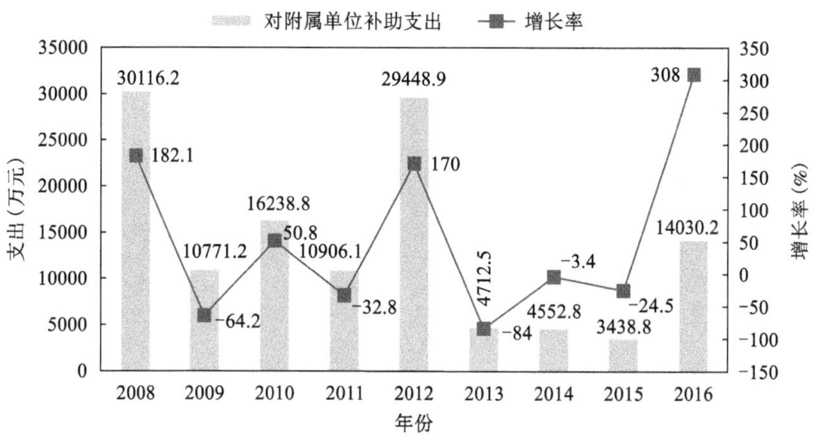

图 4-6　体育事业对附属单位补助支出情况

4.3.2.4　事业支出

根据 1997 年发布的《体育事业单位财务制度》，事业支出是指体育事业单位开展专业业务活动及其辅助活动发生的支出①，包括业务费、公务费、修缮费和设备购置费、基本工资、补助工资、社会保障费等；2012 年 12 月发布的《体育事业单位财务制度》中，事业支出是指体育事业单位开展专业业务活动及其辅助活动发生的基本支出和项目支出。由此可见，新财务制度的事业支出是对 1997 年财务制度事业支出的归类细分，这样可更准确、清晰地反映行政事业单位的支出活动。新实施的《体育事业单位财务制度》虽删除了事业支出科目，但将事业支出内容细分为基本支出和项目支出，因此本书中 2013—2016 年的事业支出额是当年基本支出和项目支出相加所得出的数额。

从表 4-13 可以看到，事业支出除 2009 年有所下降以外，其余年份都逐年增长，2009 年我国事业支出总额为 2899548. 2 万元，2016 年事业支出增加到 5414027. 4 万元，2016 年的事业支出是 2009 年的 1. 9 倍，2009—2016 年事业支出年均增长率为 9. 3%。事业支出占体育事业经费支出的比重年均值为 93. 7%，所占的比重非常高，可见事业支出是我国体育事业经费支出的重中之重。

---

① 财政部　国家体育总局关于印发《体育事业单位财务制度》的通知[J]. 财务与会计，2013(4)：63-67.

表 4-13　事业支出占体育事业经费支出比重

年份	事业支出（万元）	体育事业经费支出（万元）	事业支出占体育事业经费支出的比重（%）
2008	3078847.2	3327020.6	92.5
2009	2899548.2	3135369.8	92.5
2010	3259153.1	3574059.3	91.2
2011	3652094.6	4136381.8	88.3
2012	4080700.1	4638400.5	88
2013	4153657.3	4207962	98.7
2014	4398008.1	4469217.8	98.4
2015	4760589.2	4808420.1	99
2016	5414027.4	5693013.8	95.1

基本支出是指体育事业单位为了保障其正常运转、完成日常工作任务而发生的人员支出和公用支出；项目支出是指体育事业单位为了完成事业发展目标和特定工作任务，在基本支出之外所发生的支出①。从表 4-14 可以发现，2013—2016 年，体育事业基本支出绝对规模和相对规模均逐年增加，绝对规模由 2013 年的 2218907.7 万元增加到 2016 年的 3212160.2 万元，增长了 1.4 倍，相对规模即基本支出占体育事业支出的比重由 2013 年的 53.4%增加到 2016 年的 59.3%。项目支出的绝对规模虽逐年增加，由 2013 年的 1934749.5 万元增加到 2016 年的 2201867.2 万元，但相对规模却逐年下降，由 2013 年的 46.6%下降到 2016 年的 40.7%，说明体育事业支出中用于人员基本工资、补助工资、社会保障费等基本支出的比重较大，行政事业单位人员经费支出较多，运行成本较高。

① 财政部　国家体育总局关于印发《体育事业单位财务制度》的通知[J].财务与会计，2013(4)：63-67.

表 4-14　体育事业基本支出和项目支出情况

年份	事业支出总额（万元）	基本支出		项目支出	
		金额(万元)	比重(%)	金额(万元)	比重(%)
2013	4153657. 3	2218907. 7	53. 4	1934749. 5	46. 6
2014	4398008. 1	2443255. 4	55. 6	1954752. 6	44. 4
2015	4760589. 2	2693823. 5	56. 6	2066765. 7	43. 4
2016	5414027. 4	3212160. 2	59. 3	2201867. 2	40. 7

4.3.3　政府体育预算支出科目

政府预算支出科目是指政府安排的各项事务性支出，主要分为支出功能分类与经济分类。支出功能分类是按政府主要职能活动进行的分类。支出经济分类通常由使用财政拨款的单位在执行预算时具体列示，主要反映政府支出的经济性质和具体用途。本书主要对政府体育预算的支出功能分类进行分析。体育事业财政支出结构是指财政资金用于体育事业各方面的数量、比例及其相互关系，反映了一定时期内政府体育财政活动的范围及重点。由于 2002 年、2008 年及 2013 年政府对收支分类科目分别进行了调整，政府支出科目变动较大，为突出研究重点，本书仅对 2008 年以来政府体育支出结构进行分析。虽然 2008—2012 年体育事业统计年鉴中仅有事业支出科目的相关数据，但是事业支出所包括的群众体育、体育训练费、体育竞赛费和体育场馆四个科目在 2013 年开始实施的政府体育预算支出功能中仍然保留，因此本书对 2008 年以来的这四个科目单独进行分析。

4.3.3.1　政府体育事业预算支出科目

根据财政部制定的《2007 年政府收支分类科目》，2008 年起体育事业经费支出中事业支出的科目包括群众体育、体育训练费、体育竞赛费和体育场馆。群众体育支出反映的是群众体育活动方面的支出，包括全民健身和业余体校等方面的支出；体育训练费支出反映的是各级体育运动队购置训练器材、补助各级运动队训练等方面的支出；体育竞赛费支出反映的是单项体育比赛及综合性运动会支出；体育场馆支出反映的是体育场馆建设及维护等方面的支出。

表4-15显示，群众体育经费支出涨跌起伏不定。2008年北京因为举办奥运会，政府加大了对群众体育的经费投入，群众体育经费支出691053万元；2009年该项经费支出仅211944.4万元，比上年下降了69.3%。2010—2012年群众体育经费支出呈增长趋势，2012年群众体育经费支出325537.6万元，比2010年增长了45.5%。2013年群众体育经费支出仅195416.2万元，比上年下降了40%。2014—2016年群众体育经费支出呈增长趋势，支出数额分别为210279.8万元、251384.5万元和290672.3万元，分别比上年增长了7.6%、19.5%和15.6%。总体而言，2008—2016年，群众体育经费支出占体育事业经费支出的比重年均值为7%。

表4-15　政府体育事业预算支出科目　　单位：万元

年份	群众体育	体育训练费	体育竞赛费	体育场馆
2008	691053	306072.5	220570.5	381765.5
2009	211944.4	317595.3	255418.6	422079.1
2010	223684.8	342360.2	278400.6	424435.4
2011	266174.1	396264.5	337511.2	507656.2
2012	325537.6	448548.3	277930.6	534923.8
2013	195416.2	389625.1	221009.9	647526.1
2014	210279.8	397283.9	277009.2	724324
2015	251384.5	418279.3	256222.3	706972.5
2016	290672.3	580446.9	291206.2	825923.2

体育训练费支出占体育事业经费支出的比重年均值为9.5%。体育训练费支出的涨跌分为两个阶段：2008—2012年为第一阶段，这一阶段逐年增长，年均增长率为10%，2012年体育训练费支出448548.3万元，是2008年的1.5倍。第二阶段为2013—2016年，2013年体育训练费支出389625.1万元，比上年下降了13.1%；2014—2016年体育训练费逐年增加，支出金额分别为397283.9万元、418279.3万元和580446.9万元，分别比上年增长了2%、5.3%和38.8%。

体育竞赛费支出占体育事业经费支出的比重年均值为6.4%。体育竞赛费支出也有涨有跌。2008—2011 年体育竞赛费逐年增长，2011 年体育竞赛费是 2008 年的 1.5 倍。2012 年与 2013 年体育竞赛费呈下降趋势。2012 年体育竞赛费支出 277930.6 万元，比上年下降了 17.7%，2014 年体育竞赛费支出 277009.2 万元，比 2013 年有所增加；2015 年体育竞赛费支出有所减少，比上年降低了 7.5%，而 2016 年体育竞赛费支出 291206.2 万元，比上年增长了 13.7%。

体育场馆支出占体育事业经费支出的比重年均值为 13.6%。体育场馆支出在 2008—2014 年间逐年增加，2008 年体育场馆支出 381765.5 万元，2014 年增加到 724324 万元，2014 年的体育场馆支出是 2008 年的 1.9 倍；2015 年体育场馆支出 706972.5 万元，比上年降低了 2.4%；而 2016 年体育场馆支出 825923.2 万元，比 2015 年增长了 16.8%。

4.3.3.2　2013—2016 年政府体育预算支出科目

1. 体育事业经费预算支出科目

2013 年起对体育预算支出科目进行了调整，《体育事业统计年鉴》所反映的体育事业经费预算支出科目包括外交、教育、科学技术、文化体育与传媒等 7 类(表 4-16)。

表 4-16　2013—2016 年政府体育预算支出科目　　单位：万元

年份	外交	教育	科学技术	文化体育与传媒	社会保障和就业	医疗卫生	住房保障
2013	5372.05	493834.67	18403.65	3474689.4	137455.05	28424.39	49782.79
2014	2409.76	518536.85	23236.47	3670954.68	154939.24	36378.19	62762.6
2015	3814.17	563487.31	25422.35	3903219.94	190900.23	42952.85	78623.2
2016	6390.93	676795.05	35397.56	4617040.8	196487.2	55209	105693.3

外交支出反映的是对外宣传、国际组织等方面的支出。2013 年体育事业经费外交支出 5372.05 万元，占体育事业经费支出比重约 0.13%；2014 年体育事业经费外交支出仅 2409.76 万元，比上年下降了 55.14%，占体育事业经费支出的比重只有 0.05%；2015 年体育事业外交支出 3814.17 万元，比上年增长了 58.28%，占体育事业经费支出的比重为 0.08%；2016 年体育事业外交支出

6390.93万元，比上年增长了67.56%，占体育事业经费支出的比重为0.09%。

教育支出反映的是普通教育、职业教育等各类教育支出。2013—2016年体育事业经费教育支出呈逐年增长趋势，2013年教育支出493834.67万元，2016年教育支出676795.05万元，是2013年的1.37倍；教育支出占体育事业经费支出的比重年均值为11.75%。

科学技术支出反映的是技术研究与开发、基础研究、应用研究、社会科学研究等方面的支出。2013—2016年科学技术支出逐年增长，2013年科学技术支出18403.65万元，2016年科学技术支出35397.56万元，是2013年的1.92倍；科学技术支出占体育事业经费支出的比重年均值为0.53%。

文化体育与传媒支出反映的是文化、文物、体育等方面的支出。2013—2016年文化体育与传媒支出逐年增长，2013年文化体育与传媒支出3474689.4万元，2016年文化体育与传媒支出4617040.8万元，是2013年的1.33倍。文化体育与传媒支出占体育事业经费支出的比重为81.68%，是体育事业经费的重点支出对象。

社会保障和就业支出反映的是行政事业单位离退休人员、财政对社会保险基金的补助等方面的支出。2013—2016年社会保障和就业支出逐年增长，2013年社会保障和就业支出137455.05万元，2016年社会保障和就业支出增加到196487.2万元，是2013年的1.43倍；社会保障和就业支出占体育事业经费支出的比重年均值为3.54%。

医疗卫生支出反映的是医疗保障、医疗服务等方面的支出。2013—2016年财政逐年增加了医疗卫生支出，2013年医疗卫生支出28424.39万元，2016年医疗卫生支出55209万元，是2013年的1.94倍；医疗卫生支出占体育事业经费支出的比重年均值为0.85%。

住房保障支出主要反映的是住房改革支出，具体包括住房公积金、提租补贴、购房补贴。2013—2016年住房保障支出呈逐年增长趋势，2013年住房保障支出49782.79万元，2016年住房保障支出105693.3万元，是2013年的2.12倍；住房保障支出占体育事业经费支出的比重年均值为1.55%。

2.体育支出科目

从表4-17可以看到，体育是文化体育与传媒的最重要支出科目。2013年体育支出2843991.57万元，占文化体育与传媒支出的90.88%；2014年体育支出3106776.32万元，比上年增长了5.7%，占文化体育与传媒支出的比重为90.93%；2015年体育支出3313019.57万元，较上年增长了6.34%，占文化体育与传媒支出的比重为 90. 94%；绝对规模和相对规模都呈逐年增长趋势。2016 年体育支出 4066204. 62 万元，比 2015 年增长了 14. 56%，占文化体育与传媒支出的比重为 88. 07%，较上年所占比重有所下降。

表 4–17　文化体育与传媒中体育支出科目　　单位：万元

支出科目	2013 年	2014 年	2015 年	2016 年
行政运行	268493. 05	301448. 67	318402. 92	394025. 12
一般行政管理事务	44665. 41	48795. 71	53885. 95	63167. 88
机关服务	18299. 55	21498. 16	21942. 87	31342. 22
运动项目管理	366091. 14	370231. 45	437991. 09	554538. 34
体育竞赛	221009. 93	277009. 15	256222. 25	291206. 79
体育训练	389625. 06	397283. 85	418279. 28	580446. 87
体育场馆	647526. 14	724323. 99	706972. 54	825923. 17
群众体育	195416. 19	210279. 79	251384. 49	290672. 28
体育交流与合作	37249. 78	37479. 36	46701. 11	85128. 05
其他体育	655615. 32	718426. 19	801237. 07	949753. 9
体育支出总额	2843991. 57	3106776. 32	3313019. 57	4066204. 62

体育支出的科目共有 10 项，分别是行政运行、一般行政管理事务、机关服务、运动项目管理、体育竞赛、体育训练、体育场馆、群众体育、体育交流与合作、其他体育。由于体育竞赛、体育训练、体育场馆和群众体育已单独作了分析，这里仅对其余 6 项进行研究。

行政运行支出反映的是行政单位(包括实行公务员管理的事业单位)的基本支出。2013—2016 年行政运行支出逐年增长，2013 年行政运行支出 268493. 05 万元，2016 年行政运行支出 394025. 12 万元，是 2013 年的 1. 47 倍；行政运行支出占体育支出的比重年均值为 8. 2%。

一般行政管理事务支出反映的是行政单位(包括实行公务员管理的事业单位)未单独设置项级科目的其他项目支出。2013—2016 年一般行政管理事务支出逐年增加，2013 年一般行政管理事务支出 44665. 41 万元，2016 年一般行政管理事务支出63167.88万元，比2013年增长了41.42%。一般行政管理事务支出占体育支出的比重年均值为1.34%。

机关服务支出反映为行政单位(包括实行公务员管理的事业单位)提供后勤服务的各类后勤服务中心、医务室等附属事业单位的支出。2013—2016年机关服务支出呈增长趋势，2013年机关服务支出18299.55万元，2016年机关服务支出31342.22万元，是2013年的1.71倍。机关服务支出占体育支出的比重年均值为0.59%。

运动项目管理支出反映的是各运动学校和项目管理中心等单位的日常管理支出。2013—2016年运动项目管理支出逐年增加，2013年运动项目管理支出366091.14万元，2016年运动项目管理支出554538.34万元，是2013年的1.51倍。运动项目管理支出占体育支出的比重年均值为11.04%。

体育交流与合作支出反映的是用于体育交流与合作等方面的支出。2013—2016年体育交流与合作支出呈增长趋势，2013年体育交流与合作支出37249.78万元，2016年体育交流与合作支出85128.05万元，是2013年的2.29倍。体育交流与合作支出占体育支出的比重年均值为1.32%。

其他体育支出反映的是除上述项目以外其他用于体育方面的支出。2013—2016年其他体育支出逐年增加，2013年其他体育支出655615.32万元，2016年其他体育支出949753.9万元，是2013年的1.45倍。其他体育支出占体育支出的比重年均值为19.95%。

4.3.4 体育彩票公益金支出科目

由于2013年我国对体育彩票公益金的支出科目进行了调整，鉴于此，本书以2013年为界，分别对两个阶段的体育彩票公益金支出科目进行分析。

4.3.4.1 2008—2012年体育彩票公益金支出科目

2008—2012年体育彩票公益金的支出科目包括体育场、群众体育和竞技体育三方面。体育场支出主要用于修建训练场地、添置训练竞赛器材；群众体育支出主要用于全民健身路径工程、农民体育健身工程、雪炭工程等；竞技体育支出主要用于国际大型运动会、国内大型运动会、研制购进辅助设施等。

2008年体育场支出金额为588743.3万元，占体育彩票公益金支出总额的57%，旨在保障北京奥运会成功举办的场地设施需求及确保北京奥运会上中国体育代表团取得优异成绩。2009年体育场支出159690.1万元，比上年下降了

72.9%；2010 年体育场支出绝对规模虽比上年增长了 46.3%，但相对规模却下降了 0.3 个百分点；2011 年体育场支出 251078.3 万元，绝对规模和相对规模分别比上年增长了 7.5%和 4.7 个百分点；2012 年体育场支出 248261.1 万元，绝对规模和相对规模分别比上年下降了 1.1%和 6 个百分点。

群众体育支出涨跌不定。2008 年群众体育支出 213877.5 万元，占体育彩票公益金支出的比重为 20.7%；2009 年和 2010 年群众体育支出分别比上年增长了 19.7%、50%，相对规模分别比上年增长了 25.2%和 0.7 个百分点；2011 年群众体育支出 288917 万元，比上年下降了 24.7%，相对规模比上年下降了 8.6 个百分点；2012 年群众体育支出 397518.9 万元，比上年增长了 37.6%，相对规模比上年增加了 5.2 个百分点。

2008 年体育彩票公益金支出 230577 万元用于竞技体育，占体育彩票公益金支出的 22.3%；2009 年竞技体育支出 142017.2 万元，比上年下降了 38.4%，但相对规模比上年增加了 3.2 个百分点；2010 年竞技体育支出 206749.7 万元，比上年增长了 45.6%，但相对规模下降了 0.4 个百分点；2011 年和 2012 年竞技体育支出的绝对规模和相对规模都呈增长趋势，其中 2012 年竞技体育支出 274860.9 万元，是 2008 年的 1.2 倍，相对规模比 2008 年增加了 7.6 个百分点（表 4-18）。

表 4-18　2008—2012 年体育彩票公益金支出科目

年份	总额（万元）	体育场		群众体育		竞技体育	
		金额（万元）	比重（%）	金额（万元）	比重（%）	金额（万元）	比重（%）
2008	1033197.8	588743.3	57	213877.5	20.7	230577	22.3
2009	557679.6	159690.1	28.6	255972.3	45.9	142017.2	25.5
2010	824225.1	233633.5	28.3	383841.9	46.6	206749.7	25.1
2011	759930.3	251078.3	33	288917	38	219935	28.9
2012	920640.9	248261.1	27	397518.9	43.2	274860.9	29.9

4.3.4.2　2013—2016 年体育彩票公益金支出科目

2013 年起对体育系统彩票公益金支出科目进行了调整，支出科目包括体育事业和非体育事业两方面。2013—2016 年全国体育系统彩票公益金支出总额逐年增加，2013 年彩票公益金支出 1192557.96 万元，用于体育事业的彩票公益金支出 1187172.11 万元，占体育系统彩票公益金支出总额的 99.55%。2014 年全国体育系统彩票公益金支出 1352022.1 万元，比上年增长了 13.37%；彩票公益金中用于体育事业的为 1337646.29 万元，占体育系统彩票公益金支出总额的 98.94%，绝对规模比上年增长了 12.68%，但相对规模比上年下降了 0.61 个百分点。2015—2016 年彩票公益金用于体育事业支出的绝对规模和相对规模都逐年增加，2016 年彩票公益金支出 1826468.67 万元，比上年增长了 12.93%；彩票公益金中 1811380.43 万元用于体育事业，占体育系统彩票公益金支出总额的 99.17%，绝对规模和相对规模分别比上年增长了 13.01% 和 0.07 个百分点(表 4-19)。

表 4-19　2013—2016 年彩票公益金支出科目

年份	总额(万元)	体育事业支出		非体育事业支出	
		金额(万元)	比重(%)	金额(万元)	比重(%)
2013	1192557.96	1187172.11	99.55	5385.85	0.45
2014	1352022.1	1337646.29	98.94	14375.81	1.06
2015	1617365.43	1602825.18	99.1	14540.25	0.9
2016	1826468.67	1811380.43	99.17	15088.24	0.83

用于体育事业的彩票公益金支出科目主要包括体育设施、群众体育、竞技体育、青少年体育、其他(含体育扶贫)(表 4-20)。

表 4-20　用于体育事业的彩票公益金支出科目　　单位：万元

年份	总额	体育设施	群众体育	竞技体育	青少年体育	其他(含体育扶贫)
2013	1187172.11	547693.33	212736.87	322190.19	65053.75	39497.97
2014	1337646.29	627120.4	231424.35	304557.93	67960.51	106583.1

续表4-20

年份	总额	体育设施	群众体育	竞技体育	青少年体育	其他(含体育扶贫)
2015	1602825.18	748045.04	293657.36	386921.41	76280.39	97920.98
2016	1811380.43	795322.86	304976.68	446661.95	98588.96	165829.98

体育设施支出主要用于体育设施建设、维护和运行。体育设施建设内容主要包括全民健身场地设施建设、其他体育设施建设。2013—2016 年体育设施支出逐年增加，2013 年体育设施支出 547693.33 万元，2016 年体育设施支出 795322.86 万元，比 2013 年增长了 45.21%。体育设施支出占彩票公益金支出总额的比重年均值为 45.77%。

群众体育支出主要用于资助全民健身活动、全民健身组织，开展科学健身指导等。2013—2016 年群众体育支出呈逐年增长趋势，2013 年群众体育支出 212736.87 万元，占当年体育事业彩票公益金支出总额的 17.92%；2016 年群众体育支出 304976.68 万元，占当年体育事业彩票公益金支出总额的 16.84%，绝对规模比 2013 年增加了 43.36%，相对规模比 2013 年下降了 1.08 个百分点。

竞技体育支出主要用于体育竞赛、运动员保障、体育训练等。2013 年竞技体育支出 322190.19 万元，占当年体育事业彩票公益金支出总额的 27.14%；2016 年竞技体育支出 446661.95 万元，占当年体育事业彩票公益金支出总额的 24.66%，绝对规模比 2013 年增长了 38.63%，但相对规模比 2013 年降低了 2.48 个百分点。

青少年体育支出主要用于资助青少年体育活动、青少年体育组织等。2013 年青少年体育支出 65053.75 万元，占当年体育事业彩票公益金支出总额的 5.48%；2016 年青少年体育支出 98588.96 万元，占当年体育事业彩票公益金支出总额的 5.44%，绝对规模比 2013 年上涨了 51.55%，但相对规模比 2013 年下降了 0.04 个百分点。

其他支出是指除以上体育事业支出外的其他事业支出，包括体育扶贫支出。2013 年其他支出 39497.97 万元，占当年体育事业彩票公益金支出总额的 3.33%。2014 年其他支出 106583.1 万元，是上年的 2.7 倍，占体育事业彩票公益金支出的比重为 7.97%，比上年增长了 169.84%。2015 年其他支出

97920.98 万元，比上年下降了 8.13%，占体育事业彩票公益金支出的比重为 6.11%，相对规模比上年下降了 1.86 个百分点。2016 年其他支出 165829.98 万元，比上年增长了69.35%，占体育事业彩票公益金支出的9.15%，相对规模比上年增长了 0.79 个百分点。

4.4 我国体育公共服务财政支出存在的问题

4.4.1 体育公共服务财政支出总量仍显不足

1998—2016 年体育公共服务财政支出的绝对规模虽呈增长趋势，但纵观体育事业经费支出占政府财政支出及国内生产总值的比重，体育公共服务财政支出的相对规模却呈下滑趋势。政府财政支出中体育事业经费支出所占比重年均值仅有 0. 45%，国内生产总值中体育事业经费支出所占比重年均值只有 0. 09%。要特别注意的是，2008—2015 年，体育事业经费支出占政府财政支出及国内生产总值的比重均逐年持续下降。体育事业经费支出占政府财政支出的比重由 2008 年的 0. 53%下降到 2015 年的 0. 27%，是 1998 年以来最低水平；体育事业经费支出占国内生产总值的比重从 2008 年的 0. 10%下降到 2015 年的 0. 07%。2016 年体育事业经费支出的相对规模虽有所提高，但占政府财政支出的比重也仅 0. 3%，占国内生产总值的比重仅 0. 08%（表 4-21）。

表 4-21　体育公共服务财政支出规模

年份	体育事业经费支出(亿元)	政府财政支出(亿元)	体育事业经费支出/政府财政支出(%)	国内生产总值(亿元)	体育事业经费支出/国内生产总值(%)
1998	53. 48	10798. 18	0. 5	85195. 5	0. 06
1999	60. 77	13187. 67	0. 46	90564. 4	0. 07
2000	81. 59	15886. 5	0. 51	100280. 1	0. 08
2001	108. 25	18902. 58	0. 57	110863. 1	0. 1
2002	130. 47	22053. 15	0. 59	121717. 4	0. 11
2003	145. 94	24649. 95	0. 59	137422	0. 11
2004	156. 86	28486. 89	0. 55	161840. 2	0. 1
2005	167. 32	33930. 28	0. 49	187318. 9	0. 09
2006	207. 54	40422. 73	0. 51	219438. 5	0. 09

续表4-21

年份	体育事业经费支出(亿元)	政府财政支出(亿元)	体育事业经费支出/政府财政支出(%)	国内生产总值(亿元)	体育事业经费支出/国内生产总值(%)
2007	246.47	49781.35	0.5	270232.3	0.09
2008	332.7	62592.66	0.53	319515.5	0.1
2009	313.54	76299.93	0.41	349081.4	0.09
2010	357.41	89874.16	0.4	413030.3	0.09
2011	413.64	109247.79	0.38	489300.6	0.08
2012	463.84	125952.97	0.37	540367.4	0.09
2013	420.8	140212.1	0.3	595244.4	0.07
2014	446.92	151785.56	0.29	643974	0.07
2015	480.84	175877.77	0.27	689052.1	0.07
2016	569.3	187755.21	0.3	743585.5	0.08

我国体育公共服务财政投入总量较少，与西方发达国家相比还存在较大差距。德国政府每年对体育公共服务的财政投入一般占德国 GDP 的 1%以上，英国政府对体育经费的投入一般占 GDP 的比重为 0.2%~0.6%。我国体育公共服务财政投入相对规模过低且呈下降趋势，主要原因有两方面：一是体育事业经费支出的增长速度在大多年份里低于政府财政支出的增长速度，尤其是2009—2015 年，体育事业经费支出增长速度均低于政府财政支出增长速度，2009 年、2011 年和 2013 年两者相差的百分点分别是 27.7、5.9、20.6（图 4-7）；二是我国财政收入占 GDP 的比重偏低①。

政府对体育公共服务投入总量不足，影响政府履行体育公共服务的能力，导致体育公共服务供给数量较少、质量不高，难以满足人民日益增长的体育公共服务需求，广大居民对体育公共服务总体状况的满意度还较低。从图 4-8 可以看出，对体育公共服务持满意态度的居民有 589 人，占调查对象的 15.2%；持基本满意态度的居民有 763 人，占调查对象的 19.7%；持一般态度的有1364 人，占调查对象的 35.2%；持不太满意和不满意态度的居民共有 1159 人，

---

① 刘国余. 基于教育社会收益率的我国教育财政投入研究[D]. 大连：东北财经大学，2014.

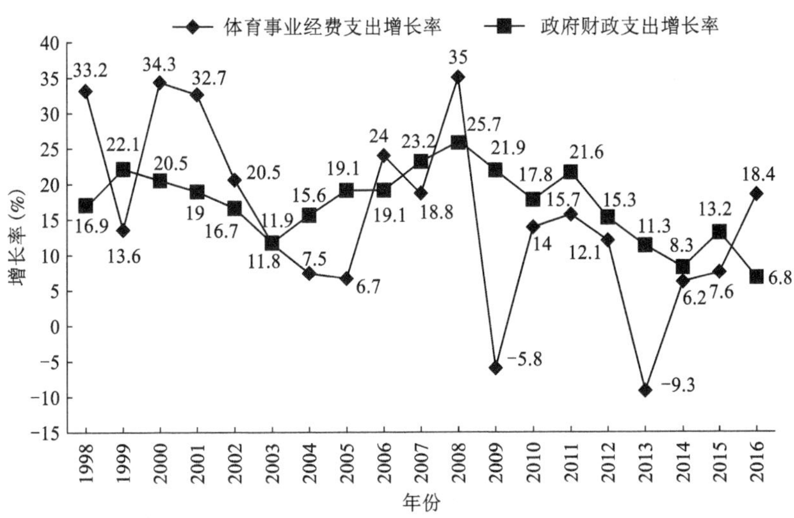

图 4–7　体育事业经费支出、政府财政支出增长率

占调查对象的 29.9%，体育公共服务的供给水平有待进一步提高。

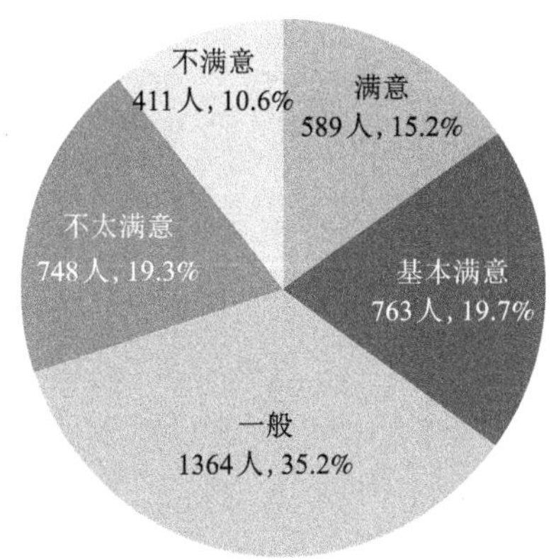

图 4–8　居民对体育公共服务总体状况的满意程度（*N*=3875）

4.4.2　体育系统财政供养人员偏多

2003—2016 年，政府进行了三次机构改革，分别是在 2003 年、2008 年和 2012 年。2003 年的政府机构改革是通过机构调整，进一步转变政府职能，降低行政成本，提高行政效率；2008 年政府机构改革进入大部制改革时代，通过大

幅度精简政府机构和人员编制，优化组织结构；2013 年政府机构改革继续推行大部制改革，深度调整和转变政府职能，建立公共服务型政府。三次政府机构改革成效显著，政府职能不断向更合理、更科学方向发展，干部人事制度步入法治化、规范化轨道。虽然我国政府机构改革取得了一些成绩，然而不容忽视的是，当前政府职能仍不同程度地存在“越位”“缺位”现象，在体育行政系统中表现为行政机关人数精简效果不明显。2003—2012 年我国体育行政机关从业人数逐年增长，由 2003 年的 24234 人增加到 2012 年的 42474 人，年均增长率达到 6.4%。2013 年政府机构改革，体育行政机关大幅精简人员，行政机关从业人数比上年减少了 34.8%，但 2014 年行政机关从业人数又比上年增加了 0.3%，2015—2016 年从业人数有所下降，分别比上年减少了 1.3%和 5.3%，但精简人数仍较有限(图 4-9)。

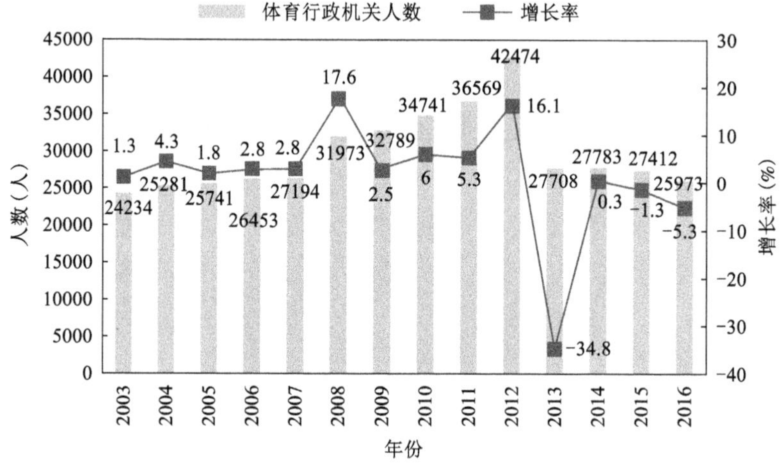

图 4-9　我国体育行政机关从业人数及增长率

由于体育行政机关从业人数精简效果不明显，再加上体育事业单位从业人数也呈增多趋势，财政对体育行政事业单位支出亦不断增多。2008 年体育行政事业单位财政支出 2584351 万元，2016 年体育行政事业单位财政支出增加到 7377157 万元，是 2008 年财政支出的 2.9 倍，年均增长率达到 14%。行政事业单位财政支出主要包括工资福利支出、对个人和家庭补助支出、其他商品和服务支出。工资福利支出主要包括基本工资、奖金、津贴等，对个人和家庭补助支出主要包括生活补助、抚恤金、救济金、奖励金等，其他商品和服务支出主要包括取暖费、劳务费、福利费等。2008—2016 年，体育行政事业单位对个人和家庭补助支出逐年持续增加，工资福利支出、其他商品和服务支出总体呈增加趋势(表 4-22)，因而占用了大量的财政资源，体育行政部门始终不能从“吃饭型财政”中完全抽身。

表 4-22　体育行政事业单位财务支出　　单位：万元

年份	支出总额	工资福利支出	对个人和家庭补助支出	其他商品和服务支出
2008	2584351	672052.9	238804.8	1666456
2009	3134984.1	664316	259224.8	1175747.2
2010	3567034.7	774459.8	327923.2	1375964.2
2011	4136381.8	868673.7	359830.2	1659963.9
2012	4638201	962366.9	396865.9	1856070.9
2013	5561557	1140329.5	523086.8	2367452
2014	6068064	1291405.1	607113.7	2440273
2015	6709287.8	1462213.7	676824.7	2717693.9
2016	7377157	1609713	699697	2878027.8

4.4.3　体育公共服务财政支出结构不合理

4.4.3.1　财政资金未能合理安排投入方向

我国体育公共服务财政资金的使用一方面存在越位现象，如财政供养人员经费偏高，另一方面又存在缺位现象，如体育外交、科学技术财政支出偏少。体育外交是推动中国体育文化“走出去”、在全球视野下实现建设体育强国目标的重要手段。开展体育外交离不开财政资金的有力保障，然而当前我国体育外交公共预算捉襟见肘，2013—2016 年体育外交支出占体育事业经费支出的比重年均值仅 0.09%，这势必影响我国体育文化输出及体育强国建设目标的实现。

科学技术是推动我国体育事业尤其是竞技体育水平提升的主要动力和关键因素①，可目前我国对体育领域的科学技术投入偏低，2013—2016 年科学技术支出占体育事业经费支出的比重年均值为 0.53%，比重偏低，这势必影响我国科教兴体战略的实施。

4.4.3.2 群众体育和竞技体育投入结构不合理

1. 群众体育财政投入不足

随着我国公共财政体制改革的不断深化及体育公共服务型政府建设进程的加快，国家对群众体育财政投入有所增加，但群众体育占体育事业经费支出的比重仍较低。2008 年，为了营造浓郁的奥运氛围，国家体育总局提出了“全民健身与奥运同行”?②，各地方政府都加大了对群众体育的财政拨款，群众体育支出占体育事业经费支出的比重达到了 20.77%。2008 年后，群众体育支出的相对规模急剧下降，2009—2016 年群众体育支出占体育事业经费支出的比重年均值仅 5.77%，与发达国家体育公共服务财政投入相距甚远，如英国体育财政投入中大众体育财政投入占的比重达到了 60%。我国群众体育和竞技体育投入比例仍不合理，2009 年以来，年均竞技体育中体育竞赛费和体育训练费支出是群众体育支出的 2.8 倍，差距仍较显著(表 4-23)。

表 4-23 群众体育事业财政支出情况

年份	群众体育支出(万元)	体育事业经费支出(万元)	群众体育支出占体育事业经费支出比重(%)	体育竞赛费和体育训练费支出(万元)	群众体育支出/体育竞赛费和体育训练费支出(%)
2008	691053	3327020.6	20.77	526643	1.31：1
2009	211944.4	3135369.9	6.76	573013.9	1：2.7
2010	223684.8	3574059.3	6.26	620760.8	1：2.78
2011	266174.1	4136381.8	6.43	733775.7	1：2.76

① 黄巧. 科技兴体与科教兴体：体育发展战略嬗变及其价值取向[J]. 南京体育学院学报，2017，31(4)：99-103.

② 李丽，杨小龙，兰自力，等. 我国群众体育公共财政投入研究[J]. 首都体育学院学报，2015，27(3)：196-201.

续表4-23

年份	群众体育支出(万元)	体育事业经费支出(万元)	群众体育支出占体育事业经费支出比重(%)	体育竞赛费和体育训练费支出(万元)	群众体育支出/体育竞赛费和体育训练费支出(%)
2012	325537.6	4638400.5	7.02	726478.9	1∶2.23
2013	195416.2	4207962	4.64	610635	1∶3.12
2014	210279.8	4469217.8	4.71	674293	1∶3.21
2015	251384.5	4808420.1	5.23	674501.5	1∶2.68
2016	290672.3	5693013.8	5.11	871653.1	1∶3

2. 群众体育公共产品供给数量仍然较少

由于我国群众体育长期财政投入不足，公共体育场地设施、体育组织、国民体质监测等民生体育公共产品供给不足。

(1)公共体育场地设施供给数量较少。

从表4-24可以看到，2013年全国有健身场地设施146275个，2014年有健身场地设施166231个，比上年增长了13.64%；但2015—2016年健身场地设施数量逐年下降，2015年有健身场地设施154676个，比上年减少了6.95%；2016年有健身场地设施114365个，比2015年减少了26.06%。2013年有场地面积98393663.75平方米，2014年有场地面积116072086.4平方米，比上年增长了17.97%；2015—2016年场地面积逐年减少，2015年有场地面积87990897.38平方米，比上年减少了24.19%；2016年有场地面积63654996.44平方米，比2015年减少了27.66%。2013—2016年场地长度逐年减少，2013年有场地长度6223336.3米，2016年有场地长度2547961.48米，比2013年减少了59.06%。可见，我国健身场地设施建设仍缺乏有效制度保障。

表 4-24　全国健身场地设施情况

年份	数量(个)	器材件数(件)	场地面积(平方米)	场地长度(米)
2013	146275	327759	98393663.75	6223336.3
2014	166231	381882	116072086.4	4066861.1

续表4-24

年份	数量(个)	器材件数(件)	场地面积(平方米)	场地长度(米)
2015	154676	383620	87990897.38	3381791.84
2016	114365	415332	63654996.44	2547961.48

截至2016年底，我国共有体育场地195.7万个，平均每万人拥有体育场地14.15个(2016年末我国总人口数为138271万人)，人均体育场地面积1.63平方米[①]。而2013年德国平均每万人拥有体育场地设施至少28个，德国人均体育场地数量是我国的2.25倍；2010年日本平均每万人拥有体育场地17.38个，人均体育场地面积19平方米，人均体育场地数量是我国的1.23倍，人均体育场地面积是我国的11.66倍。法国共有体育场地数32万多个，平均每万人拥有体育场地49.23个[②]，是我国的3.48倍。

由于体育场地设施建设数量不足，故居民的健身场地需求得不到有效满足。调查结果显示，居民对体育场地设施数量持一般、不太满意、不满意态度的占调查对象的56.4%；居民对体育设施便利性持满意和基本满意态度的比重仅为36.1%，可见广大居民对体育场地设施数量及便利性的满意度不高(图4-10)。通过调查居民不常参加体育锻炼的原因，发现缺乏场地设施仍是主要因素，排在第二位，比例为32.6%，仅次于“没时间”；在“若您要参加体育锻炼，必须具备哪些条件”的调查中，居民选择“有场地器材”的比例达到了45.1%，也排在第二位，仅次于“有时间”。

在“参与体育活动亟须改善的方面”的意见调查中，有2430人选择“增加体育锻炼场地”，占调查对象的62.7%，排在第一位；选择“增加专业健身指导方面”的人数有2135人，占调查对象的55.1%，排在第二位；选择“提高体育活动组织能力”的有2007人，占调查对象的51.8%，排在第三位。这说明现阶段影响居民参加体育活动的首要因素仍然是体育场地设施建设(图4-11)。

---

① 刘国永. 对新时代群众体育发展的若干思考[J]. 体育科学，2018，38(1)：4-8，17.

② 李丽，杨小龙. 公共财政视角下我国公共体育场地建设研究[J]. 武汉体育学院学报，2015，49(3)：18-23，57.

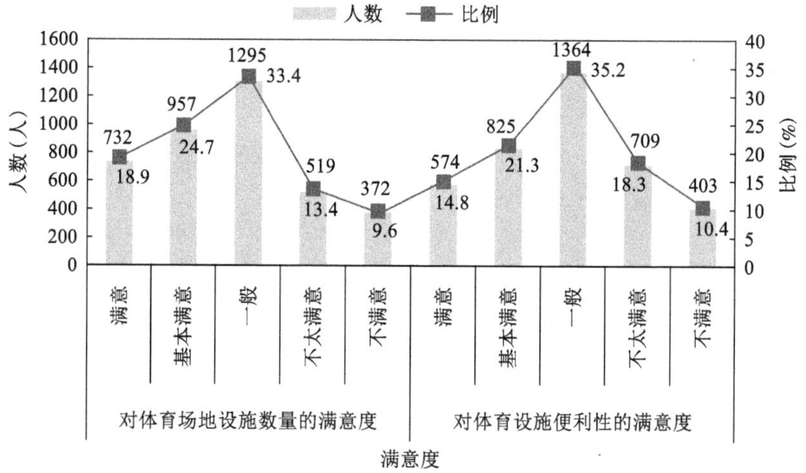

图 4-10　居民对体育场地设施数量及便利性的满意度（N=3875）

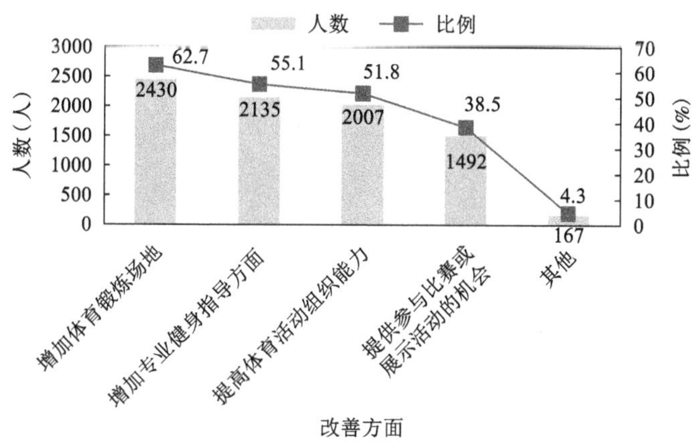

图 4-11　居民对参与体育活动亟须改善方面的意见（N=3875）

（2）我国体育的组织化水平较低。

体育俱乐部是当前各国最盛行的一种基层体育组织形式，是衡量一国大众体育发展水平的重要指标，各国政府都非常重视体育俱乐部的发展并给予相应财政支持。体育社团是体育活动开展的重要组织形式。我国政府非常重视体育俱乐部及体育社团的发展，在政府的财政支持下，体育俱乐部及体育社团的数量都有了明显的增加。2008 年我国有 17340 个体育俱乐部，2012 年增加到

21818个，年均增长率为5.91%；体育俱乐部的会员数年均约有7931048人。2008年有体育社团22727个，2012年增加到34806个，年均增长率为11.24%。2013年我国有体育社会组织38249个，其中体育社会团体30583个，体育基金会242个，体育类民办非企业单位7424个；2016年体育社会组织47280个，比2013年增长了23.61%，其中体育社会团体、体育基金会及体育类民办非企业单位均有不同程度的增长(表4-25)。

表4-25　体育社会组织数量　　单位：个

年份	总量	体育社会团体	体育基金会	体育类民办非企业单位
2013	38249	30583	242	7424
2014	38273	30360	274	7639
2015	42887	32834	416	9637
2016	47280	35876	335	11069

虽然我国体育的组织化水平在不断提升，但相对发达国家，我国体育的组织化程度仍较低。2012年我国每62061人才能参加一个体育俱乐部，即使加上体育社团数，我国每23913人能参加一个体育组织；2016年我国每29245人才能参加一个体育社会组织。而2016年，英国体育俱乐部的数量为15.1万个，约每422人就能参加一个体育俱乐部(英国人口数约为6370万人)；德国约有91000家体育俱乐部，每个体育俱乐部参加的人数仅有884人(德国人口数约为8043万人)；全日本共有各类体育俱乐部40万个左右，每319人就能参加一个体育俱乐部(日本人口数约为12756万人)；澳大利亚有5万多个各种俱乐部，每个体育俱乐部参加的人数仅447人。我国体育俱乐部的会员数占当年人口的比重仅有0.48%，而德国2016年约有2700万名体育俱乐部会员，约占德国总人口的1/3，日本体育俱乐部会员占本国总人口的比重约为20%。

由于我国体育组织数量较少，居民对体育组织的满意度较低。调查结果显示，居民对体育组织持满意态度的只有589人，仅占调查对象的15.2%；持基本满意态度的有748人，占调查对象的19.3%；持一般态度的有1314人，占调查对象的33.9%；持不太满意态度的有744人，占调查对象的19.2%；持不满意态度的有480人，占调查对象的12.4%。持满意和基本满意态度的比例仅34.5%。在“群众体育组织面临的主要困难”调查中，选择“缺乏经费”的人数为

1949 人，占调查对象的 50. 3%，排在第一位；选择“缺乏指导人员”的有 1686 人，占调查对象的 43. 5%，排在第二位；选择“无人负责”的占调查对象的 42. 7%，排在第三位(图 4-12)。由此可见，缺乏经费是目前群众体育组织面临的最主要困难。

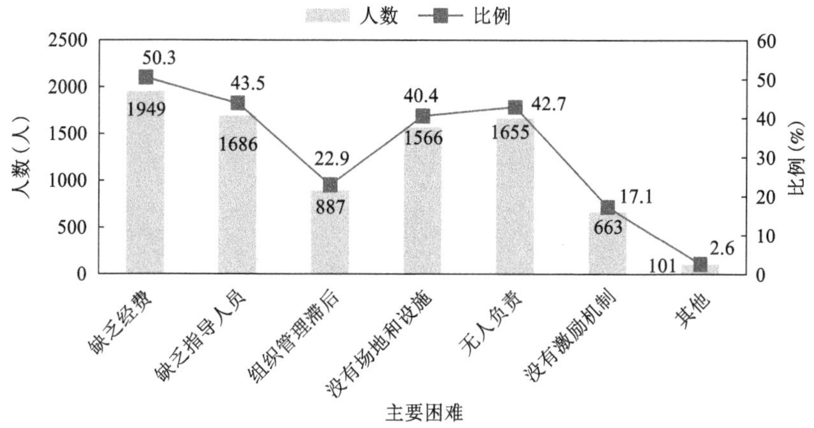

图 4-12　群众体育组织面临的主要困难(N=3875)

(3)公益性社会体育指导员数量不足、技术等级较低。

公益性社会体育指导员是推动我国全民健身的重要力量。在国家相关政策及财政支持下，我国公益性社会体育指导员队伍有了较快的发展。2008—2016 年，我国公益性社会体育指导员年度认证人数的年均增长率达到 8. 33%，累计人数年均增长率达到 14. 56%。2008 年我国累计 1042529 名公益性社会体育指导员，2016 年累计人数增加到 2699323 万，增长了 1. 59 倍。公益性社会体育指导员人均指导人数从 2008 年的 1274 人降到 2016 年的 512 人，2016 年人均指导人数比 2008 年减少了 59. 81%，居民的锻炼效果得到有效的提高(表 4-26)。

表 4-26　我国公益性社会体育指导员情况

年份	本年度认证人数(人)	累计人数(人)	全国人口数(万人)	公益性社会体育指导员人均指导人数(人)
2008	221894	1042529	132802	1274
2009	209151	1092913	133450	1221

续表4-26

年份	本年度认证人数（人）	累计人数（人）	全国人口数（万人）	公益性社会体育指导员人均指导人数(人)
2010	272007	1263728	134091	1061
2011	304309	1392609	134735	968
2012	419076	1747175	135404	775
2014	292956	1742361	136782	785
2015	205931	1938290	137462	709
2016	388512	2699323	138271	512

虽然我国公益性社会体育指导员人数在不断增加，但相对我国居民的健身指导需求，公益性社会体育指导员数量仍较少，与发达国家仍有一定的差距。2016 年我国社会体育指导员人均指导 512 人，而日本人均指导人数仅 306 人。我国高级别的社会体育指导员所占比例小，2008—2016 年，我国公益性社会体育指导员中具有国家级技术等级的比重年均仅 0.25%，具有一级技术等级的比重年均仅 6.7%，而具有三级技术等级的公益性社会体育指导员的比重年均高达 67.14%(表 4-27)。

表 4-27　我国各等级公益性社会体育指导员情况

年份	总人数（人）	国家级		一级		二级		三级	
		人数（人）	比重（%）	人数（人）	比重（%）	人数（人）	比重（%）	人数（人）	比重（%）
2008	1042529	1346	0.13	83127	7.97	259410	24.88	698646	67.01
2009	1092913	1665	0.15	81417	7.45	277110	25.36	732721	67.04
2010	1263728	1211	0.1	78334	6.2	345869	27.37	838314	66.34
2011	1392609	1343	0.1	86580	6.22	380102	27.29	924584	66.39
2012	1747175	2071	0.12	98867	5.66	465284	26.63	1180953	67.59
2014	1742361	8970	0.51	112946	6.48	421745	24.21	1198700	68.8
2015	1938290	9344	0.48	124905	6.44	467906	24.14	1336135	68.93
2016	2699323	10447	0.39	194147	7.19	739656	27.4	1755073	65.02

公益性社会体育指导员数量不足、技术等级不高，势必影响居民的健身指导效果，居民对健身指导的满意度较低。居民对健身指导持满意态度的仅有 539 人，占调查对象的 13.9%；持基本满意态度的有 624 人，占调查对象的 16.1%，对健身指导持一般态度的有 1209 人，占调查对象的 31.2%；持不太满意态度的达到 21.6%，持不满意态度的占 17.2%。持满意态度、基本满意态度的仅有 30%。调查居民中有 833 人经常接受社会体育指导员的业务指导，仅占调查对象的 21.5%；没有得到指导但知道他们存在的有 920 人，占调查对象的 23.7%；没有得到指导同时也不知道有社会体育指导员存在的有 1535 人，所占比例达到 39.6%。由此可见，我国的社会体育指导员指导率较低。

(4) 国民体质监测人数仍十分有限。

国民体质监测是指导人们科学健身的重要手段。为提高我国体育公共服务决策的科学化水平，2000 年起国家体育总局就在全国开展国民体质监测工作，取得了较好的成绩，国民体质监测年度受测人数呈增长态势。2008 年国民体质监测本年度受测人数 2853123 人，2016 年国民体质监测本年度受测人数增加到 4432041 人，2016 年受测人数是 2008 年的 1.55 倍，年均增长率达到 5.66%。在肯定国民体质监测取得成绩的同时，我们还应看到其站(点)数在减少，监测的人数还非常有限，国民体质监测人数占总人口数的比重年均值仅有 0.29%；每年监测人数占当年人口数的比重仍不稳定，2014—2016 年所占比重逐年下降(表 4-28)。由于国民体质监测惠及对象极其有限，故居民对国民体质监测工作满意度不高。调查结果显示，居民对国民体质监测持满意态度的有 512 人，占调查对象的 13.2%；持基本满意态度的有 674 人，占调查对象的 17.4%；持一般态度的有 1298 人，占调查对象的 33.5%；持不太满意态度、不满意态度的共 1391 人，占调查对象的 35.9%。国民体质监测覆盖率较低，不利于政府精准判断国民的身体状况，从而影响体育公共服务的供给及相关政策法规的制定。

表 4-28　我国国民体质监测情况

年份	总站(点)数(个)	本年度受测人数(人)	全国人口数(万人)	占全国人口数比重(%)
2008	750329	2853123	132802	0.21
2009	137948	2850985	133450	0.21

续表4-28

年份	总站(点)数 (个)	本年度受测人数 (人)	全国人口数 (万人)	占全国人口数比重 (%)
2010	4745	3428650	134091	0.26
2011	19206	2011712	134735	0.15
2012	3276	2578539	135404	0.19
2013	7366	4190151	136072	0.31
2014	8429	7179573	136782	0.52
2015	8052	6534194	137462	0.48
2016	8036	4432041	138271	0.32

4.4.4 区域间体育公共服务财政支出不均衡

4.4.4.1 区域人均体育公共服务财政支出差距分析

实现体育公共服务均等化是我国体育服务型政府构建的重要价值追求。为制定科学合理的政策措施以促进体育公共服务均等化的实现，首先要了解各区域的体育公共服务财政支出情况。从表4-29及表4-30可以看到，区域间人均体育事业经费支出差距甚远，东部人均体育事业经费支出明显高于中西部，东部人均体育事业经费支出是中部的3.04~4.51倍，是西部的1.49~4.34倍。各省(区、市)之间人均体育事业经费支出差距也比较悬殊，2016年人均体育事业经费支出最多的北京市是支出最少的河南省的11.19倍。

表4-29 各省(区、市)人均体育事业经费支出情况 单位：元

地区		2008年	2009年	2010年	2011年	2012年	2013年	2014年	2015年	2016年
东部	北京	102.8	99.17	96.37	92.14	112.22	93.69	103.64	114.85	114.76
	上海	67.43	75.53	78.2	100.54	86.22	50.48	62.09	47.54	102.19
	天津	65.47	62.41	57.53	85.86	95.31	91.7	74.43	69.69	78.74
	江苏	31.05	29.19	33.01	37.97	59.76	42.68	42.71	44.51	41.6

续表4-29

地区		2008 年	2009 年	2010 年	2011 年	2012 年	2013 年	2014 年	2015 年	2016 年
东部	浙江	26.56	31.91	39.19	37.89	42.16	42.05	42	45.21	48.28
	广东	22.27	28.84	30.64	39.57	32.65	27.76	33.34	38.63	46.02
中部	湖北	14.26	19.96	17.61	21.01	32.83	31.2	28.47	30.72	34.71
	湖南	9.95	11.19	13.02	13.85	15.55	15.04	16.93	20.29	19.14
	河南	6.63	9.44	9.87	10.01	11.55	10.09	10.27	8.84	10.26
	江西	13.12	12.04	22.03	22.08	18.32	15.09	16.18	17.07	16.18
	安徽	9.99	10.82	15.29	13.48	13.72	14.9	15.43	16.52	15.79
	山西	16.05	15.08	17.02	19.98	19.36	23.71	25.43	25.06	31.45
西部	陕西	12.45	19.79	21.28	23.4	22.81	30.44	27.65	28.63	34.93
	青海	23.96	27.9	35.94	33.81	39.21	36.33	57.52	94.27	105.65
	甘肃	10.19	18.38	17.18	21.32	27.04	21.89	35.8	39.81	30.42
	云南	7.47	12.67	14.2	24.52	28.25	22.82	30.64	28.74	22.25
	四川	12.16	15.94	20.11	18.41	19.36	21.15	19.96	22.05	23.98
	贵州	6.48	9.92	13.03	19.34	23.2	20.41	24.63	28.48	34.44

表 4-30　不同区域人均体育事业经费支出情况比较

年份	东部六省(市)(元)	中部六省(元)	西部六省(元)	东、中、西部之比
2008	315.58	70	72.71	4.51：1：1.04
2009	327.05	78.53	104.6	4.16：1：1.33
2010	334.94	94.84	121.74	3.53：1：1.28
2011	393.97	100.41	140.8	3.92：1：1.4
2012	428.32	111.33	159.87	3.85：1：1.44
2013	348.36	110.03	153.04	3.17：1：1.39
2014	358.21	112.71	196.2	3.18：1：1.74
2015	360.43	118.5	241.98	3.04：1：2.04
2016	431.59	127.53	251.67	3.38：1：1.97

4.4.4.2 区域间体育公共服务财政支出不均衡的测量方法

为进一步客观科学地评价东、中、西部区域间体育公共服务财政支出的差距，还需要选择相对科学的方法来进行测量。当前，测量区域间财政支出差距的方法较多，如基尼系数、标准差、变异系数、泰尔指数等，泰尔指数相对其他方法优势较明显。该方法不仅能将区域财政支出整体差异划分为区域间差异和区域内差异，又能够计算出各自差异对总体差异所作出的贡献率，以此来观察人口、GDP 和其相应的支出是否匹配，从而对区域间资源分布的公平性加以判断。泰尔指数是因荷兰经济学家泰尔在 1967 年利用信息理论中的熵概念计算收入不平等而得名①，之后被广泛应用于地区财政收支、公共服务供给等差异程度方面的研究，成为差异性分解的常用分析工具②。基于此，本书选择泰尔指数方法，从人口及 GDP 角度，对区域间体育公共服务财政支出的差异进行测量，以更全面地分析我国体育公共服务财政支出的均等化水平。

泰尔指数的计算公式表示为：

$$T = \sum_{i=1}^{18}\left[\frac{H_i}{H}\right]\ln\left[\frac{H_i/H}{P_i/P}\right] \tag{4-1}$$

$$T = \sum_{i=1}^{18}\left[\frac{H_i}{H}\right]\ln\left[\frac{H_i/H}{G_i/G}\right] \tag{4-2}$$

式(4-1)中，T 表示以人口为权重的总体泰尔指数，H_i 和 H 分别表示各省(区、市)体育事业经费支出和各省(区、市)体育事业经费支出总和，P_i 和 P 分别表示各省(区、市)人口和各省(区、市)人口总和；式(4-2)中，T 表示以 GDP 为权重的总体泰尔指数，G_i 和 G 分别表示各省(区、市)GDP 及各省(区、市)GDP 总和。

区域间和区域内体育公共服务财政支出的泰尔指数表示为：

$$T_j = \sum_{i=1}^{n}\left[\frac{H_{ji}}{H_j}\right]\ln\left[\frac{H_{ji}/H_j}{P_{ji}/P_j}\right] \tag{4-3}$$

$$T_{\text{区域内}} = \sum_{j=1}^{n}\left[\frac{H_j}{H}\right]T_j = \sum_{i=1}^{n}\sum_{j=1}^{n}\left[\frac{H_j}{H}\right]\left[\frac{H_{ji}}{H_j}\right]\ln\left[\frac{H_{ji}/H_j}{P_{ji}/P_j}\right] \tag{4-4}$$

---

① 张仲芳. 中国地方财政卫生支出均等化水平实证考察：1998—2011[J]. 江西财经大学学报，2013(6)：30-35.

② 袁春梅，杨依坤. 我国体育公共服务资源配置均等化水平的实证研究：基于泰尔指数的分析[J]. 武汉体育学院学报，2014，48(2)：21-26.

$$T_{\text{区域间}} = \sum_{j=1}^{n}\left[\frac{H_j}{H}\right]\ln\left[\frac{H_j/H}{P_j/P}\right] \tag{4-5}$$

式(4-3)是对以人口为权重的区域内(如西部地区)各省(区、市)体育事业经费支出的泰尔指数进行测算；总体泰尔指数 $T=T_{\text{区域内}}+T_{\text{区域间}}$，式(4-4)是对区域内体育事业经费支出的泰尔系数进行测算，式(4-5)是对区域间体育事业经费支出的泰尔系数进行测算。其中：H_{ji} 表示 j 区域内 i 省的体育事业经费支出[①]，H_j 表示 j 区域体育事业经费支出总和，H 表示全部样本的体育事业经费支出总和；P_{ji} 表示 j 区域内 i 省的人口，P_j 表示 j 区域人口总和，P 表示全部样本的人口总和；$i=1, 2, \cdots, 18$，表示各省(区、市)；$j=1, 2, 3$，表示东、中、西部地区。若要对以 GDP 为权重的区域内和区域间体育事业经费支出的泰尔指数进行测算，只需将公式中的人口数换成 GDP 即可。

根据泰尔指数原理，泰尔指数值越小，表示区域间体育事业经费支出的均等化水平越高；相反，泰尔指数值越大，表示区域间体育事业经费支出的均等化水平越低[②]。

4.4.4.3　测算结果与分析

1. 体育公共服务财政支出均等化总体差异测算结果分析

根据式(4-1)与式(4-2)，分别测算 2008—2016 年东、中、西部 18 个省(区、市)以人口为权重和以 GDP 为权重的体育事业经费支出总体泰尔指数，结果如图 4-13 所示。统计结果显示，2008—2016 年以人口为权重的体育事业经费支出总体泰尔指数为 0.147~0.288，最大值出现在 2008 年，最小值出现在 2014 年，泰尔指数仍处于较高水平，表明我国东、中、西部区域人均体育事业经费支出差异依然明显。以 GDP 为权重的体育事业经费支出的总体泰尔指数为 0.041~0.073，最大值出现在 2015 年，最小值出现在 2010 年。以 GDP 为权重的体育事业经费支出泰尔指数小于以人口为权重的泰尔指数，说明我国区域体育事业经费支出与区域人口的匹配程度不高，差异化较明显，低于其与区域经济发展水平的匹配，表明区域人均体育事业经费支出均等化水平低于单位 GDP 体育事业经费支出的均等化水平。

---

① 代英姿，王兆刚. 中国地方财政卫生支出区域差异研究[J]. 辽宁大学学报(哲学社会科学版)，2012，40(6)：47-54.

② 卢志成. 我国区域体育财政支出公平性分析[J]. 首都体育学院学报，2015，27(4)：311-315.

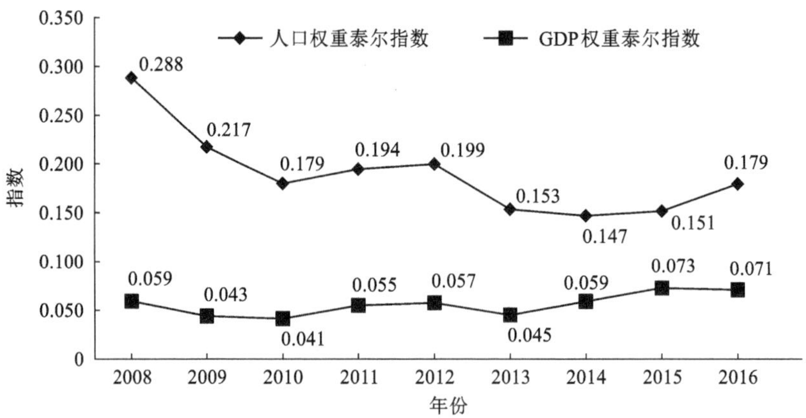

图 4-13　区域体育事业经费支出总体泰尔指数

从图 4-13 还可看到，人均体育事业经费支出泰尔指数经历了下降、上升、再下降、再上升的过程，2008—2010 年不断下降，2011—2012 年不断上升，2013—2014 年又逐渐下降，2015—2016 年又逐渐上升，表明各省(区、市)体育事业经费支出差异受人口差异的影响有扩大趋势。单位 GDP 泰尔指数相对人均泰尔指数变化幅度不大，呈现曲折缓慢上升的趋势，总体经历了下降、上升、再下降、再上升、再下降的反复波动过程，说明各省(区、市)经济发展水平的不同虽然加大了各省(区、市)体育事业经费支出的差距，但影响并不大。总体而言，我国体育公共服务财政资源的均等化情况波动仍较大，人均体育事业经费支出的不公平现象仍较严重，要实现体育公共服务均等化的目标仍任重道远。

2. 我国体育公共服务财政支出差异的区域分析

根据式(4-3)~式(4-5)计算出东、中、西部各区域的泰尔指数，区域内、区域间泰尔指数及各自的贡献率，结果见表 4-31、图 4-14、图 4-15。从人均体育事业经费支出的泰尔指数看，2008—2016 年区域内差异贡献率为 31.34%~44.22%，区域间差异贡献率为 55.78%~68.66%，区域间差异贡献率大于区域内差异贡献率，表明人均体育事业经费支出的区域差异主要来自区域间差异。从东、中、西部泰尔指数的具体数值来看，2008—2014 年，$T_{东}>T_{中}>T_{西}$，表明相对于中部和西部，东部地区人均体育事业经费支出的省(区、市)际差异更大，不均衡现象比较突出；而 2015—2016 年，$T_{中}>T_{东}>T_{西}$，表明中部地区人均体育事业经费支出的省(区、市)际差异大于东部和西部，不均衡现象更突出。

表 4-31　体育事业经费泰尔指数

项目	年份	$T_{东}$	$T_{中}$	$T_{西}$	$T_{总}$	$T_{区域内}$	区域内贡献率(%)	$T_{区域间}$	区域间贡献率(%)
人口权重	2008	0.14687	0.04431	0.04375	0.28841	0.10749	37.27	0.18092	62.73
	2009	0.11289	0.03742	0.02861	0.21711	0.07958	36.65	0.13753	63.35
	2010	0.08784	0.03474	0.02541	0.17943	0.06306	35.14	0.11637	64.86
	2011	0.08391	0.0441	0.01061	0.1938	0.06074	31.34	0.13306	68.66
	2012	0.09187	0.0713	0.01543	0.19944	0.07231	36.26	0.12713	63.74
	2013	0.08467	0.0795	0.01322	0.15329	0.06779	44.22	0.0855	55.78
	2014	0.0685	0.06304	0.03308	0.14668	0.05894	40.18	0.08774	59.82
	2015	0.06069	0.08134	0.05708	0.15088	0.06469	42.88	0.08619	57.12
	2016	0.07196	0.09522	0.06721	0.17904	0.07622	42.57	0.10282	57.43
GDP权重	2008	0.05887	0.0456	0.01515	0.05901	0.04926	83.48	0.00975	16.52
	2009	0.04039	0.02693	0.01174	0.0432	0.0319	73.84	0.0113	26.16
	2010	0.03166	0.04478	0.00886	0.04065	0.0305	75.03	0.01015	24.97
	2011	0.03462	0.03972	0.03609	0.05462	0.03604	65.98	0.01858	34.02
	2012	0.03273	0.04611	0.05653	0.05742	0.0404	70.36	0.01702	29.64
	2013	0.03276	0.0535	0.01141	0.0453	0.03329	73.49	0.01201	26.51
	2014	0.02651	0.04601	0.06469	0.05858	0.04005	68.37	0.01853	31.63
	2015	0.0314	0.06168	0.08247	0.0726	0.05079	69.96	0.02181	30.04
	2016	0.03439	0.07953	0.06601	0.07059	0.05176	73.32	0.01884	26.68

从人均体育事业经费支出泰尔指数的变化趋势来看，2008—2010 年各种泰尔指数均呈下降趋势，2011 年后各种泰尔指数上下波动。2008—2014 年东部地区泰尔指数无论是变化趋势还是具体数值都更接近于总体人均体育事业经费支出泰尔指数，说明东部地区体育事业经费支出反映了区域体育事业经费支出

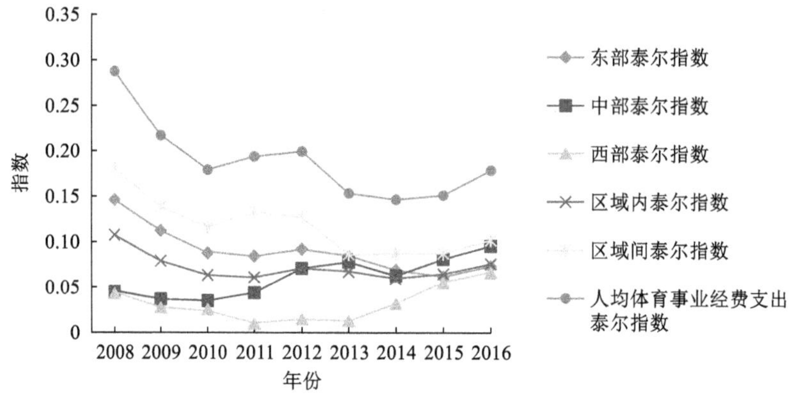

图 4-14 人均体育事业经费支出泰尔指数

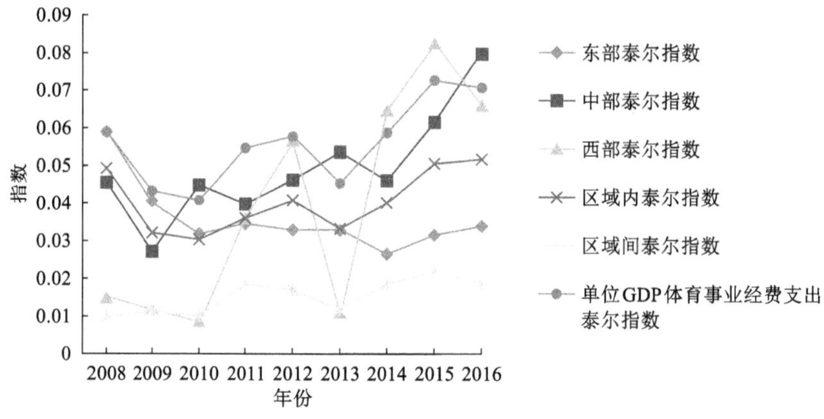

图 4-15 单位 GDP 体育事业经费支出泰尔指数

的总体状况，其非均衡性最具有代表性。但 2015—2016 年中部地区泰尔指数变化趋势和具体数值更接近于总体人均体育事业经费支出泰尔指数，说明中部地区非均衡性最具有代表性。

从表 4-32 中进一步发现，2008—2016 年东部地区以 33. 4%的人口享有 56. 2%的体育事业经费支出，中部地区以 40. 5%的人口仅享有 23. 4%的体育事业经费支出，西部地区以 26. 1%的人口享有 20. 3%的体育事业经费支出，说明中西部享有的体育事业经费支出份额小于其人口比重，体育事业经费投入不足，但西部地区的体育事业经费支出的均等化程度明显高于中部地区，中部地区处于最为不利的地位。

表 4-32　三区域体育事业经费支出、人口、GDP 比重　单位：%

地区	2008 年			2009 年			2010 年		
	经费支出比重	人口比重	GDP 比重	经费支出比重	人口比重	GDP 比重	经费支出比重	人口比重	GDP 比重
东部	61.7	32.3	55.4	58.1	32.7	55.1	56.7	33.3	54.4
中部	23.4	41	29.3	23.2	40.8	29.5	24.2	40.6	30
西部	14.9	26.7	15.3	18.7	26.5	15.4	19.1	26.1	15.6
地区	2011 年			2012 年			2013 年		
	经费支出比重	人口比重	GDP 比重	经费支出比重	人口比重	GDP 比重	经费支出比重	人口比重	GDP 比重
东部	58.3	33.5	53.2	57.8	33.6	52.3	53.2	33.6	52.1
中部	22.2	40.5	30.7	22.7	40.4	30.9	25	40.4	30.8
西部	19.5	26	16.1	19.5	26	16.8	21.9	26	17.1
地区	2014 年			2015 年			2016 年		
	经费支出比重	人口比重	GDP 比重	经费支出比重	人口比重	GDP 比重	经费支出比重	人口比重	GDP 比重
东部	52.9	33.7	52	52.4	33.8	52.3	54.9	33.8	52.6
中部	23.8	40.4	30.8	23.6	40.3	30.7	22.9	40.3	30.5
西部	23.3	25.9	17.2	24	25.9	17	22.2	25.9	16.9

从单位 GDP 体育事业经费支出泰尔指数的具体数值看，2008—2016 年区域内差异贡献率为 65.98%～83.48%，区域间差异贡献率为 16.52%～34.02%，区域内差异贡献率大于区域间差异贡献率。从东、中、西部泰尔指数的具体数值来看，2008—2009 年，$T_{东}>T_{中}>T_{西}$，表明东部地区单位 GDP 体育事业经费支出的省际差异大于中西部地区；2010 年和 2013 年，中部地区单位 GDP 体育事业经费支出泰尔指数最大、东部居中、西部最小，而 2011 年和 2016 年是中部最大、西部居中、东部最小，说明这四年中部地区省际不均衡现象突出；2012 年、2014 年和 2015 年，$T_{西}>T_{中}>T_{东}$，西部地区单位 GDP 体育事业经费支出泰尔指数最大、中部居中、东部最小，西部地区省际不均衡现象突出。由上

可知，2008 年至 2016 年以 GDP 为权重的东、中、西部的泰尔指数上下波动频繁，不同年份各区域内省(区、市)间不均衡现象都比较突出。从三区域体育事业经费支出和 GDP 所占比重来看，除 2008 年西部地区体育事业经费支出所占比重略小于 GDP 比重外，其余年份，东部和西部地区 GDP 比重略小于体育事业经费支出比重，而中部地区则相反，表明其内部省(区、市)体育事业经费支出力度相对于经济发展水平略显不足。

为进一步识别东、中、西部区域内各省(区、市)体育公共服务财政资源配置的非均衡性，结合各地人均体育事业经费支出、人均 GDP、人口占比等指标，从体育事业经费支出和经济发展水平两个维度划分了各省(区、市)的类型。具体衡量标准如下：以人均体育事业经费支出、人均 GDP 等 18 省(区、市)均值为基准，对各省(区、市)相应指标值进行比较，各省(区、市)相应指标值小于基准值的界定为低水平区域，大于基准值的界定为高水平区域①。由此，18 个省(区、市)可以划分为四种类型(图 4-16)。类型Ⅰ为双高型，即体育事业经费支出和经济发展水平均高于 18 省(区、市)相应指标均值，如北京、上海、天津、江苏、浙江；类型Ⅱ为体育事业经费支出低而经济发展水平高，如广东省；类型Ⅲ为体育事业经费支出高而经济发展水平低，如青海省；类型Ⅳ为双低型，即体育事业经费支出和经济发展水平均低于 18 省(区、市)相应指标均值，如中部六省和陕西、甘肃、云南、四川、贵州。由此可见，除中部区域外，东部和西部区域内各省(区、市)存在明显差异。

经济发展水平 \ 体育事业经费支出	高	低
高	北京、上海、天津、江苏、浙江	广东
低	青海	湖北、湖南、河南、江西、安徽、山西、陕西、甘肃、云南、四川、贵州

图 4-16　三区域各省(区、市)体育事业经费支出分类

① 辛冲冲，陈志勇. 中国省域民生性财政支出非均衡性测度及评价[J]. 山西财经大学学报，2017，39(10)：1-18.

4.4.5　体育公共服务财政支出城乡差异明显

体育公共服务财政支出的城乡差距主要体现在两个方面：一是公共体育场地城乡分配不均衡。第六次全国体育场地普查数据显示，我国有 96.27 万个体育场地分布在城镇，占 58.61%，其中室内体育场地 12.87 万个；分布在乡村的体育场地有 67.97 万个，占 41.39%，其中室内体育场地 2.73 万个。城镇体育场地总数量是农村的 1.42 倍，城镇室内体育场地是农村的 4.71 倍，城乡仍有较大的差距。2013 年我国健身场地设施投入 3454667.49 万元，其中村级农民体育健身工程投入 388032.61 万元，占当年我国健身场地设施投入总额的 11.23%；乡镇体育健身工程投入金额为 123197.72 万元，仅占当年我国健身场地设施投入总额的 3.57%。2014 年我国健身场地设施投入 2372112.6 万元，其中村级农民体育健身工程投入 415784.76 万元，占当年我国健身场地设施投入总额的 17.53%；乡镇体育健身工程投入 232610.98 万元，占当年我国健身场地设施投入总额的 9.81%，投入比例比上年有所增长。但 2015—2016 年村级农民体育健身工程及乡镇体育健身工程投入所占比重都呈下降趋势，2016 年村级农民体育健身工程占当年我国健身场地设施投入总额的比重仅 8.53%，乡镇体育健身工程投入所占比重为 3.95%（表 4-33），可见，城乡健身场地设施资金投入仍不平衡。

表 4-33　农村健身场地设施投入情况

年份	投资总额（万元）	村级农民体育健身工程		乡镇体育健身工程	
		金额（万元）	比例（%）	金额（万元）	比例（%）
2013	3454667.49	388032.61	11.23	123197.72	3.57
2014	2372112.6	415784.76	17.53	232610.98	9.81
2015	3286690.38	300987.47	9.16	255160.21	7.76
2016	2062015.07	175836.49	8.53	81502.26	3.95

从城市和农村调查对象对体育场地设施数量的满意度可进一步论证城乡体育场地设施分布不均的问题。从表 4-34 可以发现，城市调查对象对体育场地设施持满意态度的比重为 19.1%，持基本满意态度的比重为 28.7%，持不太满

意和不满意态度的比重分别为12.1%和4.2%；而农村调查对象对体育场地设施持满意态度的比重为17.9%，持基本满意态度的比重为19.5%，持不太满意和不满意态度的比重分别为15.3%和16.8%，农村调查对象对体育场地设施数量的满意度明显低于城市调查对象，可见城乡体育场地设施建设仍存在较大的差距。

表4-34　城市和农村调查对象对体育场地设施数量的满意度

项目		满意	基本满意	一般	不太满意	不满意
城市	人数(人)	430	646	808	272	95
	比重(%)	19.1	28.7	35.9	12.1	4.2
农村	人数(人)	291	317	495	248	273
	比重(%)	17.9	19.5	30.5	15.3	16.8

二是社会体育指导员城乡分布差距显著。2008—2012年，我国年均街道群众体育工作管理机构的数量为21028个，年均所占比重为31%；年均乡镇群众体育工作管理机构的数量为46930个，年均所占比重为69%，乡镇群众体育工作管理机构的数量是街道的2.23倍。但街道晨晚练站(点)配置的社会体育指导员年均人数达到340120人，年均比重达到54.41%；而乡镇配置的社会体育指导员年均人数为283674人，年均比重为45.59%，街道配置的社会体育指导员数是乡镇的1.2倍(表4-35)。此外，我国分布在城市的体育俱乐部占绝大多数，而澳大利亚与我国不同，分布在乡村地区的体育俱乐部占60%~70%。我国城乡体育公共服务财政支出不均衡不利于全民健身国家战略的实施，进而影响我国实施乡村振兴战略。

表4-35　我国晨晚练站(点)配置社会体育指导员情况

年份	街道群众体育工作管理机构		乡镇群众体育工作管理机构		街道配置社会体育指导员		乡镇配置社会体育指导员	
	数量(个)	比重(%)	数量(个)	比重(%)	数量(个)	比重(%)	数量(个)	比重(%)
2008	22189	30.85	49727	69.15	192552	51.92	178334	48.08
2009	24704	31.02	54940	68.98	437831	51.94	405123	48.06

续表4-35

年份	街道群众体育工作管理机构		乡镇群众体育工作管理机构		街道配置社会体育指导员		乡镇配置社会体育指导员	
	数量(个)	比重(%)	数量(个)	比重(%)	数量(个)	比重(%)	数量(个)	比重(%)
2010	24991	30.35	57357	69.65	495164	57.21	370411	42.79
2011	16268	31.16	35944	68.84	282532	58.2	202909	41.8
2012	16987	31.65	36683	68.35	292523	52.79	261591	47.21

由于城乡社会体育指导员分布不均，城乡居民对体育健身指导的满意度也表现出明显差异。从表 4-36 可以看出，城市调查对象对体育健身指导持满意态度的比重为 14.8%，持基本满意态度的比重为 19.5%；而农村调查对象对体育健身指导持满意态度的比重为 13.1%，持基本满意态度的比重为 12.6%，两项指标均低于城市调查对象。城市调查对象对体育健身指导持不满意态度的比重占 7.5%，而农村调查对象对体育健身指导持不满意态度的比重高达 26.8%，持不满意态度的比重远远高于城市调查对象。

表 4-36　城市和农村调查对象对体育健身指导的满意度

项目		满意	基本满意	一般	不太满意	不满意
城市	人数(人)	333	439	813	497	169
	比重(%)	14.8	19.5	36.1	22.1	7.5
农村	人数(人)	213	205	408	363	435
	比重(%)	13.1	12.6	25.1	22.4	26.8

4.4.6　体育彩票公益金使用的民生性还有待提高

2008 年我国体育彩票公益金中用于群众体育的比重仅占 20.7%，2009—2012 年，体育彩票公益金中用于群众体育的比重有较大提高，年均比重达到 43.4%，民生性逐步彰显，但由于用于体育场的体育彩票公益金主要用于竞技体育场地的建设，因此这时期的体育彩票公益金使用的公益性不强。2013 年起，我国调整了体育彩票公益金支出科目，同时加强了体育彩票公益金的使用管理，体育设施公益金支出中用于全民健身场地设施建设的基金有所增加，但由于2013—2016年体育彩票公益金中直接用于群众体育的经费所占的比重年均值仅为17.6%，即使加上用于青少年的经费，两者的比重年均值也仅为22.7%，仍未达到《中央集中彩票公益金支持体育事业专项资金管理办法》所规定的“用于群众体育的比例不低于70%”的标准，体育彩票公益金使用的民生性有待进一步提高。

4.5　体育公共服务财政保障问题原因分析

4.5.1　体育政绩考核机制不完善

政府官员也是理性经济人，会追求自身利益的最大化。分权体制下地方政府官员的目标包括两方面：一是经济目标，二是政治目标。经济目标是通过发展经济，促使财政收入不断增加，地方政府官员的经济利益也得到最大化①。政治目标主要是如何使当地居民认可或使上级政府赞赏本地的财政支出安排，从而实现职务连任或是晋升，进而使得自身的政治利益最大化。由于体育事业具有公共产品的属性，不以经济效益为主要目标，因此对于体育行政官员而言，政治目标是其追求的主要目标。目前我国地方政府官员升迁制度实行的是“对上负责”，即由中央政府决定地方政府官员的连任或晋升，而不是由当地居民的满意度决定其升迁。在此升迁制度下，体育系统长期以来评价政府体育官员的政绩是以带有政治意义的竞技体育成绩作为考核指标，以不同级别的竞技体育金牌数量考量地方政府体育事业发展的成绩，导致地方政府可能将竞技体育作为相互之间的主要竞争内容，体育事业财政资金自然而然主要投入竞技体育领域，群众体育因其投入大且见效慢，即便其关系到广大人民群众的切身利益，现阶段财政投入可能仍捉襟见肘。

4.5.2　中央与地方政府体育事权与财权不相匹配

分税制改革后，税源较分散、收入规模小的税种，如土地增值税、印花税、城市维护建设税等被划为地方税种；而收入充足和稳定的税种，如消费税、关税、车辆购置税等被划定为中央税，导致基层地方政府收入占全国财政收入的比重减小，而中央本级收入所占比重大幅上升。虽然我国财税改革政策强调“努力实现财政收支平衡”，从表 4-37 可以看到，2008—2016 年，我国地方财政收入比重在逐渐提高，但与此同时，地方的财政支出比重也在逐渐增加。以 2016 年为例，地方财政收入占整个财政收入的比重为 54.7%，而地方财政支出占整个财政支出的比重为 85.4%，说明地方政府以 54.7%的财政收入承担了

---

① 王晔. 财政分权视角下农村公共产品有效供给研究[D]. 北京：中国农业大学，2015.

85.4%的财政支出责任，财力向上集中，而政府事权隐性下移的局面仍然没有改变。

表 4-37　中央和地方财政收支金额及比重

年份	中央与地方财政收入		财政收入比重		中央与地方财政支出		财政支出比重	
	中央（亿元）	地方（亿元）	中央（%）	地方（%）	中央（亿元）	地方（亿元）	中央（%）	地方（%）
2008	32680.56	28649.79	53.3	46.7	13344.17	49248.49	21.3	78.7
2009	35915.71	32602.59	52.4	47.6	15255.79	61044.14	20	80
2010	42488.47	40613.04	51.1	48.9	15989.73	73884.43	17.8	82.2
2011	51327.32	52547.11	49.4	50.6	16514.11	92733.68	15.1	84.9
2012	56175.23	61078.29	47.9	52.1	18764.63	107188.34	14.9	85.1
2013	60198.48	69011.16	46.6	53.4	20471.76	119740.34	14.6	85.4
2014	64493.45	75876.58	45.9	54.1	22570.07	129215.49	14.9	85.1
2015	69267.19	83002.04	45.5	54.5	25542.15	150335.62	14.5	85.5
2016	72365.62	87239.35	45.3	54.7	27403.85	160351.36	14.6	85.4

由于中央和地方政府的财权与事权不相匹配，再加上目前我国体育事业发展仍未得到政府的高度重视，因此在体育公共服务供给方面中央和地方政府的事权和财权错配更为严重。2008—2015 年，中央政府承担的体育公共服务事权年均比重仅占体育事权的 10%，而地方政府承担的体育公共服务事权年均比重高达 90%。以 2015 年为例，中央政府收入占财政收入的比重为 45.5%，而中央的体育事权支出比重为 8.1%；地方政府收入占财政收入的比重为 54.5%，但地方政府的体育事权支出比重为 91.9%，地方政府以 54.5%的财政收入承担了 91.9%的体育事权。2016 年中央和地方政府体育公共服务财权和事权有了较大的改善，但地方政府仍以 54.7%的财政收入承担了 85.3%的体育事权，财权与体育事权的错位仍较严重，导致地方尤其是农村体育公共产品供给主体的“缺位”(表 4-38)。

表 4-38　中央和地方体育事业经费支出比重

年份	体育事业经费支出(万元)	中央		地方	
		金额(万元)	比重(%)	金额(万元)	比重(%)
2008	3327020.6	355737.8	10.7	2971282.8	89.3
2009	3135369.8	389017	12.4	2746352.8	87.6
2010	3574059.3	404603.7	11.3	3169455.6	88.7
2011	4136381.8	464636.5	11.2	3671745.3	88.8
2012	4638400.5	493712.5	10.6	4144688	89.4
2013	4207962	333942.2	7.9	3874019.8	92.1
2014	4469217.8	357042.5	8	4112175.3	92
2015	4808420.1	390390.4	8.1	4418029.6	91.9
2016	5693013.8	834041	14.7	4858972.8	85.3

4.5.3　转移支付制度建设滞后

1994 年实行分税制改革以来，我国逐步建立了相对完善的财政转移支付制度。转移支付在弥补地方财力不足、促进欠发达地区经济和社会事业的发展、推动基本公共服务均等化、平衡地区间财力差距等方面发挥着巨大作用。然而受到中央与地方事权划分不合理、我国转移支付制度设计基础不够扎实等因素的影响，目前的转移支付制度仍然存在诸多缺陷。

4.5.3.1　税收返还仍占一定份额，不利于均等化目标的实现

随着我国财政体制改革的不断深化，税收返还在财政转移支付中所占的比重不断降低，从 1995 年的 78.6%[①]降至 2014 年的 10%[②]，下降了 68.6 个百分

① 张侠，刘小川. 完善我国财政转移支付制度研究：基于公共服务均等化的视角[J]. 现代管理科学，2015(2)：70-72.

② 高铭，陈康，王小朋. 我国财政转移支付绩效和监督制度研究[J]. 现代管理科学，2017(6)：46-48.

点，取得了较大的成就，然而其绝对规模仍较大，达到5096.34亿元①。税收返还不考虑地区差别，按基数法对地方进行财力分配，实际上是对收入能力强的地区倾斜，这种维护地方既得利益的转移支付不仅不能解决地区间的财力分配失衡问题，而且加剧了地区间财政转移支付事实上的不平等，不利于地区间体育公共服务均等化，有违转移支付的初衷。

4.5.3.2 一般性转移支付规模小，且支付标准仍不太科学

我国转移支付制度不断完善，带有均衡作用的一般性转移支付的比重不断上升，从1995年的11%增加到2014年的52%，增长了41个百分点②，但绝对规模仍然偏小，导致其均衡地区间财力差距效果不佳，促进体育公共服务均等化作用有限。此外，均衡性转移支付以尽量缩小地区间的财力差距，最终实现区域间基本公共服务均等化为目标，采用因素法来计算各地获得的转移支付数额，故因素的选择对发挥均衡性转移支付的均衡作用至关重要。可我国在财政转移支付的因素选择、各因素的权重设置上仍存在一些问题，最终导致均衡化作用效果也不太明显。

4.5.3.3 专项转移支付规模过大且运行不规范

在中央转移支付总规模既定的情况下，专项转移支付规模过大，且2008年以来专项转移支付数额所占比重超过了50%③，2014年专项转移支付所占比重虽下降到38%④，但规模仍较大，势必挤占一般性转移支付应有的份额，一般性转移支付可能难以有效发挥均等化作用。专项转移支付不仅规模大，而且运行不够规范。中央政府管理幅度大、信息不对称，在相关监督机制缺失的情况下，中央政府可能按照自身的偏好安排财政专项资金，这样做出的决策很难保证合理性。地方政府“讨价还价”、违规挪用现象也时有发生。

4.5.3.4 横向财政转移支付制度尚未建立

目前我国平衡地区间的财政差额单纯依靠中央对地方的纵向转移支付，这

---

① 马海涛，任强. 我国中央对地方财政转移支付的问题与对策[J]. 华中师范大学学报(人文社会科学版)，2015，54(6)：43-49.

② 高铭，陈康，王小朋. 我国财政转移支付绩效和监督制度研究[J]. 现代管理科学，2017(6)：46-48.

③ 程毓. 我国财政转移支付对地区间公共服务差异的影响[D]. 武汉：华中科技大学，2014.

④ 高铭，陈康，王小朋. 我国财政转移支付绩效和监督制度研究[J]. 现代管理科学，2017(6)：46-48.

种单一的纵向转移支付制度无疑会使中央政府的财政压力加重，进而会弱化中央政府的宏观调控能力。而建立横向财政转移支付制度，既可减轻中央政府的财政压力，又可均衡地区间财力差距，促进区域间基本体育公共服务的均等化。然而当前我国现行的财政转移支付制度及相关的法律法规都没有关于横向财政转移支付的规定，应尽快在相关的法律法规中增加此方面的纲领性规定。

4.5.4　体育彩票法律规制结构存在诸多缺陷

根据 2009 年颁布的《彩票管理条例》，体育彩票的发行和组织销售工作由国家体育总局下设的体育彩票发行机构负责，国务院财政部门负责全国的彩票监督管理工作，这是我国体育彩票法律规制的结构。依据此条例，体育彩票的发行、销售、开奖、兑奖过程的监管则由体育彩票发行机构进行自我规制，而财政部仅负责审批彩票种类、确定彩票资金的构成比例，只是起到一个事前监督的作用，财政部的监管权是极其有限的。在此规制结构下，体育彩票发行机构既是实质监管主体，又是经营主体，这就不可避免会产生三个隐患。

4.5.4.1　规制主体结构政企不分、架空消费者利益

与其他一般经营性领域不同，体育彩票行业不向民间开放经营，而是遵循专营专卖规则，由得到合法授权的体育彩票管理中心垄断经营。但是与其他专营专卖行业略不同的是，体育彩票管理中心并不是公司制的纯经营性机构，而是事业单位编制，并没有进行企业化改革。这便决定了体彩管理中心是“政企一体”，不仅实际监管体育彩票的经销过程，而且负责体育彩票的发行和销售，既是“裁判员”又是“运动员”，这必然导致体育彩票业的法律制度难以真正落实，从而严重制约了彩票市场规则的建立和健全。体育彩票业行政行为与市场行为浑然一体，以保护消费者为核心的彩票规制目的难以真正实现。

4.5.4.2　国家专营、二元分立的非正当性经营结构

目前中国的彩票业呈现出双寡头垄断经营状态，即体育彩票管理中心和福利彩票发行管理中心分庭抗礼。从彩票发行市场份额来看，福利彩票的发行量要高于体育彩票。两个彩票发行机构均是具有行政职能的事业单位，不是公司制的企业，不存在由非公资本控制的彩票行业。而国际上如欧盟各成员国的彩票业并不像中国一样完全受制于行政机构，只要获得特许经营许可并接受监管，民营企业也可经营。

我国由公共机构完全控制彩票发行的做法，有优点也有疑问。优点是可以防止民营企业因为本身所固有的逐利本性而从事不正当的彩票销售行为，从而确保彩票收益的公益性用途。疑问是既然彩票是公益性质的，那么为什么不发行教育彩票，而只是将发行权局限于民政部和国家体育总局？此外，我国体育彩票仅足球竞猜彩票属于体育彩票的独特产品，其他主要玩法与福利彩票同质化现象严重，因此两大管理中心之间的竞争很可能打价格战，这就会减弱彩票公益金的筹集。而且，两大管理中心在发行销售中仍未从根本上脱离“部门彩票”的制度影响，因此福利彩票与体育彩票之间的市场竞争往往带有明显的部门利益之争的烙印，重视盈利而疏于自我监管，制约了彩票业的良性发展，互联网彩票便是明显的例证。由于互联网彩票乱象丛生，财政部、民政部和国家体育总局于2015年初联合下文叫停此彩票的发行，而这已经是第五次被叫停，结果2015年体育彩票销售额比上一年减少了100亿元①。可见当前我国这种正当性不足的彩票经营结构，如果不加以改进，必将影响我国彩票业的深化发展，也影响我国体育公共服务资金的筹集规模。

4.5.4.3 监管运作结构权力虚化、信息偏在

依据《彩票管理条例》，财政部对彩票具有监管权，但只包括两方面：一是对彩票品种的审批权，二是对彩票资金具体构成比例的决定权。可见，这两方面的监督权是控制彩票类型和节制彩票资金，其实都是事前监管，只是对彩票行业享有形式上的监管权。在这种监管权虚化的情形下，法律规制所发挥的作用有限。如果彩票监管权独立、权威、高效，就不会出现体育彩票承包商利用监管真空冒领大奖的恶性事件。

由于体育彩票管理中心在体育彩票的运行过程中实际起控制作用，这就使得财政部在彩票资金管理过程中处于信息偏在状态。财政部较难直接获知彩票资金结构中发行费所占比重，只能间接从体育彩票管理中心获得，这导致监管困难。我国彩票发行费居高不下，远高于国外同行业标准。究其原因，是我国彩票管理机构实行了彩票收益的“福利转移”，即这些发行费还用于购置物业、个人奖励等。这部分“福利转移”是通过降低公益金比例、提高发行费比例而实现的，进而将彩票收益从公众财政福利转化成为体育彩票部门私利。体育彩票

① 杨成，段宏磊，李丽. 中国体育彩票法律规制结构的制度改进[J]. 武汉体育学院学报，2016，50(5)：47-51.

资金违规使用时有发生，审计结果显示：2014 年北京市体育彩票管理中心利用互联网销售体育彩票 78.51 亿元，但此互联网销售并未得到财政部许可；河南省体彩管理中心以考察名义组织本单位职工旅游，旅游经费来源于体育彩票发行费①。体育彩票市场的违规事件，不仅败坏了体育彩票的信誉，而且损害了政府的公信力。

4.5.5　财政绩效监督机制有待规范

财政绩效监督是完善财政管理的重要内容，是推进预算绩效管理的重要手段，在保证体育公共服务财政资金有效、安全运行，推进依法理财，确保各项财政政策贯彻落实等方面发挥着重要作用。然而目前我国体育公共服务财政绩效监督机制尚不完善，财政绩效监督的上述作用仍未在体育公共服务供给中得到充分发挥。

4.5.5.1　财政监管方式尚不规范

目前我国还未出台一部全面、系统、规范的有关财政监督活动的法律法规，有关财政绩效监督的法律规范更是存在明显空白②。虽然 2012 年财政部出台的《财政部门监督办法》第六条中提出加强财政绩效监督，但并未对财政资金分配和使用效果的责任追究、财政绩效监督工作程序与组织实施等方面作出明确规定，因此在体育公共服务财政监督内容上，公共支出检查较少，公共收入检查较多，监管合力不足；在监管环节方面，事前、事中检查较少，可操作性强的事前、事中监督预防机制还没有真正建立，非连续性和集中性事后检查较多。

4.5.5.2　财政资金监管存在盲区

部分下级政府资金尤其是乡镇体育公共服务财政资金是上级政府分配安排的，由于政府财政信息公开、透明度还不高，基层财政部门对上级拨付的项目资金信息不甚了解，不能及时全过程动态监督项目资金的拨付、使用及工程进展情况，存在“重资金分配，轻使用监管”的问题，产生了体育公共服务财政投入监管的盲区。

---

① 张璇，杨成，段宏磊，等. 中国体彩业竞争环境的缺陷评析与制度改进[J]. 天津体育学院学报，2016，31(4)：287-291.

② 安徽省财政厅课题组. 完善财政绩效监督　推进预算绩效管理[J]. 中国财政，2013(14)：42-43.

4.5.5.3 财政资金使用绩效监督机制尚需完善

我国财政监督考评机制还不健全，还未对体育公共服务财政绩效评估的实践开展有效评估，故很难客观地评价体育公共服务财政资金的绩效情况，影响了我国体育经费管理的科学化发展。地方政府截留、挤占体育公共服务转移支付资金，移作他用的现象还时有发生。未设立专门的机构监督转移支付的各个环节，造成财政管理上只管拨款、不问效果，监督主体缺乏专业化与广泛化[①]。

---

① 贾琳. 统筹城乡发展的财政政策研究[D]. 哈尔滨：东北林业大学，2014.

第5章 我国体育公共服务财政支出的绩效分析

5.1 体育公共服务财政支出绩效评价的依据

2015年11月召开的中央财经领导小组第十一次会议首次提出供给侧结构性改革，2016年12月14日召开的中央经济工作会议再次明确提出推进供给侧结构性改革，可见，供给侧结构性改革已成为我国政策体系的主线。2016年召开的中央经济工作会议指出，供给侧结构性改革最终目的是满足需求，根本途径是深化改革。满足需求就是要深入研究市场变化，在解放和发展社会生产力中更好地满足人民日益增长的美好生活需要；深化改革就是要深化行政管理体制改革，健全要素市场，提高资本、技术、劳动力等生产要素的使用效率。

《体育发展"十三五"规划》分析了"十三五"时期我国体育发展存在的矛盾与问题，指出"人民群众日益增长的多元化、多层次体育需求与体育有效供给不足的矛盾依然突出"，该规划表明解决我国体育公共服务供给主要矛盾的关键是进行供给侧结构性改革。当前体育公共服务供给侧方面存在的主要问题是体育公共支出越位和缺位并存，体育事业经费支出的民生性不强①，公共体育场地设施、公益性社会体育指导员、公共体育组织等体育公共产品满足不了居

① 李丽，张林.体育事业公共财政支出研究[J].体育科学，2010，30(12)：22-28.

民的体育公共服务需求①。显然,在当前的时代背景下,供给侧结构性改革已成为体育公共服务事业发展的必然趋势,而如何提高体育公共服务财政投入绩效成为体育公共服务供给侧结构性改革的重要内容。

随着全民健身上升为国家战略,公民对政府财政加大体育公共服务支持力度的呼声亦愈来愈高。但在当前政府财政支出增长有限的情况下,如何有效配置体育公共服务财政资源来满足公众的体育公共服务需求是体育事业公共财政改革的重要内容。这就必然涉及体育公共服务财政支出的效率问题。在此情形下,选择合适的绩效评价手段,全面评估体育公共服务财政支出的效率及效果,不仅可以为政府合理配置体育公共资源、实现体育公共服务均等化提供决策依据,还可以了解政府在体育公共服务领域的履职情况,从而为我国建设高效的体育公共服务型政府提供实践指导。

目前,国内外财政支出绩效评价理论和实践中评价方法主要有成本效益分析法、最低成本法、目标评价法、历史动态比较法、层次分析法、模糊综合评价法、平衡计分卡法以及数据包络分析法(DEA)等。不同的评价方法因其评价原理不尽相同,因此适用的领域也不完全相同。体育公共服务财政投入的产出涉及体育俱乐部、体育社团、国民体质监测、公益性社会体育指导员、健身场地设施等多方面,是典型的“多投入、多产出”的复杂系统。为了客观、科学地评价财政资金支出对体育公共服务事业可持续发展的效应,根据体育公共服务财政支出的特点及国内相关的文献资料,本书选择数据包络分析法作为评价方法。

---

① 李丽,杨小龙,兰自力,等.我国群众体育公共财政投入研究[J].首都体育学院学报,2015,(27)3:196-201.

5.2　数据包络分析法原理及在财政支出绩效中的运用

5.2.1　DEA 方法简介

DEA 方法是数理经济学、管理学与运筹学等众多学科交叉研究的一个新领域，是一种常用的效率评价方法，由美国著名运筹学家 Charnes 等人于 1978 年提出。该方法的原理是基于线性规划的理论，运用数学规划模型对同类型组织工作绩效的相对有效性进行评价，判断各个组织投入与产出的合理有效性，同时定量地指出组织非有效的程度和原因，从而能使决策单元的最优投入产出组合效益得到充分体现。它不依赖于既定的统一标准，每一个决策单元（decision making unit，DMU）是被评价的组织，具有相同的输入和输出指标，其有效与否是根据自身的资源利用情况作出判断，所有的决策单元构成一个评价群体。它可以综合评价具有多个投入、多个产出的一组决策单元之间的相对效率，即便这些投入与产出指标单位不统一，同时也不需要对投入指标和产出指标之间的关系式进行确定，目标是从技术经济角度寻求在既定投入下产出最大化或寻求在既定产出下投入最小化。其不仅可为相关部门调整投入项或产出项提出依据，指出今后努力的方向，也可为决策部门制订计划和规划提供参考依据。

5.2.2　DEA 方法在财政支出绩效中的运用研究

DEA 方法被广泛运用于理论和实践的众多领域，已经出版了数以千计关于 DEA 方法的学术专著、博士学位论文、期刊论文和工作报告等。DEA 方法也以其独有的优势和特点被广大学者运用于不同领域的财政支出绩效评价研究。如王鹏①、周红梅②采用 DEA 方法分别对河南省、湖南省财政支农支出绩效进行

① 王鹏. 新农村建设背景下的财政支农绩效评价研究［D］. 长春：吉林大学，2012.

② 周红梅，李明贤. 基于 DEA 模型的湖南省财政支农支出效率评价［J］. 农业现代化研究，2016，37（2）：284-289.

了评价；袁金星[①]、何立春[②]运用 DEA 方法对财政科技投入绩效进行了评价；胡帆[③]、李栋林[④]分别采用 DEA 模型对高等学校财政投入绩效、财政支持新型城镇化建设绩效进行评价；单菲菲[⑤]运用 DEA 方法对新疆基本公共服务财政支出绩效进行了评价。

DEA 作为一种成熟的效率分析方法也被逐渐用于评价体育财政投入绩效，取得了一些成果，如余平[⑥]运用 DEA 方法对我国财政体育投入效率进行了测度和分析，袁春梅[⑦]运用 DEA 方法评价了我国 2008—2011 年的体育公共服务效率，邵伟钰[⑧]运用 DEA 方法对 2011 年我国 30 个省(区、市)的群众体育财政投入绩效进行了评价，游国鹏运用 DEA－Tobit 模型对我国 29 个省(区、市) 2012—2013 年群众体育事业的投入和产出效益进行了分析(表 5－1)。这些研究成果为本研究奠定了一定的理论基础，但通过对文献的梳理，发现目前我国学者运用 DEA 方法对体育领域的财政投入绩效进行评价的研究还不多，而采用 DEA 方法对 2009—2016 年体育公共服务财政投入绩效进行评价的研究则还未见到。

表 5－1　DEA 方法应用于体育财政投入产出的研究

作者	研究对象	样本年份	样本量	投入指标	产出指标
余平(2010)	财政体育投入	2003—2008	1	体育从业人员人均财政投入	每万名体育从业人员创世界纪录次数、获世界冠军数、体育达标人数

① 袁金星. 河南省财政科技投入绩效评价研究：基于 DEA 分析法[J]. 金融理论与实践，2013(12)：51－54.

② 何立春. 我国财政科技投入绩效评价研究[D]. 大连：东北财经大学，2014.

③ 胡帆. 高等学校财政投入绩效评价研究[D]. 武汉：武汉理工大学，2013.

④ 李栋林. 财政支持新型城镇化建设绩效评价研究[D]. 北京：北京交通大学，2016.

⑤ 单菲菲，高秀林. 基于 DEA 方法的新疆基本公共服务财政支出绩效评价：以新疆 14 个地州市为例[J]. 新疆社会科学，2015(2)：33－38.

⑥ 余平. 财政体育投入的效率研究[J]. 武汉体育学院学报，2010，44(10)：50－53，58.

⑦ 袁春梅. 我国体育公共服务效率评价与影响因素实证研究[J]. 体育科学，2014，34(4)：3－10.

⑧ 邵伟钰. 基于 DEA 模型的群众体育财政投入绩效分析[J]. 体育科学，2014，34(9)：11－16，22.

续表5-1

作者	研究对象	样本年份	样本量	投入指标	产出指标
袁春梅（2014）	体育公共服务效率	2008—2011	30	人均体育事业经费	每万人群众体育场地面积、体育科普文化活动、每万人公益性社会体育指导员、每万人国民体质监测
邵伟钰（2014）	群众体育财政投入	2011	30	群众体育事业支出、群众体育事业支出占体育事业支出比重	社会体育指导员、体育社团、综合运动项目组织数、单项运动项目组织数、体育俱乐部
游国鹏（2016）	群众体育投入产出效益	2012—2013	29	群众体育年度支出、群众体育年度支出占体育事业支出比重	社会体育指导员新增人数、群众体育设施面积、综合运动项目组织数、单项运动项目组织数

为了全面、客观地评价我国体育公共服务财政支出绩效，提高体育公共服务供给结构对需求结构的适应性，本书通过分别构建 CCR-DEA 模型（规模报酬不变）和 BCC-DEA 模型（规模报酬可变），对 2009—2016 年我国各地方的体育公共服务财政支出的绩效进行评价。

5.2.3　DEA 模型建立

5.2.3.1　CCR 模型

CCR 模型为 DEA 方法中最基础和最经典的模型，由该模型创始人 Charnes、Cooper 等人命名，该模型是基于规模报酬不变假设提出的。假设有 n 个生产决策单元（DMU），每个决策单元都有投入指标 m 和产出指标 s。其中，任意一个决策单元 DMU_k 的第 i 种投入和第 j 种产出都可以表示为：

$$X_{ik}(i=1,2,\cdots,m),\ Y_{jk}(j=1,2,\cdots,s)$$

CCR 模型可以表示如下：

$$\min \theta$$
$$\text{s. t.}\begin{cases}\sum_{k=1}^{n} X_k\lambda_k + s^- = \theta X_t \\ \sum_{k=1}^{n} Y_k\lambda_k - s^+ = Y_t \\ s^- \geqslant 0,\ s^+ \geqslant 0,\ \lambda_k \geqslant 0(k=1,\ 2,\ \cdots,\ n)\end{cases} \tag{5-1}$$

式中：λ 和 θ 代表决策变量，s^-和 s^+代表松弛变量，s^-代表投入超量，s^+代表产出亏量。θ 值反映的是 DMU 的综合效率值，若 $\theta<1$，则 DMU_t 视为 DEA 无效；若 $\theta=1$，且 $s^-\neq0$ 或 $s^+\neq0$，则 DMU_t 视为弱有效，此时第 X 个决策单元可以判定为规模或技术不都有效；若 $\theta=1$，且 $s^-=0$，$s^+=0$，则 DMU_t 视为有效，此时 DMU 已经达到最优组合和最大产出。

5.2.3.2 BCC 模型

在实践中，由于资金限制和政府政策等多因素影响，很多决策单元的规模报酬是可变的。为了与管理实践更为相符，1984 年，Banker、Charnes 等人基于规模报酬可变的假定构建了 BCC 效率评估模型，从而将规模效率和技术效率的概念分开。通过 BCC 模型，不仅可以判断决策单元 DMU 规模报酬增减的情况，还可判断其综合效率低的原因。BCC 模型可以表示为：

$$\min \theta$$
$$\text{s. t.}\begin{cases}\sum_{k=1}^{n} X_k\lambda_k + s^- = \theta X_t \\ \sum_{k=1}^{n} Y_k\lambda_k - s^+ = Y_t \\ \sum_{k=1}^{n} \lambda_k = 1 \\ s^- \geqslant 0,\ s^+ \geqslant 0,\ \lambda_k \geqslant 0(k=1,\ 2,\ \cdots,\ n)\end{cases} \tag{5-2}$$

5.2.4 产出导向的 DEA 模型

DEA 评价相对效率时有两种不同的导向，即投入导向和产出导向。投入导向的 DEA 模型是指在既定产出水平下，每项要素的投入成本最小；产出导向的 DEA 模型即在既定投入要素下，每一项产出值最大。当在 DEA 模型中采取不同的导向对决策单元的效率进行评价时，即使被评价的决策单元在同一参考集内，评价结果也很可能不同，甚至评价所得出的效率值还可能出现较大差异。为使效率评价结果更加合理，选择恰当的模型导向就显得非常重要。

中国特色社会主义进入新时代，但我国仍处于社会主义初级阶段，政府的财政收入仍然有限。相对于教育、文化、卫生工作，体育工作还处于次要地位，政府重视和投入都相对不足，对体育事业的支出也相对较少。而居民对体育公共服务的需求日渐增长，鉴于现实国情，在现有的体育公共服务财政投入水平下，尽量增加产出以满足居民的体育公共服务需求，可最大程度地缓解体育公共服务的供需矛盾。基于此，本书采用产出导向的 DEA 模型。

5.3 体育公共服务财政支出绩效评价模型指标体系

5.3.1 体育公共服务财政支出绩效评价的原则

体育公共服务财政投入评价指标是度量体育公共服务财政资源配置效率的工具。为保证绩效评价结果能够准确、客观、全面地反映各区域体育公共服务财政资源配置的实际状况，就要尽可能地保证评价工具有效而可信。因此体育公共服务财政支出绩效评价指标必须遵循一定的原则，才能确保绩效评价结果的科学性和可靠性。

第一，系统性原则。体育公共服务财政投入绩效评价系统由投入和产出两大子系统构成，每个子系统挑选的指标都能充分反映体育公共服务系统财政资源配置的特征，即建立的评价指标体系要具有足够大的涵盖面。各个评价指标既相互独立，能反映体育公共服务财政资源配置状况的一个方面，又相互联系、补充，从而使设置的体育公共服务评价指标体系形成一个有机整体，能够客观、全面地测度和评价体育公共服务财政资源的综合配置效率。

第二，相关性原则。体育公共服务财政支出指标体系的构建要遵循相关性原则。所谓相关性，是指体育公共服务财政支出所选择的绩效评价指标要与其评价的内容和所要达到的评价目标相关。这就要求在体育公共服务财政支出指标体系的构建过程中，要着眼于体育公共服务的内涵，选择那些能够准确度量体育公共服务财政支出结果、能够反映地方体育公共服务供给质量和水平的指标。

第三，可操作性原则。体育公共服务财政支出绩效评价应考虑现实数据资料支持的可行性和统计的可操作性，尽量避免选择因定性描述而无法量化的指标。相关数据便于采集，易于直接从有关部门(各级体育管理机关、各体育科研所)，或通过统计资料整理、抽样调查，或典型调查获得，且这些数据具有持续性，适用于模型计算。

第四，数据权威性原则。体育公共服务财政支出绩效评价所选取的指标及数据必须是由国家公认的研究机构或国家机关公开发布，而且可以公开检索，这些指标可以直接量化，如此才能保证绩效评价的公开性、科学性和可操作性。本书所采用的体育公共服务财政投入产出指标及数据均来自国家体育总局体育经济司编的《体育事业统计年鉴》，保障了数据来源的权威性。

5.3.2　体育公共服务财政支出绩效评价指标体系构建

体育公共服务财政支出绩效能否得到合理评价，很大程度上取决于是否科学有效地选取了各个投入指标和产出指标。体育公共服务财政支出绩效评价选取的指标数量不宜过多，要适量，DEA 方法则要求决策单元的数量至少是投入、产出项数之和的两倍①，这样才能保证评估的效率值更具有客观性。本书在选取投入指标和产出指标时，借鉴了已有的有关体育财政支出绩效评价的研究，同时参照了财政部《2015 年政府收支分类科目》中的科目分类，并考虑了数据的可获取性及连续性，在此基础上构建了体育公共服务财政支出效率评价的 DEA 模型，共包括 2 个投入指标、4 个产出指标。由于 2014 年的《体育事业统计年鉴》有关体育事业经费支出的科目发生了变化，故 2013—2014 年体育公共服务财政支出科目有了相应调整（表 5-2、表 5-3）。

表 5-2　2009—2012 年体育公共服务财政投入产出指标体系

类型	指标名称	单位	备注
投入指标	体育事业经费支出	万元	反映地方体育事业支出总量
	体育事业经费支出占财政支出比重	%	反映地方体育事业投入强度
产出指标	体育社团	个	反映地方体育事业产出结果
	体育俱乐部	个	反映地方体育事业产出结果
	国民体质本年度受测人数	人	反映地方体育事业产出结果
	公益性社会体育指导员	人	反映地方体育事业产出结果

表 5-3　2013—2016 年体育公共服务财政投入产出指标体系

类型	指标名称	单位	备注
投入指标	体育事业经费支出	万元	反映地方体育事业支出总量
	体育事业经费支出占财政支出比重	%	反映地方体育事业投入强度

① 杨会良，杨雅旭，张伟达. 京津冀高校教育财政投入产出效率研究：基于 DEA 模型的分析[J]. 经济研究参考，2017(28)：3-8.

续表5-3

类型	指标名称	单位	备注
产出指标	健身场地设施	个	反映地方体育事业产出结果
	体育社会组织	个	反映地方体育事业产出结果
	国民体质本年度受测人数	人	反映地方体育事业产出结果
	青少年体育活动组织及体育俱乐部	个	反映地方体育事业产出结果

5.3.3 数据来源

本书体育事业经费支出及产出指标数据均来源于2010—2017年的《体育事业统计年鉴》，财政支出数据来源于国家统计局官方网站，体育事业经费支出占财政支出比重根据体育事业经费支出额与财政支出额计算而得。2008—2012年由于西藏部分数据的缺失，本书以除西藏外的30个省(区、市)为样本进行分析；2013—2016年，本书对31个省(区、市)的体育公共服务财政支出绩效进行分析(相关年份的投入产出原始数据见附录1)。

5.4 实证结果与分析

运用DEA-Solver Pro 9.0软件对2009—2016年我国体育公共服务相关指标投入和产出原始数据求解模型的结果(表5-4、表5-5、表5-6、表5-7、表5-8、表5-9)。

表5-4 2009—2012年体育公共服务财政支出效率

项目	2009年				2010年			
	综合效率	纯技术效率	规模效率	规模报酬	综合效率	纯技术效率	规模效率	规模报酬
北京	0.218	0.262	0.834	不变	0.284	0.318	0.892	不变
天津	0.231	0.258	0.897	不变	0.224	0.235	0.955	不变
河北	0.943	1	0.943	递增	1	1	1	不变
山西	0.64	0.646	0.991	递增	0.955	1	0.955	递减

续表5-4

项目	2009 年				2010 年			
	综合效率	纯技术效率	规模效率	规模报酬	综合效率	纯技术效率	规模效率	规模报酬
内蒙古	0. 81	0. 826	0. 98	递增	0. 992	1	0. 992	递减
辽宁	0. 682	0. 692	0. 986	递增	0. 728	0. 746	0. 977	不变
吉林	0. 61	0. 668	0. 912	递增	1	1	1	不变
黑龙江	0. 221	0. 258	0. 859	不变	0. 629	0. 644	0. 977	不变
上海	0. 213	0. 225	0. 947	不变	0. 273	0. 32	0. 854	不变
江苏	1	1	1	不变	1	1	1	不变
浙江	0. 813	0. 915	0. 888	不变	0. 767	0. 827	0. 927	不变
安徽	0. 444	0. 455	0. 975	递增	0. 65	0. 662	0. 982	不变
福建	0. 211	0. 276	0. 765	不变	0. 349	0. 538	0. 648	不变
江西	0. 59	0. 601	0. 982	递增	0. 674	0. 775	0. 87	不变
山东	1	1	1	不变	0. 769	0. 78	0. 985	不变
河南	0. 804	0. 984	0. 817	递增	0. 699	0. 706	0. 991	递增
湖北	0. 356	0. 404	0. 883	不变	0. 631	0. 658	0. 958	不变
湖南	0. 689	0. 705	0. 977	递增	1	1	1	不变
广东	0. 42	0. 526	0. 798	不变	1	1	1	不变
广西	1	1	1	不变	1	1	1	不变
海南	0. 665	1	0. 665	递增	1	1	1	不变
四川	0. 944	1	0. 944	递增	1	1	1	不变
贵州	0. 468	0. 51	0. 919	递增	0. 697	0. 748	0. 932	递减
云南	1	1	1	不变	0. 733	0. 752	0. 974	递减
重庆	0. 593	0. 618	0. 961	递增	0. 592	0. 629	0. 941	递减
陕西	0. 572	0. 6	0. 953	不变	0. 799	0. 863	0. 926	递减
甘肃	0. 409	0. 416	0. 982	递增	0. 649	0. 725	0. 895	递减
青海	0. 132	0. 162	0. 815	递增	0. 437	0. 623	0. 701	不变

续表5-4

项目	2009 年				2010 年			
	综合效率	纯技术效率	规模效率	规模报酬	综合效率	纯技术效率	规模效率	规模报酬
宁夏	0. 24	0. 279	0. 858	递增	0. 288	0. 307	0. 937	递减
新疆	0. 325	0. 333	0. 976	递增	0. 464	0. 49	0. 949	不变
均值	0. 575	0. 621	0. 917	—	0. 71	0. 745	0. 941	—

项目	2011 年				2012 年			
	综合效率	纯技术效率	规模效率	规模报酬	综合效率	纯技术效率	规模效率	规模报酬
北京	0. 363	0. 369	0. 984	不变	0. 278	0. 335	0. 829	递减
天津	0. 219	0. 224	0. 977	递增	0. 307	0. 320	0. 959	递减
河北	0. 816	0. 941	0. 867	递增	1	1	1	不变
山西	0. 945	0. 987	0. 958	递增	1	1	1	不变
内蒙古	0. 812	1	0. 812	递增	0. 845	1	0. 845	递增
辽宁	0. 816	0. 828	0. 986	不变	0. 936	1	0. 936	递减
吉林	0. 681	0. 682	0. 998	递增	0. 557	0. 579	0. 962	递增
黑龙江	0. 423	0. 424	0. 998	递增	0. 486	0. 486	0. 999	递减
上海	0. 329	0. 337	0. 974	不变	0. 359	0. 408	0. 882	递减
江苏	1	1	1	不变	1	1	1	不变
浙江	1	1	1	不变	1	1	1	不变
安徽	0. 77	1	0. 77	递增	1	1	1	不变
福建	0. 352	0. 461	0. 764	不变	0. 38	0. 516	0. 736	递减
江西	0. 804	0. 834	0. 965	不变	0. 669	0. 704	0. 95	递增
山东	0. 918	0. 978	0. 939	不变	0. 841	0. 858	0. 98	不变
河南	1	1	1	不变	1	1	1	不变
湖北	0. 738	0. 751	0. 982	递增	0. 488	0. 546	0. 894	递减
湖南	0. 853	1	0. 853	递增	0. 906	0. 906	0. 999	递减
广东	0. 562	0. 825	0. 682	不变	1	1	1	不变

续表 5-4

项目	2011 年				2012 年			
	综合效率	纯技术效率	规模效率	规模报酬	综合效率	纯技术效率	规模效率	规模报酬
广西	1	1	1	不变	1	1	1	不变
海南	0. 319	0. 605	0. 526	递增	0. 344	0. 692	0. 498	递增
四川	1	1	1	不变	1	1	1	不变
贵州	0. 722	0. 78	0. 925	递增	0. 595	0. 619	0. 961	递增
云南	0. 571	0. 634	0. 902	不变	0. 87	0. 903	0. 963	递减
重庆	0. 724	0. 761	0. 951	递增	0. 562	0. 617	0. 912	递增
陕西	0. 525	0. 558	0. 94	递增	0. 626	0. 672	0. 932	递增
甘肃	1	1	1	不变	0. 534	0. 604	0. 885	递增
青海	0. 247	1	0. 247	递增	0. 259	1	0. 259	递增
宁夏	0. 414	1	0. 414	递增	0. 535	1	0. 535	递增
新疆	0. 259	0. 359	0. 721	递增	0. 285	0. 292	0. 975	递增
均值	0. 673	0. 778	0. 871	—	0. 689	0. 768	0. 896	—

表 5-5　2013—2016 年体育公共服务财政支出效率

项目	2013 年				2014 年			
	综合效率	纯技术效率	规模效率	规模报酬	综合效率	纯技术效率	规模效率	规模报酬
北京	0. 356	0. 468	0. 761	递减	0. 308	0. 375	0. 821	不变
天津	0. 337	0. 411	0. 82	递减	0. 394	0. 405	0. 974	不变
河北	0. 663	0. 717	0. 925	递减	0. 484	0. 485	0. 998	递增
山西	1	1	1	不变	0. 418	0. 418	1	递增
内蒙古	0. 511	0. 513	0. 998	递增	0. 371	0. 388	0. 957	不变
辽宁	0. 878	0. 918	0. 957	递减	0. 71	0. 712	0. 996	不变
吉林	0. 892	0. 894	0. 998	不变	1	1	1	不变
黑龙江	0. 633	0. 636	0. 996	不变	0. 356	0. 359	0. 991	递增

续表5-5

项目	2013 年				2014 年			
	综合效率	纯技术效率	规模效率	规模报酬	综合效率	纯技术效率	规模效率	规模报酬
上海	1	1	1	不变	0. 761	0. 784	0. 971	不变
江苏	0. 79	1	0. 79	递减	0. 926	1	0. 926	递减
浙江	0. 575	0. 941	0. 611	递减	0. 577	0. 732	0. 788	递减
安徽	0. 941	0. 941	1	不变	1	1	1	不变
福建	0. 221	0. 433	0. 511	递减	0. 382	0. 455	0. 838	递减
江西	0. 962	0. 965	0. 997	不变	1	1	1	不变
山东	1	1	1	不变	1	1	1	不变
河南	1	1	1	不变	1	1	1	不变
湖北	0. 323	0. 502	0. 644	递减	0. 291	0. 372	0. 782	递减
湖南	0. 613	0. 636	0. 964	递减	0. 624	0. 626	0. 996	递增
广东	0. 816	0. 97	0. 841	递减	0. 597	0. 825	0. 724	不变
广西	0. 553	0. 554	0. 998	不变	0. 605	0. 633	0. 955	不变
海南	0. 197	0. 204	0. 966	递增	0. 19	0. 202	0. 943	递增
重庆	0. 966	0. 973	0. 993	不变	0. 957	1	0. 957	递增
四川	1	1	1	不变	1	1	1	不变
贵州	0. 464	0. 487	0. 952	递增	0. 434	0. 438	0. 993	递增
云南	1	1	1	不变	0. 36	0. 404	0. 892	递减
西藏	1	1	1	不变	0. 864	1	0. 864	递增
陕西	0. 702	0. 712	0. 986	递减	0. 461	0. 47	0. 982	不变
甘肃	0. 829	0. 837	0. 991	不变	0. 488	0. 488	0. 999	递增
青海	0. 844	0. 932	0. 905	递增	0. 672	0. 728	0. 923	递增
宁夏	1	1	1	不变	0. 485	0. 485	1	递增
新疆	0. 282	0. 286	0. 986	递减	0. 189	0. 195	0. 968	不变
均值	0. 721	0. 772	0. 922	—	0. 61	0. 644	0. 943	—

续表 5-5

项目	2015 年				2016 年			
	综合效率	纯技术效率	规模效率	规模报酬	综合效率	纯技术效率	规模效率	规模报酬
北京	0. 122	0. 234	0. 521	递减	0. 203	0. 263	0. 772	递减
天津	0. 34	0. 39	0. 872	递减	0. 34	0. 361	0. 942	递减
河北	0. 428	0. 537	0. 797	递减	0. 66	0. 774	0. 853	递减
山西	0. 46	0. 487	0. 945	递减	0. 443	0. 483	0. 917	递减
内蒙古	0. 328	0. 411	0. 798	递减	0. 359	0. 431	0. 833	递减
辽宁	1	1	1	不变	0. 642	0. 693	0. 926	递减
吉林	0. 64	0. 641	0. 998	递增	0. 901	0. 916	0. 984	递增
黑龙江	0. 456	0. 504	0. 905	递减	0. 481	0. 539	0. 892	递减
上海	0. 609	0. 723	0. 842	递减	0. 732	0. 777	0. 942	递减
江苏	0. 721	1	0. 721	递减	0. 839	1	0. 839	递减
浙江	0. 613	1	0. 613	递减	0. 947	1	0. 947	递减
安徽	0. 656	0. 73	0. 899	递减	1	1	1	不变
福建	0. 284	0. 474	0. 599	递减	0. 297	0. 426	0. 697	递减
江西	1	1	1	不变	0. 863	0. 952	0. 907	递增
山东	0. 988	1	0. 988	递减	0. 882	1	0. 882	递减
河南	1	1	1	不变	1	1	1	不变
湖北	0. 366	0. 526	0. 696	递减	0. 542	0. 661	0. 82	递减
湖南	0. 85	0. 863	0. 985	递减	1	1	1	不变
广东	0. 358	0. 664	0. 539	递减	0. 893	1	0. 893	递减
广西	0. 266	0. 337	0. 789	递减	0. 365	0. 636	0. 574	递减
海南	0. 294	0. 658	0. 447	递增	0. 242	0. 283	0. 855	递增
重庆	0. 402	0. 419	0. 959	递增	0. 557	0. 557	1	递增
四川	0. 618	0. 923	0. 67	递减	1	1	1	不变
贵州	0. 346	0. 387	0. 894	递减	0. 317	0. 355	0. 893	递减

续表5-5

项目	2015 年				2016 年			
	综合效率	纯技术效率	规模效率	规模报酬	综合效率	纯技术效率	规模效率	规模报酬
云南	0. 331	0. 407	0. 813	递减	0. 514	0. 536	0. 959	递减
西藏	0. 355	1	0. 355	递增	0. 607	1	0. 607	递增
陕西	0. 256	0. 288	0. 889	递减	0. 334	0. 358	0. 933	递减
甘肃	0. 371	0. 415	0. 894	递减	0. 999	1	0. 999	递增
青海	0. 228	0. 286	0. 797	递增	0. 387	0. 415	0. 933	递增
宁夏	0. 865	1	0. 865	递增	0. 611	0. 796	0. 768	递增
新疆	0. 323	0. 341	0. 947	递增	0. 179	0. 199	0. 899	递减
均值	0. 512	0. 634	0. 808	—	0. 617	0. 691	0. 886	—

表 5-6 2009—2012 年体育公共服务财政投入冗余情况

地区	2009 年		2010 年		2011 年		2012 年	
	S_1^-	S_2^-	S_1^-	S_2^-	S_1^-	S_2^-	S_1^-	S_2^-
北京	0	0	0	0	0	0. 111228	0	0. 165331
天津	0	0. 213663	0	0. 162283	0	0. 348606	0	0. 357233
河北	0	0	0	0	0	0	0	0
山西	0	0. 022463	0	0	0	0. 013705	0	0
内蒙古	0	0	0	0	0	0	0	0. 002116
辽宁	0	0	0	0	0	0	0	0. 047241
吉林	0	0. 149899	0	0	0	0. 196929	0	0. 062664
黑龙江	0	0	0	0	0	0. 04716	0	0. 071277
上海	0	0	0	0	0	0. 022997	0	0. 074388
江苏	0	0	0	0	0	0	0	0
浙江	0	0	0	0	0	0	0	0
安徽	0	0	0	0	0	0	0	0

续表5-6

地区	2009 年		2010 年		2011 年		2012 年	
	S_1^-	S_2^-	S_1^-	S_2^-	S_1^-	S_2^-	S_1^-	S_2^-
福建	0	0. 154277	0	0	0	0. 110901	0	0. 176294
江西	0	0. 032895	0	0	0	0. 034729	0	0. 077605
山东	0	0	0	0	0	0	0	0
河南	0	0	0	0	0	0	0	0
湖北	0	0	0	0	0	0. 068267	0	0. 047859
湖南	0	0	0	0	0	0	0	0
广东	34402. 8	0	0	0	69328. 9	0	0	0
广西	0	0	0	0	0	0	0	0
海南	0	0. 152174	0	0	0	0. 296913	0	0. 31911
四川	0	0	0	0	0	0	0	0
贵州	0	0. 066427	0	0	0	0. 116699	0	0. 0655
云南	0	0	0	0	0	0	0	0. 103415
重庆	0	0. 075759	0	0	0	0. 11691	0	0. 108732
陕西	0	0	0	0	0	0	0	0. 0866
甘肃	0	0. 101428	0	0	0	0	0	0. 192133
青海	0	0. 237427	0	0. 167739	0	0. 142433	0	0. 123402
宁夏	0	0. 354821	0	0. 166114	0	0. 254207	0	0. 266997
新疆	0	0. 084343	0	0	0	0. 026671	0	0. 039543

注：S_1^- 表示投入指标“体育事业经费支出”的松弛变量，S_2^- 表示投入指标“体育事业经费支出占财政支出比重”的松弛变量。

表 5-7　2013—2016 年体育公共服务财政投入冗余情况

地区	2013 年		2014 年		2015 年		2016 年	
	S_1^-	S_2^-	S_1^-	S_2^-	S_1^-	S_2^-	S_1^-	S_2^-
北京	0	0.016005	0	0	0	0.067854	0	0
天津	0	0	0	0.071911	0	0.174971	0	0.109766
河北	0	0	0	0.113765	0	0.005867	0	0.047434
山西	0	0	0	0.114598	0	0.133186	0	0.182338
内蒙古	0	0.010364	0	0.077007	0	0.107106	0	0.120879
辽宁	0	0	0	0	0	0	0	0.072382
吉林	0	0	0	0	0	0.135931	0	0.090733
黑龙江	0	0.103726	0	0.151071	0	0.095067	0	0.117739
上海	0	0	0	0	0	0.016576	0	0
江苏	102834.2	0	79615.2	0	105841.3	0	84148.3	0
浙江	0	0	0	0	0	0.008499	0	0
安徽	0	0	0	0	0	0.044447	0	0
福建	0	0.230592	0	0.181733	0	0.226925	0	0.226
江西	0	0	0	0	0	0	0	0.061224
山东	0	0	0	0	51927.8	0	45027.5	0
河南	0	0	0	0	0	0	0	0
湖北	0	0.047462	0	0.050556	0	0	0	0.030958
湖南	0	0.010433	0	0.050376	0	0	0	0
广东	107045.5	0	93958	0	198183.1	0	207420.3	0
广西	0	0.073015	0	0.167253	0	0.091409	0	0.173685
海南	0	0.423551	0	0.401107	0	0.232829	0	0.309685
重庆	0	0	0	0.003239	0	0.082514	0	0.076906
四川	0	0	0	0	16847.2	0	0	0
贵州	0	0.01288	0	0.077056	0	0.107337	0	0.122977

续表5-7

地区	2013 年		2014 年		2015 年		2016 年	
	S_1^-	S_2^-	S_1^-	S_2^-	S_1^-	S_2^-	S_1^-	S_2^-
云南	0	0	0	0.047015	0	0.067656	0	0.069101
西藏	0	0	0	0.125454	0	0.164496	0	0.105266
陕西	0	0.073723	0	0.051502	0	0.075403	0	0.112497
甘肃	0	0.12032	0	0.133769	0	0.190108	0	0.121834
青海	0	0.000567	0	0.188466	0	0.283358	0	0.302935
宁夏	0	0	0	0.541591	0	0.221171	0	0.21868
新疆	0	0.107407	0	0.101793	0	0.064236	0	0.119344

注：S_1^- 表示投入指标“体育事业经费支出”的松弛变量，S_2^- 表示投入指标“体育事业经费支出占财政支出比重”的松弛变量。

表 5-8　2009—2012 年体育公共服务财政投入产出不足情况

地区	2009 年				2010 年			
	S_1^+	S_2^+	S_3^+	S_4^+	S_1^+	S_2^+	S_3^+	S_4^+
北京	0	1973.021	0	0	702.272	2201.906	117616.526	0
天津	394.295	139.114	163080.758	0	358.425	313.153	138310.478	0
河北	0	211.356	43364.447	0	0	0	0	0
山西	0	195.16	134175.674	0	0	324.603	40865.629	0
内蒙古	0	204.726	115852.901	0	0	207.214	34988.212	15541.878
辽宁	0	306.179	89992.512	0	0	1061.518	81022.134	0
吉林	0	0	76882.707	7262.217	0	0	0	0
黑龙江	0	0	245592.954	0	0	339.289	154347.936	0
上海	0	3435.562	0	0	222.531	512.844	0	0
江苏	0	0	0	0	0	0	0	0
浙江	0	504.54	119852.279	0	0	2700.9	226434.802	0

续表5-8

地区	2009 年				2010 年			
	S_1^+	S_2^+	S_3^+	S_4^+	S_1^+	S_2^+	S_3^+	S_4^+
安徽	0	0	54630.301	0	0	45.37	34960.442	0
福建	0	147.961	262623.123	0	0	270.791	171987.135	0
江西	0	0	0	17664.172	0	152.359	0	46602.242
山东	0	0	0	0	242.25	4573.361	134753.75	0
河南	0	2167.187	0	8127.828	0	1240.853	4654.27	0
湖北	0	473.893	110095.362	0	0	311.747	11436.771	0
湖南	0	0	31395.917	0	0	0	0	0
广东	0	8407.845	125797.258	0	0	0	0	0
广西	0	0	0	0	0	0	0	0
海南	0	0	22054.822	0	0	0	0	0
四川	0	4173.802	0	23621.129	0	0	0	0
贵州	0	0	76148.331	0	0	85.455	1755.191	0
云南	0	0	0	0	0	379.928	69436.262	3436.23
重庆	0	0	68842.946	0	0	27.522	28748.316	0
陕西	0	283.093	123278.957	0	0	522.126	67284.83	1869.892
甘肃	0	88.752	99139.365	0	0	113.451	42964.301	0
青海	0	0	22972.591	0	138.526	95.693	0	13421.354
宁夏	0	0	54217.002	0	0	0	0	637.291
新疆	0	0	79188.489	0	0	135.152	0	24525.319

地区	2011 年				2012 年			
	S_1^+	S_2^+	S_3^+	S_4^+	S_1^+	S_2^+	S_3^+	S_4^+
北京	935.879	262.212	0	0	3001.048	0	0	39043.018
天津	0	384.286	0	0	1890.398	291.03	0	23846.405
河北	0	85.056	17404.959	0	0	0	0	0

续表 5-8

地区	2011 年				2012 年			
	S_1^+	S_2^+	S_3^+	S_4^+	S_1^+	S_2^+	S_3^+	S_4^+
山西	264.704	175.778	6415.425	0	0	0	0	0
内蒙古	0	0	0	12427.435	0	0	0	0
辽宁	0	89.975	11412.523	0	2186.593	0	0	57610.7
吉林	0	0	0	30620.631	0	51.31	0	0
黑龙江	0	0	0	24618.84	0	0	0	0
上海	1430.726	1050.657	0	0	2985.881	656.123	0	53308.007
江苏	0	0	0	0	0	0	0	0
浙江	0	0	0	0	0	0	0	0
安徽	0	0	23615.092	0	0	0	0	0
福建	1787.607	0	0	0	0	0	0	0
江西	0	0	0	16932.388	0	0	0	11017.668
山东	723.877	1253.286	0	0	0	0	0	0
河南	0	0	0	0	0	0	0	0
湖北	0	166.388	0	0	0	0	0	0
湖南	0	0	53388.445	0	0	0	49213.93	0
广东	0	5778.028	92716.18	0	0	0	0	0
广西	0	0	0	0	0	0	0	0
海南	0	0	4081.603	8523.398	4.652	0	0	9208.731
四川	0	0	0	0	0	0	0	0
贵州	0	67.415	0	0	0	83.52	4019.826	0
云南	0	123.014	0	7759.568	1282.182	345.377	0	55716.274
重庆	0	130.304	0	0	0	0	0	0
陕西	539.613	371.757	1136.11	0	230.429	27.868	0	22900.172
甘肃	0	0	0	0	0	209.691	0	1301.834

续表5-8

地区	2011 年				2012 年			
	S_1^+	S_2^+	S_3^+	S_4^+	S_1^+	S_2^+	S_3^+	S_4^+
青海	84.659	0	0	0	0	0	2902.117	0
宁夏	0	0	1751.807	5844.349	0	0	9048.566	0
新疆	222.311	192.963	0	0	0	109.086	0	0

注：S_1^+ 表示产出指标“体育社团”的松弛变量，S_2^+ 表示产出指标“体育俱乐部”的松弛变量，S_3^+ 表示产出指标“国民体质本年度受测人数”的松弛变量，S_4^+ 表示产出指标“公益性社会体育指导员”的松弛变量。

表 5-9　2013—2016 年体育公共服务财政投入产出不足情况

地区	2013 年				2014 年			
	S_1^+	S_2^+	S_3^+	S_4^+	S_1^+	S_2^+	S_3^+	S_4^+
北京	414.155	513.943	0	0	0	1664.395	17503.667	0
天津	0	394.639	72435.85	0	0	929.272	71753.923	0
河北	0	129.808	23181.48	0	0	144.149	243226.612	0
山西	0	0	0	0	4431.225	0	0	0
内蒙古	5130.353	0	67955.593	0	10410.375	0	153449.582	0
辽宁	6814.388	1343.114	0	0	0	0	0	0
吉林	4301.969	0	60153.499	0	0	0	0	0
黑龙江	3186.582	0	0	412.602	0	0	0	0
上海	0	0	0	0	1690.59	1203.379	26279.866	0
江苏	17301.886	844.644	0	0	13937.559	0	197778.443	0
浙江	0	270.839	0	0	2809.136	0	0	0
安徽	3363.484	0	134902.069	0	0	0	0	0
福建	22074.327	0	499946.154	0	10273.359	0	0	0
江西	2339.5	0	52284.106	0	0	0	0	0
山东	0	0	0	0	0	0	0	0

续表5-9

地区	2013 年				2014 年			
	S_1^+	S_2^+	S_3^+	S_4^+	S_1^+	S_2^+	S_3^+	S_4^+
河南	0	0	0	0	0	0	0	0
湖北	0	0	49281. 82	899. 206	0	0	0	0
湖南	2569. 991	0	84423. 548	0	0	580. 227	0	0
广东	13929. 906	2213. 48	0	0	1114. 611	397. 616	0	0
广西	0	0	0	0	0	2594. 68	147576. 513	0
海南	0	0	110150. 017	75. 67	141. 882	0	0	0
重庆	678. 51	0	14753. 701	0	0	239. 467	0	0
四川	0	0	0	0	0	0	0	0
贵州	0	0	15131. 272	189. 567	0	0	125076. 842	0
云南	0	0	0	0	3564. 202	0	0	0
西藏	0	0	0	0	0	168. 174	21927. 583	0
陕西	3325. 693	0	0	0	2007. 585	0	0	0
甘肃	143. 576	0	0	0	0	0	0	0
青海	346. 89	0	3373. 247	0	0	100. 024	27346. 078	0
宁夏	0	0	0	0	0	158. 68	0	0
新疆	342. 849	0	0	0	1080. 206	0	0	0

地区	2015 年				2016 年			
	S_1^+	S_2^+	S_3^+	S_4^+	S_1^+	S_2^+	S_3^+	S_4^+
北京	7311. 593	1163. 386	340474. 718	0	0	2416. 206	102072. 294	0
天津	7699. 106	2318. 139	416772. 306	0	2294. 793	1432. 301	42873. 19	0
河北	0	0	145024. 535	10. 623	0	2113. 72	575969. 646	0
山西	1929. 443	0	309928. 418	685. 725	1874. 257	0	388706. 106	300. 92
内蒙古	6014. 463	0	424713. 201	794. 14	1160. 158	0	460601. 68	236. 057
辽宁	0	0	0	0	4086. 673	1376. 245	0	0

续表 5-9

地区	2015 年				2016 年			
	S_1^+	S_2^+	S_3^+	S_4^+	S_1^+	S_2^+	S_3^+	S_4^+
吉林	4631.474	1312.19	223932.504	0	2349.497	757.409	0	0
黑龙江	0	0	155751.895	390.758	0	975.581	7255.057	0
上海	8727.74	2474.404	95932.225	0	7051.658	2872.181	0	0
江苏	8941.556	0	424358.79	1588.243	9430.036	0	362108.966	0
浙江	14057.608	2937.287	510570.786	0	5555.613	1092.693	0	0
安徽	2908.567	248.007	127450.979	0	0	0	0	0
福建	10974.294	0	439673.204	2162.568	8313.933	0	328563.2	423.317
江西	0	0	0	0	3292.596	0	155877.812	449.271
山东	0	3881.554	864281.432	1918.788	0	2802.228	723801.904	130.953
河南	0	0	0	0	0	0	0	0
湖北	0	374.217	425059.711	139.351	0	1775.189	444912.564	0
湖南	0	1340.841	312225.02	1063.14	0	0	0	0
广东	3988.909	705.989	0	0	0	1230.61	103518.343	0
广西	0	0	0	141.061	7672.182	2541.165	0	258.225
海南	1120.875	0	127836.373	264.071	72.918	0	86712.765	0
重庆	0	614.908	137006.253	0	0	892.51	46163.018	0
四川	845.3	1370.649	345250.001	0	0	0	0	0
贵州	1582.33	0	382687.498	805.556	1439.793	0	378200.233	69.346
云南	0	0	361603.389	879.248	852.088	0	274991.064	220.285
西藏	138.57	821.362	120455.969	0	0	451.199	15075.067	0
陕西	0	0	0	1011.932	0	338.92	152194.582	0
甘肃	0	1040.096	132515.558	0	0	925.959	892.15	0
青海	1170.247	0	0	559.556	0	145.518	7589.489	0

续表5-9

地区	2015 年				2016 年			
	S_1^+	S_2^+	S_3^+	S_4^+	S_1^+	S_2^+	S_3^+	S_4^+
宁夏	2118. 447	620. 269	11891. 981	0	655. 8	295. 569	0	0
新疆	0	0	40826. 373	64. 301	877. 828	0	335623. 847	0

注：S_1^+ 表示产出指标“健身场地设施”的松弛变量，S_2^+ 表示产出指标“体育社会组织”的松弛变量，S_3^+ 表示产出指标“国民体质本年度受测人数”的松弛变量，S_4^+ 表示产出指标“青少年体育活动组织及体育俱乐部”的松弛变量。

5. 4. 1　CCR 模型结果分析

5. 4. 1. 1　综合效率分析

第一，全国整体分析。

表 5-4、表 5-5、图 5-1 显示，从整体上看，我国体育公共服务财政支出综合效率值不高且反复波动，经历了先升后降再升再降再升的过程。2009—2010 年我国综合效率为增长阶段，由 2009 年的 0. 575 增长到 2010 年的 0. 710，增长率为 23. 48%；2011 年的综合效率值为 0. 673，比上年下降了 5. 21%，2012—2013 年综合效率值缓慢上升，2014—2015 年再次下降，2016 年又缓慢上升，说明我国体育公共服务的财政保障工作没有得到政府的重视，体育公共服务财政支出效率没能得到明显改善。2009—2016 年我国综合效率年均值仅为 0. 638，说明我国体育公共服务财政资金有效利用率仅 63. 8%，36. 2%的财政资金被闲置，对产出没有作出贡献。

第二，省际分析。

从各省(区、市)的体育公共服务财政支出效率看，2009—2016 年 DEA 有效，即综合效率值(TE)达到 1 的省(区、市)数量分别为 4、8、6、9、8、6、3、4，其中综合效率最高的是中部地区的河南省和西部地区的四川省，6 年 DEA 有效，仅有 2 年 DEA 无效，说明该地区体育公共服务财政支出效率已达到相对较优状态。东部地区的江苏省、西部地区的广西壮族自治区实现了 4 年 DEA 有效，东部地区的山东省、中部地区的安徽省实现了 3 年 DEA 有效。总体来看，我国没有任何一个省(区、市)体育公共服务财政支出综合效率值在整个考

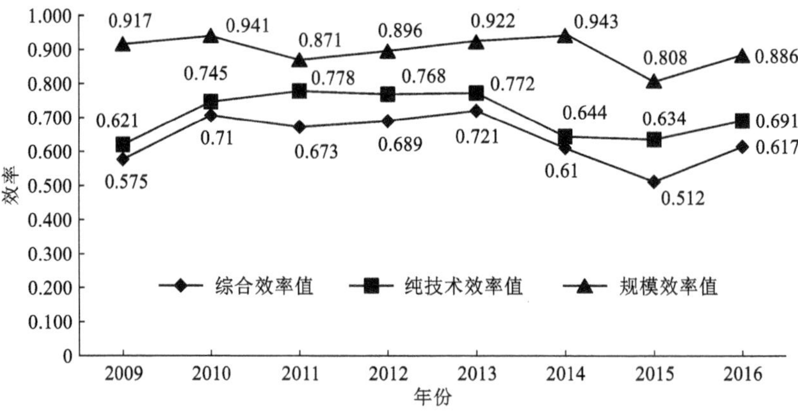

图 5-1　我国体育公共服务财政支出效率值

察期内都为 1，东、中、西部达到 DEA 有效的省(区、市)数量均较少，各年度达到 DEA 有效的省(区、市)基本不同，2012—2015 年 DEA 有效的省(区、市)数量呈减少的趋势(表 5-10)。

表 5-10　DEA 有效(综合效率值=1)的省(区、市)分布

项目	DEA 有效的省(区、市)			合计(个)
	东部地区	中部地区	西部地区	
2009 年	江苏、山东	—	广西、云南	4
2010 年	河北、江苏、广东、海南	吉林、湖南	广西、四川	8
2011 年	江苏、浙江	河南	广西、四川、甘肃	6
2012 年	河北、江苏、浙江、广东	山西、安徽、河南	广西、四川	9
2013 年	上海、山东	山西、河南	四川、云南、西藏、宁夏	8
2014 年	山东	吉林、安徽、江西、河南	四川	6
2015 年	辽宁	江西、河南	—	3
2016 年	—	安徽、河南、湖南	四川	4
6 年有效	—	河南	四川	2

续表5-10

项目	DEA 有效的省(区、市)			合计(个)
	东部地区	中部地区	西部地区	
4 年有效	江苏	—	广西	2
3 年有效	山东	安徽	—	2

为更好地了解各省(区、市)体育公共服务财政支出效率分布情况，以年平均综合效率值为临界值对各省(区、市)综合效率进行划分。从表 5-11 可以看到，2009—2012 年，30 个省(区、市)中综合效率值达到 1 的省(区、市)仅有江苏和广西，所占比例为 6.67%；综合效率值在 0.9~1 之间的省(区、市)有河北和四川，在 0.8~0.9 之间的省(区、市)分别为浙江、山东、山西、河南、湖南和内蒙古，综合效率值在 0.8~1 之间的省(区、市)所占比例为 26.67%；综合效率值在 0.662~0.8 之间的省(区、市)有辽宁、广东等 6 个，所占比例为 20%。综合效率值低于全国平均水平(0.662)的省(区、市)有 14 个，所占比例达到了 46.67%；其中东部地区有北京、天津、上海、福建、海南，中部地区有黑龙江和湖北，西部地区有贵州、重庆、陕西等 7 省(区、市)。

表 5-11　2009—2012 年平均综合效率值省(区、市)分布

综合效率值	东部地区	中部地区	西部地区
1	江苏	—	广西
0.9~1	河北	—	四川
0.8~0.9	浙江、山东	山西、河南、湖南	内蒙古
0.662~0.8	辽宁、广东	吉林、安徽、江西	云南
低于 0.662	北京、天津、上海、福建、海南	黑龙江、湖北	贵州、重庆、陕西、甘肃、青海、宁夏、新疆

从表 5-12 可知，2013—2016 年，综合效率值达到 1 的省(区、市)仅有河南省，占 31 个省(区、市)的 3.23%；综合效率值在 0.9~1 之间的省(区、市)有山东、江西和四川，在 0.8~0.9 之间的省(区、市)有辽宁、江苏、吉林和安徽，综合效率值在 0.8~1 之间的省(区、市)所占比例为 22.58%；综合效率

值在0.615~0.8之间的省(区、市)有上海、浙江、广东等8个,所占比例为25.81%。综合效率值低于全国平均水平(0.615)的省(区、市)有15个,所占比例达到48.39%,其中东部地区5个、中部地区3个、西部地区7个。

表5-12 2013—2016年平均综合效率省(区、市)分布

综合效率值	东部地区	中部地区	西部地区
1	—	河南	—
0.9~1	山东	江西	四川
0.8~0.9	辽宁、江苏	吉林、安徽	—
0.615~0.8	上海、浙江、广东	湖南	重庆、西藏、甘肃、宁夏
低于0.615	北京、天津、河北、福建、海南	黑龙江、湖北、山西	内蒙古、广西、贵州、云南、陕西、青海、新疆

2009—2012年我国体育公共服务财政投入的综合效率年均值为0.662,2013—2016年综合效率年均值为0.615,比2009—2012年减少了0.047,我国地方体育公共服务财政支出的效率普遍较低。综合效率值虽没有达到1但达到了0.8及以上的省(区、市)①,体育公共服务资源配置较合理,体育公共服务财政支出资金得到了较好的利用,但还需要改进和提高。综合效率值低于平均水平的省(区、市),分值越低的省(区、市)体育公共服务财政资源配置和利用就越不合理,需要改进和提高的方面就越多。2009—2016年体育公共服务综合效率的标准差年均值为0.266,说明地方体育公共服务财政支出效率存在较大的差异,2009—2012年,综合效率值最低的是天津,仅为0.245;2013—2016年综合效率值最低的是海南,仅为0.231。

5.4.1.2 投入冗余分析

第一,体育公共服务财政投入冗余。

从表5-6和表5-7可以看到,体育公共服务财政投入冗余的有广东、江

① 周红梅,李明贤.基于DEA模型的湖南省财政支农支出效率评价[J].农业现代化研究,2016,37(2):284-289.

苏、山东、四川。广东省分别于 2009 年、2011 年、2013 年、2014 年、2015 年、2016 年出现冗余，江苏于 2013—2016 年出现冗余，山东于 2015—2016 年出现冗余，四川于 2015 年出现冗余。这 4 省在投入冗余相应年份里的体育公共服务财政支出综合效率值均小于 1，而且出现产出不足，说明这 4 省现有财政投入资金没有得到充分利用。以广东省为例，按照现有的体育公共服务财政投入产出冗余情况，广东省 2009 年、2011 年、2013 年、2014 年、2015 年、2016 年体育事业经费支出应分别减少 34402. 8 万元、69328. 9 万元、107045. 5 万元、93958. 0 万元、198183. 1 万元、207420. 3 万元，以避免财政资金浪费。

第二，体育公共服务财政投入强度冗余。

从表 5-6、表 5-7 及表 5-13 可以发现，2009—2016 年体育公共服务财政投入强度冗余的省(区、市)共有 26 个，占 31 个省(区、市)的 83. 87%，其中东部地区 8 个、中部地区 8 个、西部地区 10 个。8 年中都出现投入强度冗余的有青海省；出现 7 年投入强度冗余的有天津、福建、海南、贵州、宁夏、新疆；出现 6 年投入强度冗余的有重庆、甘肃；出现 5 年投入强度冗余的有内蒙古、吉林、山西、黑龙江、湖北、陕西；出现 4 年投入强度冗余的有北京、江西、广西、云南；出现 3 年投入强度冗余的有河北、上海和西藏(由于数据缺失，只对其 2013—2016 年的体育事业经费支出效率进行了评价)；出现 2 年投入强度冗余的有辽宁、湖南；出现 1 年投入强度冗余的有浙江、安徽。这些地区效率值均小于 1，且绝大多数省(区、市)产出存在不足现象，说明这些地区体育公共服务财政投入存在无效的情况，现有体育公共服务财政资金没有充分发挥作用。

表 5-13　体育事业经费支出强度冗余的省(区、市)分布

类型	东部地区	中部地区	西部地区	合计(个)
8 年冗余	—	—	青海	1
7 年冗余	天津、福建、海南	—	贵州、宁夏、新疆	6
6 年冗余	—	—	重庆、甘肃	2
5 年冗余	—	吉林、山西、黑龙江、湖北	内蒙古、陕西	6
4 年冗余	北京	江西	广西、云南	4
3 年冗余	河北、上海	—	西藏	3

续表5-13

类型	东部地区	中部地区	西部地区	合计(个)
2 年冗余	辽宁	湖南	—	2
1 年冗余	浙江	安徽	—	2

5.4.1.3 产出不足分析

从表 5-8 可以看到，体育公共服务财政支出普遍出现产出不足，特别是体育俱乐部和国民体质本年度受测人数产出在 2009 年和 2010 年出现大面积不足现象。2009 年体育俱乐部产出不足的省(区、市)有北京、天津、河北、山西等 15 个地区，国民体质本年度受测人数产出不足的省(区、市)有天津、河北、山西、内蒙古等 21 个地区；2010 年体育俱乐部产出不足的省(区、市)有北京、天津、山西、内蒙古等 21 个地区，国民体质本年度受测人数产出不足的省(区、市)有北京、天津、山西、内蒙古等 17 个地区。

北京市体育社团产出不足的年份为 2010—2012 年，需分别增加约 702 个、936 个和 3001 个才能达到目标值，财政资金才能得到有效利用；体育俱乐部产出不足的年份为 2009—2011 年，需分别增加约 1973 个、2202 个、262 个才能达到目标值；国民体质本年度受测人数产出不足出现在 2010 年，需增加约 117617 人才能达到目标值；公益性社会体育指导员产出不足出现在 2012 年，需增加约 39043 人才能达到目标值。同理，天津、河北、山西等省(区、市)在其 DEA 无效①年份里根据其产出不足需增加表 5-8 中对应的体育公共服务具体差距数额，以此为依据重新规划资源的流向，进而提高体育公共服务财政投入产出的转化率。

从表 5-9 可以发现，2013—2016 年体育公共服务财政支出也同样出现大面积产出不足，主要表现在健身场地设施、体育社会组织、国民体质本年度受测人数三方面。2015 年健身场地设施出现不足的省(区、市)有北京、天津、山西、内蒙古、吉林、上海等 17 个地区，体育社会组织出现不足的省(区、市)有北京、天津、吉林、上海、浙江等 15 个地区，国民体质本年度受测人数出现不足的省(区、市)有北京、天津、河北、山西、内蒙古等 24 个地区，青少年体育

① 每年评价的综合效率值达到 1，即为 DEA 有效，没有达到 1，则为 DEA 无效。

活动组织及体育俱乐部出现不足的省(区、市)有河北、山西、内蒙古等16个地区。2016年健身场地设施出现不足的省(区、市)有天津、山西、内蒙古、辽宁、吉林等16个地区,体育社会组织出现不足的省(区、市)有北京、天津、河北、辽宁、吉林等18个地区,国民体质本年度受测人数出现不足的省(区、市)有北京、天津、河北、山西、内蒙古等21个地区。

北京市健身场地设施产出不足的年份为2013年和2015年,需增加约414个和7312个才能达到目标值,体育社会组织产出不足的年份为2013—2016年,应分别增加约514个、1664个、1163个和2416个才能达到目标值,国民体质本年度受测人数出现不足的年份为2014—2016年,应分别增加约17504人、340475人和102072人才能达到目标值。同理,其他省(区、市)在其DEA无效年份里根据其产出不足需增加表5-9中对应的体育公共服务具体差距数额。各省(区、市)体育公共服务财政投入产出不足是投入冗余综合作用下的结果,如地方体育公共服务财政资金配置不合理,财政投入要素没有完全转化为产出,体育主管部门仍存在"唯金牌论"的思想等。

5.4.2 BCC模型结果分析

BCC模型将综合效率分解为纯技术效率和规模效率,用于进一步分析决策单元无效是因为纯技术效率问题还是规模效率问题。

5.4.2.1 纯技术效率分析

纯技术效率反映各地区体育公共服务财政投入配比是否合适,可以测度出某一地区的投入是否达到了产出最大化,反映体育公共服务财政管理水平状况。从图5-1可以看到,2009—2016年我国纯技术效率经历了先升、再降、再升、再降、再升的过程,从2009年的0.621增长到2011年的0.778,之后下降到2012年的0.768,再小幅增长到2013年的0.772,再下降到2015年的0.634,2016年又小幅上升到0.691。8年纯技术效率均值为0.707,表明我国体育公共服务70.7%的财政投入得到有效的利用,尚有29.3%的财政资金被浪费,由此说明我国体育公共服务财政资金配置的纯技术效率不仅较低,而且仍存在波动和不稳定状态。

2009—2016年DEA无效但纯技术效率值为1的省(区、市)数量较少,且波动较大。从表5-14可以看出,2009年纯技术效率值为1的省(区、市)有河北、海南和四川;2010年仅有山西和内蒙古;2011年增加到5个,分别为安徽、湖南、内蒙古、青海和宁夏；但2012年又减少为4个；2013年仅江苏；2014—2016年逐年增加，2014年纯技术效率值为1的省(区、市)有江苏、重庆和西藏，2016年增加到6个。测算期纯技术效率达到4年有效的仅有江苏，达到3年有效的为内蒙古、宁夏、西藏，达到2年有效的为浙江、山东和青海，达到1年有效的有河北、海南、辽宁、广东等10省(区、市)，说明我国大部分省(区、市)体育公共服务财政资金没有得到充分利用，必须加强地方体育公共服务财政投入管理，不断提高管理水平。体育公共服务财政支出纯技术效率标准差年均值为0.26，说明地方纯技术效率仍有较大的差异。纯技术效率等于1的省(区、市)，如江苏、内蒙古等，说明这些省(区、市)在纯技术效率有效的年份里较充分利用了财政资金，管理水平较高，但DEA无效主要是因为其规模效率的影响。

表5-14　DEA无效但纯技术效率值为1的省(区、市)分布

项目	DEA无效但纯技术效率值为1的省(区、市)			合计(个)
	东部地区	中部地区	西部地区	
2009年	河北、海南	—	四川	3
2010年	—	山西	内蒙古	2
2011年	—	安徽、湖南	内蒙古、青海、宁夏	5
2012年	辽宁	—	内蒙古、青海、宁夏	4
2013年	江苏	—	—	1
2014年	江苏	—	重庆、西藏	3
2015年	江苏、浙江、山东	—	西藏、宁夏	5
2016年	江苏、浙江、山东、广东	—	西藏、甘肃	6
4年有效	江苏		—	1
3年有效	—	—	内蒙古、宁夏、西藏	3
2年有效	浙江、山东	—	青海	3
1年有效	河北、海南、辽宁、广东	山西、安徽、湖南	四川、重庆、甘肃	10

5.4.2.2　规模效率分析

规模效率是判断体育公共服务财政资源配置是否存在最优规模的重要指标，规模有效表明投入资源的规模恰到好处。从图 5-1 可以发现，2009—2016 年我国体育公共服务财政支出规模效率经历了升—降—升—降—升的过程。2009 年的规模效率为 0.917；2010 年增加到 0.941，增长了 2.62%；2011 年规模效率下降到 0.871，比上年下降了 7.44%；2012—2014 年规模效率呈增长趋势，2014 年达到 0.943，基本接近 1；2015 年规模效率为 0.808，比上年下降了 14.32%；2016 年规模效率增加到 0.886，比上年增长了 9.65%。规模效率年均值为 0.898，从表 5-4、表 5-5 可以看出，规模有效的省(区、市)除安徽(2013 年)、山西(2014 年)、宁夏(2014 年)、重庆(2016 年)外，其余年份达到规模效率有效的省(区、市)与综合效率有效的省(区、市)一致，由此可以推测出综合效率无效的原因主要在于纯技术效率无效，因此应重点加强财政资源管理水平。8 年中大部分省(区、市)体育公共服务财政支出的规模效率小于 1，2012 年规模效率为 1 的省(区、市)最多，有 9 个，占比为 30%；最少的是 2015 年，仅有 3 个省(区、市)规模效率有效，占比 9.68%。

如表 5-14 所示，DEA 无效但纯技术效率等于 1 的省(区、市)，综合效率无效是体育公共服务财政支出规模无效造成的。根据表 5-4、表 5-5，从规模报酬变化来看，2016 年处于规模报酬递减阶段的省(区、市)是江苏、浙江、山东和广东，这些省应当在调整体育公共服务财政支出方向时，通过适当控制支出规模来实现资金的有效利用；西藏和甘肃处于规模报酬递增阶段，应继续加大体育公共服务财政支出力度，以实现规模有效。对于没有达到完全有效的其他地区来说，也要增加体育公共服务财政支出规模。同理，其他年份相关省(区、市)要根据其规模报酬变化情况，相应调整其体育公共服务财政支出规模，以达到财政资源的优化配置。

5.4.2.3　规模报酬分析

规模报酬分为三种情况，即规模报酬递增、规模报酬递减和规模报酬不变。规模报酬递增是指产出增加的比例大于投入增加的比例，说明现有投入不足，应扩大投入规模；规模报酬递减则相反。规模报酬不变是指产出会随着投入的变动而同方向同比例变动，此时为规模合理有效阶段。

从表 5-15 可以发现，2009 年我国规模效率为 1 的省(区、市)有 4 个，处于规模报酬不变阶段；规模效率小于1的省(区、市)有26个，其中处于规模报酬递增阶段的省(区、市)有17个，继续增加体育公共服务财政支出规模，可获得更多的体育公共服务产出。2010年规模效率小于1的省(区、市)有22个，其中处于规模报酬递增阶段的省(区、市)有1个，处于规模报酬递减阶段的省(区、市)有8个；规模效率为1的省(区、市)有8个，处于规模报酬不变阶段。其他年份规模报酬情况见表5-15。总体来看，规模效率小于1的省(区、市)均值为24个，其中规模报酬递增的省(区、市)均值为9个，处于规模报酬递减的省(区、市)均值约为9个。值得注意的是，2015—2016年规模效率小于1中规模报酬递减的省(区、市)数量远远多于规模报酬递增的省(区、市)数量，可见当前我国除了对相关省(区、市)持续增加体育公共服务财政投入，以增加更多的体育公共服务产出来满足人民日益增长的体育公共服务需求外，还应有针对性地对规模报酬递减的省(区、市)适当控制体育公共服务财政支出规模。

表5-15　2009—2016年相关省(区、市)规模报酬情况统计　　单位：个

年份	规模效率为1			规模效率小于1		
	总数	规模报酬不变	规模报酬递增	总数	规模报酬递增	规模报酬递减
2009	4	4	0	26	17	0
2010	8	8	0	22	1	8
2011	6	6	0	24	16	0
2012	9	9	0	21	11	9
2013	9	9	0	22	4	12
2014	8	6	2	23	9	5
2015	3	3	0	28	7	21
2016	5	4	1	26	7	19

从表5-4、表5-5可知，8年中我国没有一个省(区、市)在整个考察期达到最优规模，不同年度各省的规模报酬有所不同。以河北省为例，2009年河北省规模效率小于1，规模报酬递增；2010年规模效率为1，规模报酬不变；2011年规模效率小于1，规模报酬递增；2012年规模效率为1，规模报酬不变；2013年规模效率小于1，规模报酬递减；2014年规模效率小于1，规模报酬递

增；2015—2016 年规模效率小于 1，规模报酬递减。由上可见，河北省规模效率和规模报酬都不稳定，财政资源配置效率不高。当规模效率小于 1 且处于规模报酬递增和不变阶段时，河北省应继续提高体育公共服务财政支出规模，以获得更多的产出；当规模报酬递减时，则不宜继续增加投入，而应合理整合体育公共服务财政资源，以期达到综合效率有效。

第6章 完善我国体育公共服务财政保障的政策建议

6.1 建立稳定的体育公共服务资金来源

发达国家如德国每年体育公共服务财政投入占本国 GDP 的比重在 1%以上，这还不包括社会团体自筹款，而我国体育事业经费收入占 GDP 的比重年均值仅 0.1%，体育事业经费支出占 GDP 的比重年均值只有 0.09%。我国体育公共服务长期处于投入不足的窘境，直接影响公共服务型政府的构建，因此必须拓宽筹资渠道，建立稳定的体育公共服务资金来源体系，从而不断扩大体育公共服务的资金规模，进而为体育公共服务的供给提供坚实的财力保障。

6.1.1 加大政府对体育公共服务的投入力度

公共财政的重要职能之一就是保证体育公共服务财政投入的数量和质量，这是政府体育职能部门首先要承担的法定责任。衡量体育公共服务财政投入水平的重要指标之一是体育公共服务财政投入在 GDP 中所占的比重。基于 DEA 模型的体育公共服务财政支出绩效评价结果显示，测评年度里我国大部分省(区、市)综合效率无效。根据 DEA 绩效评价的理论，对于综合效率无效的省(区、市)，如果纯技术效率和规模效率均无效且规模报酬递增，应不断加大体育公共服务财政投入规模；如果纯技术效率有效且规模报酬递增或不变，则应加大财政投入。即便是对于综合效率有效且处于规模报酬不变的地区，也要保持或提高现有投入水平。目前我国不少省(区、市)的绩效评价均处于上述综合效率无效的两种状态，为满足人民日益增长的体育公共服务需求，我国要不断加大体育公共服务的财政支出力度，政府财政支出中要把体育公共服务作为其倾斜性重点保障对象，每年在财政预算中要将财政收入超收部分更多地投入体育公共服务；建立稳定的体育公共服务财政投入增长机制，体育公共服务财政投入增长率应高于财政总支出增长率，以逐步提高体育公共服务财政投入在财政支出及 GDP 中的比重。

6.1.2　拓宽体育公共服务经费来源

社会投入是体育公共服务经费来源的重要组成部分，是均衡体育公共服务发展的必要保障。从国外经济发达国家来看，体育公共服务资金来源一般是多元化的。我国应制定相关政策充分调动社会力量的积极性，激励社会资金投入体育公共服务；要注重发挥体育公共服务财政资金的指导作用，通过投资补助、贷款、TOT(转让—经营—转让)、BOT(建设—经营—转让)、PPP(政府和社会资本合作)、基金注资等方式，实现政府与社会资本的合作，建立多元化的资金投入机制，以拓宽体育公共服务筹资渠道，使体育公共服务经费来源多元化。

国外发达国家社会捐赠是体育公共服务资金的一个重要来源。从我国体育公共服务收入来源来看，社会捐赠所占的比例非常低，我国应建立健全激励机制，制定更加优惠的税收政策，在合理范围内提高社会资金投入体育公共服务的回报率，以引导社会资金投入体育公共服务。可借鉴发达国家捐赠教育事业做法，个人和企业捐赠民生体育公共服务，允许他们以此减免或抵消其个人所得税和企业所得税，企业向民生体育公共服务捐款不足应缴税额 10%的，可在应缴税额里扣除已缴捐款，超过 10%的，给予 10%的税款减免优惠。个人和企业捐赠农村民生体育公共服务，可以对其实行更加优惠的税收政策①。参照国际通行做法，当企业和个人捐赠投入体育公共服务的资金超过其年度利润总额的 12%，允许企业和个人在 3 年或 5 年内从当年应缴税额中扣除。同时注重对积极捐赠体育公共服务的个人和企业等给予名誉鼓励，大力宣传其捐赠的行为，以扩大社会参与度②。

---

① 陈丰. 基于财政视角的城乡义务教育均衡发展研究[D]. 青岛：中国海洋大学，2014.

② 刘国余. 基于教育社会收益率的我国教育财政投入研究[D]. 大连：东北财政大学，2014.

6.1.3 培育体育产业

事业收入是我国体育事业非财政拨款收入的主要来源，提高体育事业非财政拨款收入比重的关键是大力提高事业收入。事业收入主要包括体育竞赛收入、体育技术服务收入等，这些收入都来自我国体育产业的核心产业。因此，要扩大体育事业非财政收入的相对规模，就应积极培育体育产业，这也是建设体育强国的必然要求。我国体育产业保持着较快的发展态势。2014 年我国体育产业增加值占 GDP 的比重为 0. 64%，2015 年占 GDP 的比重约为 0. 8%①，2016 年占 GDP 的比重为 0. 9%②。但与体育强国相比，我国体育产业发展还处于初级阶段，仍属于典型的“幼小产业”③。

目前我国体育产业发展存在的问题主要表现如下：一是规模不大，与发达国家相比差距较大，发达国家体育产业占 GDP 的比重约为 3. 5%；二是结构不合理，体育服务业占的比重太小，2015 年仅 49. 2%；三是体育成熟度不高，2015 年反映体育成熟度的两大核心产业即体育赛事活动和体育健身休闲活动占体育产业的比重分别为 11. 6%和 2. 3%，二者合计仅占 13. 9%，而发达国家如澳大利亚和美国，二者合计比重分别高达 63. 9%和 49. 9%④，差距显著。

我国应进一步优化体育产业结构，积极发展体育服务业，制定优惠的财政、税收和金融政策，从财政、税收、土地等方面加大政策支持力度，调动企业、公益组织和个人投资体育服务业的积极性；积极引进社会资本，大力发展竞技表演业、健身休闲业等体育服务业，逐步提高体育产业中体育服务业的比重。对于从事体育产业的公司，各地应加大政策的支持力度，如实行信贷优惠、定向扶持、减免税收和人才支持等政策，扶持公司发展壮大。设立体育产业政策性金融机构，可帮扶中西部偏远落后地区发展体育产业，有助于区域体育产业均衡发展，形成全民参与的“大体育”发展格局。小城镇在农村体育产业发展中至关重要，政府部门应充分发挥财政资金的引导作用，促进小城镇体育

① 黄道名，周民，陈丛刊，等.“供给侧改革”视域下我国体育产业的供给困境与治理对策[J]. 中国体育科技，2018，54(2)：15-20，72.

② 赵勇. 新时代中国体育产业发展战略路径和对策措施研究[J]. 体育文化导刊，2018(3)：1-7.

③ 刘远祥，孙冰川，韩炜. 促进体育产业结构优化的政策研究[J]. 山东体育学院学报，2017，33(1)：1-5.

④ 张秋珍，陈百强. 供给侧结构性改革视角下体育产业发展探讨[J]. 经济问题，2017(11)：86-89.

事业与体育产业协同发展①。建立体育产业发展基金，中央政府和各地方政府可以建立全国性或地方性的体育产业发展专项基金，同时积极鼓励并支持社会资本设立体育产业发展专项基金，还要制定明确的专项资金使用规章制度，以更好地发挥其促进我国体育产业发展的作用。

6.1.4　改进我国体育彩票法律规制的结构

6.1.4.1　设立独立、权威、高效的监管主体

鉴于我国大部制改革的国情，以及彩票行业是一个“小产业”，目前在我国单独建立一个国务院直属的部委级别的独立规制机构已不太现实。本着政府机构改革所坚持的精简机构原则，建议在财政部下设一个局级机构专司彩票监管，可考虑命名为“彩票监督管理局”，统一实施彩票规制权，同时对体育彩票管理中心进行企业化改革，剥离其所拥有的体彩发行、销售、开奖、中奖的事中监管职责，统一配置给财政部。这一改革方案既对当前体育彩票的监管体制变动不大，改革成本低，也未造成机构臃肿，还可有效解决当前体育彩票监管职权虚位的核心问题，确保彩票监督管理局规制的独立性、权威性和高效性。

在上述规制机构建立的前提下，还要建立健全相关制度，以保障彩票监督管理局有效行使对体育彩票的监管权。首先，建立系统化的强制性信息披露制度。在体育彩票运营过程中，监管者和经营者处于信息不对称状态，经营者处于优势，并有充分的机会“包装”体育彩票相关经营信息，扰乱处于信息弱势一方的监管者的有效规制。体育彩票经营者还通过包装的形式抬高发行成本，并将其摊平用于提高组织机构内部的福利②。因此，为确保彩票监督管理局监管的有效性，应建立系统化的强制性信息披露制度，以解决过程规制中的信息不对称问题。其次，建立健全体彩公益金分配管理制度。体育彩票收益的公益性目的是其一直由国家专营的根本原因所在。然而，我国体育彩票公益金分配管理制度不健全，导致体育彩票公益金的公益性降低，如区域间体育彩票公益金分配差别较大，中央和地方体育彩票公益金分配比例不均衡，导致地方发行体育彩票的动力不足；体育彩票用途仍然隐含着太大的部门利益，体育彩票公益

---

① 王艳，刘金生. 我国小城镇体育产业发展方略[M]. 北京：人民体育出版社，2023.

② 杨成，段宏磊，李丽. 中国体育彩票法律规制结构的制度改进[J]. 武汉体育学院学报，2016，50(5)：47-51.

金使用的民生性不强等。因此，为了确保体育彩票的公益性目的，我国应创新体育彩票公益金的分配制度，加强对体育彩票公益金分配使用方面的管理。体育彩票公益金纳入整体财政预算体系，并按照新的《中华人民共和国预算法》的要求公正、公开地使用，这样才可从整体上保障体育彩票的公益金，以确保体育彩票以公益性为主要目的的结果规制。

6.1.4.2 规范化运作的经营者主体

当前经营者主体制度改革解决的是其运行中政企不分的问题。改进的思路可借鉴中国铁路总公司的做法，对彩票管理中心进行相应的改革。

首先，成立中国彩票总公司。改变当前体育彩票管理中心和福利彩票发行管理中心分别隶属于国家体育总局和民政部的事业单位性质，两个彩票中心合并成立中国彩票总公司，从而打破体育彩票和福利彩票的双寡头垄断局面。该公司并非依照《中华人民共和国公司法》成立的股份制公司，而是依照《中华人民共和国全民所有制工业企业法》成立，公司的性质与经营方式与中国铁路总公司类似。这种做法既避免了一般公司制国企为追求最大的经济效益，纯粹以经营为目的，又可保障彩票经营过程中的公益性，充分发挥彩票经营在筹集和分配财政福利性资金中的重要作用。

其次，实现对体育彩票管理中心和福利彩票发行管理中心的企业化改制。拆分原两个彩票中心的相关人员、编制和职责，其中的彩票经营权归属中国彩票总公司，监督规制职权并入“彩票监督管理局”，进一步推动监管者与经营者分离，中国彩票总公司将专司彩票经营职责，彩票业“裁判员”和“运动员”身份混同的情形将不再发生。由于福利彩票和体育彩票在常见玩法上相似，因此中国彩票总公司应主要选择体育彩票的产品类型作为其基本经营产品，这是因为体育彩票包含福利彩票所没有的足球胜负彩等特色经营产品①。同时，中国彩票总公司应不断研究并开发出新的彩票玩法，以满足不同层次彩民对彩票游戏的多样化需求，刺激彩民购买彩票的欲望，进而拓宽彩票业的销售空间。

---

① 杨成，段宏磊，李丽．中国体育彩票法律规制结构的制度改进［J］．武汉体育学院学报，2016，50（5）：47-51.

6.2　调整和优化体育公共服务财政支出规模和结构

6.2.1　适度调整体育公共服务财政支出规模

根据DEA绩效评价结果，对于规模报酬递减的省(区、市)，就不能再扩大体育公共服务财政支出规模，因为根据其产出不足的情况，其支出规模已偏大。但这并不意味着相应省(区、市)应减少体育公共服务财政投入，因为这些省(区、市)投入"规模偏大"是相对于其产出不足而言的。随着相关省(区、市)体育公共服务产出不足的情况逐渐改善，该地区的体育公共服务绩效水平不断提升，其财政支出规模报酬递增的良好局面将会实现。

体育公共服务财政支出规模可分为绝对规模和相对规模，整体上，规模报酬递减的省(区、市)体育公共服务财政支出绝对规模过大，是因为其产出不足。实际上，这些省(区、市)体育公共服务财政支出的相对规模不足，主要是根据其与本省(区、市)经济发展水平、政府财政收支等方面相比较而得出的结论。因此，相关省(区、市)应根据本地区的实际经济与社会发展形势，结合本地区体育公共服务供给的实际情况，找出体育公共服务财政投入产出不足的原因，适度调整体育公共服务财政支出的规模，以实现体育公共服务供给质量和效率的同步提高。

6.2.2　重点扶持，合理有度

由于我国经济发展水平还不高，政府的财力有限，对体育公共服务的支出不可能有太大的增长，因此提高体育公共服务财政资金的使用效率尤为重要。虽然目前我国体育公共服务财政投入总体不足，应不断加大对体育公共服务的财政投入，但也应根据各省(区、市)体育公共服务财政支出情况，制定不同的财政投入政策。

从体育事业经费支出和经济发展水平两个维度对东、中、西部18个省(区、市)进行类型划分可知，我国仅有北京、上海、天津、江苏、浙江东部5省(区、市)为类型Ⅰ(体育事业经费支出和经济发展水平双高型)，其余地区为类型Ⅱ、类型Ⅲ、类型Ⅳ，尤其是类型Ⅳ(体育事业经费支出和经济发展水平双低型)的省(区、市)多达11个，占所调查省(区、市)的61.1%。我国应根据各省

(区、市)体育事业经费支出存在的问题及经济发展情况精准扶持，出台具有针对性、弹性的特殊政策。例如类型Ⅱ中的广东省，该省经济发展水平高，而体育事业经费支出低，主要源于广东省政府公共财政支出偏好存在偏差，不重视本省体育事业发展，对体育公共服务方面的财政投入较少，明显偏离本省经济发展水平与良好的财政状况，这就需要制度或政策激励。而对于属于类型Ⅳ(双低型)的地区，如中西部的湖北、湖南、河南、江西、安徽、陕西、甘肃、云南等，既要加大体育事业经费的投入力度，避免这些地区跌入"双低"陷阱，又要不断发展本省经济，积极提高财政收入，摆脱仅依赖于中央财政支持的局面。

6.2.3 提高群众体育财政支出比重

群众体育直接关系到人民的身体健康和生活质量，人民身体健康是全面建成小康社会的重要内涵。但目前我国群众体育财政投入仍较少，群众体育仍落后于竞技体育发展，成为体育强国建设的短板。首先，应优化体育事业财政支出结构，加大财政资金用于群众体育的份额，增加群众体育的投入，使群众体育财政投入的增长速度快于同时期体育事业财政支出的增长速度，逐步提高体育事业经费中群众体育事业经费所占的比重。其次，贯彻落实全民健身"三纳入"，扩大"三纳入"的覆盖面。做好"三纳入"工作，检查督促各省(区、市)是否将全民健身事业纳入国民经济和社会发展规划，是否将全民健身事业经费纳入财政预算，是否将全民健身工作纳入政府年度工作报告，以此推动各省(区、市)政府履行体育公共服务职能，促进群众体育跨越式发展。扩大"三纳入"的覆盖范围，将"三纳入"工作由省一级政府扩大到县级政府，并积极推进到村一级，以推动城乡群众体育统筹发展，推进体育公共服务均等化进程。

6.2.4 降低体育行政管理费支出

我国已是世界上行政成本极高的国家之一。我国行政成本高的主要原因是政府层级过多，因此应借鉴世界上大多数国家政府架构的组织形式，逐渐由目前的五级政府改为三级政府。首先，市(地)级政府应逐步弱化。作为省级政府的派出机构，地区一级与市级合并后，成为正式的一级政府层次，导致机构和人员增加，行政管理费支出增大。应实行省管县改革，逐渐弱化目前的市级层次，这样可减少行政管理层次，降低体育行政管理费支出。其次，乡镇级政府逐步虚化，将其改为县级的派出机构，这样可使其管理职能逐步弱化，使协助县级政府维持社会治安和提供公共服务等是其主要责任。除此以外，我国还应以法律的形式将财政支出中行政成本所占的比重上限确定下来，以控制体育系统行政成本的过快增长；严格实行编制计划与财政预算联审单制度，严厉惩罚超出国家核定的财政供给系数的人员。

6.3 完善体育公共服务财政转移支付制度

2015 年 2 月，发布了《国务院关于改革和完善中央对地方转移支付制度的意见》(国发〔2014〕71 号)，为转移支付制度的改革明确了方向。为有效提高基层政府和经济欠发达地区的财政能力，我国应不断优化体育公共服务财政转移支付结构，探索设立分类转移支付，实施体育事业横向转移支付试点，以实现政府间体育公共服务财政纵向和横向平衡，促进体育公共服务的均等化。

6.3.1 优化体育公共服务财政转移支付结构

6.3.1.1 提高一般性转移支付规模和比重

首先，加大一般性转移支付力度。

大幅增加一般性转移支付特别是均衡性转移支付规模，提高均衡性转移支付占转移支付总额的比例，进而增强地方尤其是县级体育公共服务可支配财力，使地方体育公共服务财权和事权相匹配，保障地方有足够的财力提供体育公共服务；逐步缩小城乡体育公共服务供给差距，促进城乡体育公共服务均衡发展。体育公共服务一般性转移支付标准可以人均标准体育公共服务财力水平作为评判指标，主要包括两种测算公式：一是体育公共服务标准财力与标准支出之间的差额，当人均体育公共服务标准支出高于人均体育公共服务标准财力时，地方可得到更多的体育公共服务财政转移支付；二是体育公共服务标准财力，当地方体育公共服务标准财力低于全国人均体育公共服务标准财力时，地方可得到中央更多的体育公共服务财政转移支付。第一种测算公式比第二种更公平、公正、客观，因为第一种测算公式能测算出各地合理的财政资金缺口，从而有针对性地进行转移支付，使财政越困难的地区得到越多的补助，能合理分配有限的体育公共服务财政资金。

其次，改进体育公共服务一般性转移支付测算方法。

建立以省为单位的中央财政和以县为单位的省级体育公共服务财政转移支付经费测算体系，按照因素法，确定全面的体育公共服务转移支付计算公式，研究出台地方财政收入指标体系和体育公共服务均等化支出标准。测算体育公共服务标准财政支出时，要全面、准确地反映地区间成本差异，不仅要考虑各地方的体育行政事业单位人员经费和公用经费等指标，而且还要综合考虑人口密度、支出成本差异、人口构成差异、面积、温度、海拔等客观因素引起的需求差异等指标；测算体育公共服务标准财政收入时要全面衡量地方财政能力、财政困难程度等因素，从而完善体育公共服务一般性转移支付测算方法[①]。

最后，规范一般性转移支付的科目和内容。

2017 年 6 月 23 日，审计署审计长胡泽君在第十二届全国人大常委会第二十八次会议上所作的《国务院关于 2016 年度中央预算执行和其他财政收支的审计工作报告》中指出，一般性转移支付的 7 大类 90 个子项中，具有指定用途的有 66 个[②]，体制结算补助和固定数额补助中有 76%指定了用途，可见一般性转移支付与专项转移支付界限还不够明晰。我国应明确体育公共服务一般性转移支付与专项转移支付的界限，规范体育公共服务一般性转移支付的科目和内容，尽快取消原体制补助及年终结算补助，将其并入均衡性转移支付；清理规范除均衡性转移支付外的其他体育公共服务一般性转移支付项目。上级政府不得指定体育公共服务一般性转移支付资金的使用范围和具体用途，下级政府可根据体育公共服务实际支出需要自主支配一般性转移支付资金。

6.3.1.2　清理整合体育公共服务专项转移支付

全面清理体育公共服务专项预算项目，取消一次性、到期、按新形势不需要设立、资金分散、多头管理、绩效不高和无法凸显中央宏观调控政策意图的项目；整合资金管理方式相近、投向重复、目标接近的项目；严格控制体育公共服务新增专项转移支付项目，明确体育公共服务专项转移支付支出重点，将更多资金投入群众体育领域；调整区域范围重叠、政策对象交叉的项目。强化部门作为体育公共服务专项转移支付项目实施主体地位，对跨区域、外溢性较强的体育公共服务项目，应由中央部门直接实施，改变通过专项转移支付委托给地方实施的方式，这样有利于减少体育公共服务财政资金分配过程中的“跑冒滴漏”和地方政府游说现象。

① 夏先德. 重构我国财政转移支付制度的路径思考[J]. 中国财政，2014(15)：35-38.

② 中华人民共和国中央人民政府.《国务院关于 2016 年度中央预算执行和其他财政收支的审计工作报告》[EB/OL]. (2017-06-23). http://www.gov.cn/xinwen/2017-06/23/content_5204961.htm.

6.3.2 探索设立分类转移支付

鉴于我国部分地方政府重投资、轻民生的支出偏好，结合专项转移支付存在的问题，我国应探索设立分类转移支付。这样不仅可以将财政资金限定在民生领域，用于全面提升各地基本公共服务均等化水平，而且还可以解决地方政府基本建设投资支出偏好的问题。分类转移支付也称为分类拨款，是一种按因素法进行资金分配、指定用途较宽泛的转移支付方式，介于专项转移支付和一般性转移支付之间。它既不同于专项转移支付，专项转移资金分配方式采用项目法分配，资金使用严格限定在某个具体项目或某一特定细化的使用方向上；也不同于一般性转移支付，分类转移支付资金必须用在特定领域，但不规定具体内容，而一般性转移支付对资金用途完全没有限制，资金由下级政府任意统筹使用。

相较于专项转移支付和一般性转移支付，分类转移支付的优点如下：对资金的使用不限定过细方向，故接受转移支付的下级政府拥有较大程度的资金使用权，这样可充分调动其能动性和积极性，财政资金的使用效益也能得到极大的提高；同时分类转移支付通过把握财政支出的大方向、大领域，能有效贯彻落实中央的政策方针，通过补齐体育公共服务供给的不平衡、不充分的短板，促进我国体育事业薄弱领域和关键环节的发展。

从国际上来看，分类转移支付是当前世界各国财政转移支付制度广泛应用的一种类型，目前采取分类转移支付的国家主要有加拿大、美国和瑞士等。加拿大联邦政府主要采取分类转移支付对下转移支付，如社会服务转移支付和卫生转移支付等；2006—2007 财政年度加拿大联邦转移支付中一般性转移支付仅占总规模的 19%，而这两项转移支付数额合计占 47%。美国联邦政府对州政府和地方政府进行转移支付的主要形式是分类拨款，美国最大的转移支付项目都是分类拨款项目①。

从我国的实践情况来看，目前的专项转移支付和一般性转移支付中，有一些项目具有分类转移支付的性质，如专项转移支付中属于基本公共卫生、教育和文化等领域的部分项目；一般性转移支付中一般公共服务转移支付和义务教育转移支付等项目。这些项目一般都采取因素法分配方式，财政资金拨付给省级部门后，由省级部门结合本地实际情况统筹安排使用，中央不附带使用限制

① 刘士义. 财政转移支付制度的现实困境与改革路径研究[J]. 财经问题研究，2018(2)：89-94.

条件，在一定使用领域不指定项目使用明细方向。2016 年，据初步统计，我国具有分类转移支付性质的仅基层公检法司转移支付、城乡居民医疗保险转移支付、基本养老金转移支付和义务教育转移支付的预算安排规模就有 9000 多亿元，在一般性转移支付中的比重达到了 29%，在整个转移支付中的比重也达到了 18%，如果再加上专项转移支付中的分类拨款项目，其占整个转移支付的比重达到了 20%，已初步具备条件将分类转移支付单独作为一类转移支付①。

目前我国体育类专项转移支付项目主要有运动员保障专项资金、大型体育场馆免费低收费开放补助资金、全国体育场地维修专项补助经费、全国体育高水平后备力量专款等。应将具有一定普惠性质的体育专项转移支付资金，如全国体育场地维修专项补助经费、大型体育场馆免费低收费开放补助资金等划入分类转移支付，具体可按体育民生领域设置，作为一般性转移支付的合理补充，能较好地解决地方政府竞技体育投资支出偏好的问题，同时可以有效提高各地体育公共服务均等化水平。

6.3.3　建立和完善横向转移支付制度

泰尔指数测算结果显示，我国区域间人均体育事业经费支出仍差异明显。造成此差距的主要原因是区域间政府的财政能力差异较大，但以解决区域经济发展不平衡和横向财政失衡为主要目标的横向转移支付在我国却相对缺失。为进一步缩小区域间体育事业发展的差距，推进区域间体育公共服务均衡化，除了不断加大对中西部落后地区一般性转移支付外，我国还应建立和完善横向转移支付制度。

在我国，全国居民基本权利均等的需要是建立横向转移支付的主要依据之一，各级政府应当保证经济欠发达地区的居民也能享受到基本的公共服务。目前，我国常使用的对口援助从本质上说就是横向转移支付，其中以全国大规模的援助新疆和西藏为典型，体育系统也积极开展援疆、援藏工作，并于 2010 年分别制定颁发了《国家体育总局关于支持促进新疆体育事业发展的指导意见》和《国家体育总局体育援疆工作实施方案及责任分工》、《国家体育总局关于支持促进西藏体育事业发展的指导意见》和《国家体育总局体育援藏工作实施方案及责任分工》，以推动新疆、西藏体育事业实现新的更大的发展②。

① 刘士义. 财政转移支付制度的现实困境与改革路径研究[J]. 财经问题研究，2018(2)：89-94.

② 李丽，张林. 民生财政视域下的民生体育发展研究[J]. 体育科学，2013，33(5)：3-12.

在政策的指导下，上海市体育局根据国家体育总局和上海市的统一要求，承担援助西藏日喀则地区江孜、萨迦、亚东、拉孜、定日5县和新疆喀什地区叶城、泽普、巴楚、莎车4县的体育援建任务。2011—2012年援藏项目支出共450万元，其中100万元用于江孜达玛场电子显示屏，另外150万元和200万元分别用于江孜、萨迦、亚东、拉孜、定日5县群众体育活动专项资金和中小学体育器材；援疆项目支出共700万元，其中500万元用于叶城县全民健身广场，200万元用于叶城、泽普、巴楚、莎车4县全民健身路径及器材①。"十二五"期间，江苏省向拉萨市共捐赠了25套全民健身路径器材；2012年江苏省对拉萨市体育事业对口援助资金50万元，湖北省体育局、安徽省体育局、湖南省体育局分别援助100万元、50万元、50万元支持西藏山南地区体育事业发展。2011—2012年浙江省体育局共援助260万元体育专项资金支持西藏那曲地区体育局②。

全国体育系统对口支援新疆、西藏体育工作对促进新疆、西藏公共体育事业发展，提高新疆、西藏体育发展水平发挥着重要作用。但对口支援在实施过程中也暴露出一些问题，如实施机制过于依赖行政权威，有效的评估机制尚未建立，法律制度和激励机制不健全等，因此，此种方式难以成为一种长久的缩小地区间体育公共服务差距的有效方式。我国应将对口支援由行政层面上升到法律层面，对其进行法治化、规范化的转型与改造，明确支援省(区)和受援省(区)的行为准则及执行方式，从而将这种应急性的行为规范为长期机制，适时将其转型为横向财政转移支付，在此基础上，建立以纵向为主、横向为辅的体育公共服务转移支付制度。

---

① 国家体育总局. 上海积极开展体育援疆援藏工作[EB/OL]. (2012-11-01). http://www.sport.gov.cn/n14471/n14480/content.html.

② 国家体育总局. 西藏自治区体育局关于2012年体育援藏受援工作总结暨2013年体育援藏受援工作计划的报告[EB/OL]. (2012-11-05). http://www.sport.gov.cn/n315/n20066836/c20716810/content.html.

6.4 重构地方政府体育公共服务财政支出绩效考核体系

6.4.1 服务型政府的科学定位

服务型政府是一种与市场经济体制相适应的新型政府管理模式，建设服务型政府是我国政府改革的重要目标，也是当前地方政府角色的基准定位。改革开放以来，政府的职能是以经济建设为中心，各地方政府角色定位为经济建设型政府，致使其具有鲜明的“准公司”特征，地方官员财政支出行为偏好于发展地区经济，对包括体育公共服务在内的基本公共服务投入较少，导致基本公共服务供给不足及区域失衡。服务型政府以服务为宗旨，以公众需求为导向，为全社会提供公共产品和服务，可见其行为偏好于社会性公共服务领域，有利于增加基本公共服务的有效供给，促进区域间基本公共服务均衡化发展。

公共财政是与市场经济相适应的一种财政模式，是为市场提供公共服务的财政，具有公共性、公平性和非营利性等特征。经济建设型政府已不适应公共财政体制对政府的职能定位要求，向服务型政府转移是我国社会主义市场经济不断完善及公共财政体制建立对我国政府体育职能转变的本质要求，也是中国特色社会主义进入新时代对地方各级政府角色的基准定位。这不仅有利于规范各级政府的财政事权和支出责任，而且为构建政府绩效考核体系划定了行为边界。

6.4.2 以体育公共服务为核心建立绩效考核体系

中央政府和地方政府间事实上存在着委托代理关系，地方政府相当于中央政府的代理人，执行其制定的方针政策。然而地方政府又是一个多元利益主体，既要负责地方经济发展，又要负责公共医疗、基础教育、全民健身等公共服务的支出，多重的任务、财政经费的有限性等因素会促使地方政府去选择执行收益大的项目。对于地方政府而言，中央政府对其的考核指标是 GDP 增长率；对于地方体育行政部门而言，上级政府考核的是其在竞技体育方面获得的成绩。在此考核体系下，地方政府对体育的投入较少，地方体育行政部门对体育公共服务投入较少，导致我国体育公共服务投入不足，从而影响人民对美好生活需要的满足。通过科学设置地方政府官员绩效考核体系，摒弃过去地方政府"唯 GDP 论"及体育行政部门"唯金牌论"的政绩观，把体育公共服务纳入考核体系，可促使地方政府扭转行为偏好，强化政府部门体育公共服务的供给意识，进而促进体育公共服务供给质量和水平的不断提高。

6.4.2.1 将体育公共服务指标纳入地方政府绩效考核体系

要客观地考核地方政府的绩效，就应科学选择体育公共服务指标。指标的选择应不受主观影响，易于检测，同时又能代表体育公共服务水平，这样才可以比较准确地评价地方政府的绩效。参照体育公共服务 DEA 绩效评价指标的设计，可设置两类指标：一类是投入类指标，包括体育公共服务财政投入绝对规模、体育公共服务财政投入相对规模(其占体育事业经费支出及 GDP 的比重)、体育公共服务财政投入增长率，这些指标实质上考核的是政府财政能力和行为规范性，代表的是地方政府财政支持体育公共服务的力度和可持续性。另一类指标是体育公共服务产出水平指标，主要包括公共体育场地设施、公共体育组织、公共体育活动、公益性社会体育指导员、国民体质监测、公众对体育公共服务的满意度等指标，这些指标实质上是考核政府资金的使用效率，代表体育公共服务资金使用过程和结果。这两类指标是考核各级政府和官员任期责任目标的重要标准，以此激励其重视体育公共服务，加大对体育公共服务的投入力度。

6.4.2.2 引入第三方绩效评价机构

中央政府通过绩效考核来识别和评估地方政府的治理效能，故地方政府绩效考核结果是否客观、公正就影响着中央对其的政治和经济激励，而当前的财政资金绩效评价基本上是财政部门的内部自我评价。可是体育公共服务财政支出绩效评价涉及财政学、体育学、管理学、经济学等多个学科，具有复杂性和特殊性，因此要求实施绩效评价的人员具有较高的专业水平，唯有如此，才能保证体育公共服务财政支出绩效评价客观、公正。然而现实情况是，财政系统的人员较少，每个人精力都有限，在承担了大量的财政业务后，很难再有精力承担绩效评价业务。而且财政部门也要对其自身的财政支出情况进行绩效评价，自我评价必然在很大程度上影响绩效评价结果的真实性、客观性和权威性。因此，应当建立健全第三方专业评价机构，并配备专业人员对体育公共服务财政支出的绩效进行评价，以确保绩效评价公正、公平和公开。

6.4.2.3　注重考核结果的应用

绩效考核体系能否实施落地的关键是能否有效运用绩效考核结果。要把考核结果作为体育行政部门领导干部奖惩及提拔任用的重要依据，以此强化绩效考核的“指挥棒”作用和激励约束作用。将领导干部的提拔任用和考核结果相结合，可以避免体育公共服务绩效考核走过场的现象。体育公共服务财政支出绩效考核可实行“一票否决制”，对于绩效考核不达标的地方领导，如体育公共服务财政投入、体育公共服务供给等达不到标准，应规定在一定时间内暂缓提拔重用。

6.5 构建体育公共服务财政支出监督机制

6.5.1 加快体育公共服务财政资金监督的立法步伐

现代财政制度下，体现人人平等享受体育公共服务的权利和政府受托提供体育公共服务责任的关键之处是将体育公共服务财政监督以法律形式确定下来。目前我国亟须制定一部关于财政工作的基本法，通过法律形式清晰界定体育公共服务财政支出的监督主体、监督手段等方面，以增强执法的公信力①。通过调查还发现，在体育公共服务财政监督的实际工作中，财政部门和审计部门还缺乏沟通机制，因而容易出现工作重叠和交叉的现象。为进一步提高财政资金的使用效益，必须建立健全有关体育公共服务财政监督的法律体系，以立法的形式划分财政部门、审计部门等的监督职责，通过法律形式明确界定财政监督、审计监督等关于事前、事中、事后监督的工作范围，日本、德国、美国等国家的先进经验值得借鉴。

6.5.2 将财政监督与绩效评价有机融合，促进财政绩效监督结果的利用

当前体育公共服务财政绩效评价的对象是财政资金的使用效率和效益，而财政监督主要是对体育公共服务的财政收支行为的合法性和规范性进行考察。将体育公共服务财政资金监督和其绩效评价有机融合，不仅可以节约行政成本，提高体育公共服务财政监督的工作效率，还可以对体育公共服务财政收支行为的规范性进行评判②。

促进体育公共服务财政绩效监督结果的利用，应将绩效监督结果与预算编制有机结合，将体育公共服务绩效监督结果作为安排体育行政部门以后年度预算的重要依据，以此促进体育行政部门提升效益和增强责任观念，不断强化内

---

① 王杰茹，岳军. 论现代财政制度下的财政监督：基于法治和受托责任的二维视角[J]. 当代财经，2016(8)：33-42.

② 王杰茹，岳军. 论现代财政制度下的财政监督：基于法治和受托责任的二维视角[J]. 当代财经，2016(8)：33-42.

部控制，进而提高体育公共服务财政资金支出管理和决策水平。积极开展绩效问责，通过体育公共服务绩效问责推动责任追究，进一步增强各级体育行政部门的责任意识。

6.5.3　建立体育公共服务财政信息披露机制

党的十八大以来，我国在推进财政预算公开方面已取得重大进展，国家体育总局和省级政府均在官方网站上公开了本级部门财政预算决算情况，有些地方体育行政部门也在网站上公开了本级部门财政预算决算情况。然而，体育公共服务财政信息公开只是第一步。只有让财政信息披露建设成为一种政府制度，使体育行政部门主动公开财政信息，接受人大、媒体、社会、民众和政府的监督和约束，才能实现法治财政监督，加快现代财政制度建设。体育公共服务财政信息披露也是实现体育公共服务财政监督和公民参与国家治理的前提，有利于保障公民知情权的实现。

6.5.4　依靠群众评价，落实社会监督

西方传统分权理论中，联邦制下选民决定着地方政府官员的任职或者晋升，因此地方政府的公共财政支出均以满足居民需求为导向，地方政府行为约束也通过选民“用手投票”机制得以强化。以美国为代表的很多国家对公众有关民生领域支出满意度的评价问题都很重视，同时在政府工作中让公民和社会广泛而有序地参与，这对改善政府行为发挥着重要作用。美国政府的阳光管理已有近百年的历史，美国是最早开始评价政府部门顾客满意度的国家。美国顾客满意度指数（ACSI）在为美国人民提供高质量的公共服务方面具有积极作用。①

但在中国式财政分权下，上级政府决定着地方官员晋升，地方在提供基本公共服务时可能会以上级政府偏好为主。因此我国服务型政府的转型应强调政府要向社会提供体育公共服务，强调以顾客为导向，真正把社会公众的体育公共服务需要和诉求放在首位。政府行为只有以公众意志为导向，通过广泛开展民意调查，将群众体育公共服务需求纳入公共财政支出决策依据，体育公共服务财政资金的使用效率才能得到最大限度的提高。要明确公民有监督财政执法

---

① 孙洪敏. 让人民监督权力是推进政府绩效管理的根本路径[J]. 南京社会科学，2014(1)：11-18.

行为的权利，建立包括举报制度、巡视制度、申诉制度等群众监督的实施机制，广泛开展群众监督和社会舆论监督，如此可有效避免体育行政部门截留、挪用、滥用财政资金等违规行为的发生。

第7章 研究结论与局限

7.1 研究的主要结论

第一，国外发达国家体育事权和财权划分明确，并通过法律法规对其加以规范。发达国家体育财权主要集中在中央政府（或联邦政府），而体育事权则分散于地方；这些国家建立了科学规范的财政转移支付制度，地方政府的财权和事权相匹配。发达国家不断增加体育公共服务的财政投入，同时制定相关的政策对其进行保障；高度重视受众对体育公共服务的满意程度，并对体育公共服务的供给质量及财政投入的效率进行严格的监控。

第二，1998—2016年，我国体育事业经费中财政拨款所占的比重年均达到65.36%，是我国体育事业经费的最主要来源。1995—2016年体育彩票公益金年均增长率达到28.7%，是我国体育事业的重要经费来源。但我国体育事业经费收入的相对规模偏小，占国内生产总值的比重年均仅0.09%；我国体育公共服务的资金来源仍很单一，财政拨款仍然是我国体育公共服务收入的主要来源；东、中、西部区域间体育公共服务收入差距较大，体育彩票销售总体规模和公益金总量仍较小。

第三，1998—2016年，我国体育事业经费支出的年均增长率为14%。但体育事业经费支出占政府财政支出的比重年均值仅有0.45%，占国内生产总值的比重年均只有0.09%，体育公共服务财政支出总量仍显不足。体育系统财政供养人员偏多，体育公共服务财政支出结构不合理，群众体育财政投入较少，体育公共服务财政支出的城乡差距仍较明显，体育彩票公益金使用的民生性有待进一步提高。

第四，运用泰尔指数，对区域间体育公共服务财政支出的差异进行测量。测算结果显示：2008—2016 年以人口为权重的体育事业经费支出总体泰尔指数为 0.147～0.288，东、中、西部区域人均体育事业经费支出差异依然明显。人均体育事业经费支出的区域差异主要来自区域间差异；中西部享有的体育事业经费支出份额小于其所占的人口比重，体育事业经费投入不足。18 个省(区、市)中有中部 6 省(区、市)、西部 5 省(区、市)处于双低型。

第五，体育公共服务财政保障问题产生的原因主要如下：体育政绩考核机制不完善，导致地方政府将竞技体育作为相互之间的主要竞争内容，体育事业财政资金主要投入竞技体育领域，群众体育财政投入捉襟见肘；中央与地方政府体育财权与事权不相匹配，2016 年地方政府以 54.7%的财政收入承担了 85.3%的体育事权；转移支付制度建设滞后，一般性转移支付规模小，且支付标准不科学，专项转移支付规模过大且运行不规范，横向财政转移支付制度尚未建立；体育彩票法律规制结构存在诸多缺陷；财政绩效监督机制有待规范。

第六，运用 DEA 方法对体育公共服务财政支出进行绩效评价，实证结果表明，2009—2016 年我国综合效率年均值仅为 0.638，我国体育公共服务财政资金有效利用率仅 63.8%，36.2%的财政资金被闲置。2009—2016 年 DEA 有效，即综合效率值(TE)达到 1 的省(区、市)数分别为 4、8、6、9、8、6、3、4，我国没有任何一个省(区、市)体育公共服务财政支出综合效率值在整个考察期内为 1；8 年纯技术效率均值为 0.707，且没有一个省(区、市)在整个考察期达到最优规模，体育公共服务财政资金配置的纯技术效率仍较低。

7.2　研究的创新之处

第一，在本书中，课题组成员以新中国成立至 2017 年的《体育事业统计年鉴》作为主要数据来源，对我国体育公共服务财政投入的资金规模、结构、绩效等问题进行较为深入的研究，研究时间跨度大，长达 60 多年，这在国内较少见。

第二，本书系统阐述了我国体育公共服务财政投入的情况及国内外、国内区域间体育公共服务财政投入的差距，在此基础上提出了优化我国体育公共服务财政保障的建议，可为我国体育公共服务型政府的构建及体育强国建设提供理论及实践依据，这也是本书的创新点所在。

7.3 研究的局限

第一，由于国外发达国家有关体育公共服务财政保障的相关文献较少，再加上笔者能力有限，在对英、德、日、澳4国体育公共服务财政保障进行分析时，只能是在掌握的现有资料基础上，尽可能对4国基本相同的体育公共服务进行一些分析，很难做到将外国与外国、外国与我国的相关内容进行一一对应分析。由于资料的限制、数据来源的不足，现有的剖析不能完全反映国外体育公共服务财政保障的实际情况，今后应继续加强国外发达国家体育公共服务财政保障的研究。

第二，研究数据的不足。现阶段我国的财政透明度还不高，体育公共服务财政收支的数据获取非常困难。虽然本书研究数据范围覆盖到新中国成立至2017年的《体育事业统计年鉴》，但《体育事业统计年鉴》所公布的都是各省本级及中央体育公共服务财政保障相关数据，省级以下地方政府体育方面的财政预决算情况及体育场地设施、体育组织、社会体育指导员等有关信息尚未统计。由于省级以下数据获取困难，故本书对省级以下体育公共服务财政保障的分析还不够深入。今后应通过各种渠道搜集相关数据，对省级以下体育公共服务财政保障进行深入研究。

第三，本书数据基本来源于《体育事业统计年鉴》，而1998年以来《体育事业统计年鉴》进行了三次调整，很多数据缺乏连续性，样本量的限制可能会影响相关分析的客观性、准确性。也正因为数据缺乏连续性，再加上数据获取困难，本书采用的DEA绩效评价方法在财政产出指标的选择范围上受到了很大的限制，即只能在现有可获取的数据基础上选择相应的产出指标。同时由于2012年《体育事业统计年鉴》收支科目有了改变，2013年起开始实行新的政府收支分类科目，DEA绩效评价中2013年前后的产出指标不相同。虽然DEA绩效评价方法可避免人为的因素和主观性，但仍然是相对的方法，不同年度及同一年度指标选择的不同可能会产生不同的结论。故虽然本书在选择指标时尽量保持系统性、权威性，而且还兼顾到指标的连续性，但仍然不太完善。今后可采用更多模型和方法对体育公共服务财政支出进行绩效评价研究，以使绩效评价更具客观性和科学性。

参考文献

[1] 邬平川.学前教育投入的财政法保障研究[D].合肥：安徽大学，2014.

[2] 国家统计局：改革开放铸辉煌 经济发展谱新篇：1978 年以来我国经济社会发展的巨大变化[EB/OL].http://www.stats.gov.cn/tjgz/tjdt/201311/t20131106_456188.html.

[3] 程岚.实现我国基本公共服务均等化的公共财政研究[D].南昌：江西财经大学，2009.

[4] 杨志勇，杨之刚.中国财政制度改革 30 年[M].上海：格致出版社，2008.

[5] 陈融.建国以来认识和处理群众体育与竞技体育关系的历史启示[J].上海体育学院学报，1998，22(4)：10-15.

[6] 阎世铎，杨采奕.探索具有中国特色的社会主义体育模式[J].体育工作情况，1990，6.

[7] 体育经济司.体育产业发展"十三五"规划[EB/OL].(2016-07-13).http://www.sport.gov.cn/n316/n340/c733605/content.html.

[8] 刘盼盼，刘纯献，冉祥华.群众体育与体育强国[J].河南师范大学学报(哲学社会科学版)，2014，41(3)：181-185.

[9] 王彦收.体育公共服务公平正义性研究[J].体育文化导刊，2015(1)：1-4.

[10] 尹维增，张德利.对构建和谐社会环境下公共体育服务的基本责任研究[J].体育与科学，2009，30(1)：45-47.

[11] 易剑东.中国体育公共服务研究[J].体育学刊，2012，19(2)：1-10.

[12] 巩东超.和谐社会视野下的体育公共服务实现路径[J].山东体育学院学报，2013，29(2)：20-23.

[13] 刘峥，唐炎.公共体育服务政策执行阻滞的表现、成因及治理[J].体育科学，2014，34(10)：78-82.

[14] 郭惠平，唐宏贵，李喜杰，等.对我国公共体育服务社会化改革的再思考[J].武汉体育学院学报，2007，41(11)：1-6.

[15] 蓝国彬，樊炳有.我国体育公共服务供给主体及供给方式探析[J].首都体育学院学

报, 2010, 22(2): 27-31.
[16] 刘玉. 体育权利与体育公共服务供给[J]. 北京体育大学学报, 2011, 34(12): 5-9.
[17] 刘玉. 改革开放 30 年我国体育公共服务供给模式转型与现实选择[J]. 体育科学, 2013, 33(2): 11-21.
[18] 丁鸿祥. 社区公共体育服务供给模式创新研究[J]. 广州体育学院学报, 2012, 32(1): 19-22, 30.
[19] 许金锋, 麻新远. 城市化进程中我国公共体育服务供给的困境及破解途径[J]. 沈阳体育学院学报, 2013, 32(4): 37-39, 43.
[20] 姜同仁. 我国公共体育服务供给现状与结构优化对策[J]. 上海体育学院学报, 2015, 39(3): 1-7.
[21] 肖林鹏, 李宗浩, 杨晓晨. 我国公共体育服务体系概念开发及其结构探讨[J]. 天津体育学院学报, 2007, 22(6): 472-475.
[22] 李静, 陈嵘. 浙江省社区体育公共服务体系的现状与对策研究: 以杭州市为例[J]. 成都体育学院学报, 2009, 35(12): 23-25.
[23] 郑家鲲. “十二五”时期构建我国公共体育服务体系的若干思考[J]. 成都体育学院学报, 2011, 37(12): 1-6.
[24] 孔祥. 城市社区体育公共服务体系建设的供给主体及实现路径[J]. 体育与科学, 2011, 32(4): 66-71.
[25] 胡庆山, 方千华, 张铁明, 等. 迈向体育强国的农村体育公共服务体系建设[J]. 上海体育学院学报, 2011, 35(5): 12-17.
[26] 王家宏, 李燕领, 陶玉流. 我国公共体育服务体系: 过程结构与功能定位[J]. 北京体育大学学报, 2014, 37(7): 1-7.
[27] 李燕领, 王家宏, 蒋玉红. 中国公共体育服务体系: 模式选择与机制建设[J]. 成都体育学院学报, 2015, 41(4): 57-62.
[28] 郇昌店, 肖林鹏. 公共体育服务均等化初探[J]. 体育文化导刊, 2008(2): 29-31.
[29] 秦小平, 王健, 鲁长芬. 实现我国体育基本公共服务均等化问题刍议[J]. 体育学刊, 2009, 16(8): 32-34.
[30] 贾文彤, 郝军龙, 齐文华, 等. 体育公共服务均等化若干问题研究[J]. 山东体育学院学报, 2009, 25(12): 1-5.
[31] 蓝国彬. 实现城乡公共体育服务均等化的路径思考[J]. 体育与科学, 2010, 31(2): 63-66.
[32] 张利, 田雨普. 我国体育公共服务均等化现状及发展对策研究[J]. 西安体育学院学报, 2010, 27(2): 137-141.
[33] 罗攀. 论体育权利与体育公共服务均等化[J]. 西安体育学院学报, 2011, 28(4):

428-432.

[34] 浦义俊，宋惠娟，邰崇禧. 善治视阈下公共体育服务均等化路径选择[J]. 成都体育学院学报，2011，37(10)：6-10.

[35] 俞丽萍. 我国体育公共服务均等化问题的研究[J]. 武汉体育学院学报，2011，45(7)：31-35.

[36] 俞丽萍. 体育公共服务均等化的财政分析[J]. 体育文化导刊，2012(7)：9-12，17.

[37] 胡伟，程亚萍. 实现体育公共服务均等化：公共财政制度之作用与对策[J]. 上海体育学院学报，2013，37(3)：37-45.

[38] 花楷，兰自力. 促进体育公共服务均等化的转移支付政策探析[J]. 体育学刊，2015，22(6)：43-47.

[39] 李萍美. 新农村体育服务模式建构[J]. 体育文化导刊，2008(10)：17-20.

[40] 卢文云，梁伟，孙丽，等. 新农村建设背景下西部农村公共体育服务供给现状、问题及对策研究[J]. 体育科学，2010，30(2)：11-19.

[41] 刘红建，孙庆祝，宋杰. 江苏省城乡体育公共服务一体化发展研究[J]. 山东体育学院学报，2011，27(6)：17-23.

[42] 汪文奇，金涛. 从低水平非均衡迈向高水平均衡：对我国新农村公共体育服务发展方式转变的思考[J]. 武汉体育学院学报，2014，48(9)：18-23.

[43] 姚磊. 新型城镇化进程中农村体育基本公共服务供给：有限性与有效性[J]. 北京体育大学学报，2015，38(11)：7-15，22.

[44] 花楷，兰自力，刘志云. 我国体育公共服务财政投入现状、问题与对策[J]. 天津体育学院学报，2014，29(6)：473-477，495.

[45] 邵伟钰，王家宏. 中国公共体育服务财政投入研究[J]. 成都体育学院学报，2015，41(3)：36-40.

[46] 谢文英. 中国财政透明度报告：新疆山东福建列前三 31 省均不及格[EB/OL]. http://www.chinacourt.org/article/detail/2014/12/id/1499181.shtml.

[47] 李丽琴. 财政分权体制变迁中的城市公共产品供给研究[D]. 福州：福建师范大学，2013.

[48] 魏来. 中国公共体育服务产品供给研究[D]. 北京：北京体育大学，2007.

[49] 何萌. 建国以来党的体育事业的发展及其在现代化进程中的作用[D]. 长春：东北师范大学，2008.

[50] 中国财政科学研究院撰写组. 世界主要国家财政运行报告(上)[J]. 经济研究参考，2016(68)：3-23.

[51] 王志刚. 我国地方政府财政支出绩效管理的制度研究[D]. 北京：财政部财政科学研究所，2014.

[52] 马德浩，季浏.英国、美国、俄罗斯公共体育服务的发展方式[J].体育学刊，2016，23(3)：66-72.

[53] 王鹏.财政转移支付制度改革研究[D].长春：吉林大学，2012.

[54] 刘章才.英国“福利国家”困境论析[J].中共成都市委党校学报，2001(5)：45-48.

[55] 徐通.英国福利制度与大众体育政策演变[J].体育文化导刊，2008(4)：110-111，118.

[56] 王英峰.英国体育管理组织体系研究[D].北京：北京体育大学，2010.

[57] 陈刚，乔均.公共体育服务体系建设：比较研究与创新探索[M].南京：江苏凤凰科学技术出版社，2015.

[58] 戴健.中国公共体育服务发展报告[M].北京：社会科学文献出版社，2013.

[59] 刘子华.大众体育宏观调控政策和法律问题研究[D].太原：山西大学，2009.

[60] 徐通，孙永生，张博.英国“社会投资型国家”体育政策研究[J].沈阳体育学院学报，2008，27(5)：28-30.

[61] 王杰茹，岳军.论现代财政制度下的财政监督：基于法治和受托责任的二维视角[J].当代财经，2016(8)：33-42.

[62] 代英姿，王兆刚.中国地方财政卫生支出区域差异研究[J].辽宁大学学报(哲学社会科学版)，2012，40(6)：47-54.

[63] 体育资讯网.英国大众体育最新发展现状调查[EB/OL].[2014-08-28].http://www.sportinfo.net.cn/show/title.aspx? TID=38526.

[64] 体育资讯网.英国发起运动越多，生活越好计划[EB/OL].[2014-03-14].http://www.sportinfo.net.cn/show/title.aspx? TID=37958.

[65] 体育资讯网.英追加230万英镑资金备战里约[EB/OL].[2015-03-26].http://www.sportinfo.net.cn/show/Article.aspx? TID=39436.

[66] 体育资讯网.英国政府大幅增加奥运备战拨款[EB/OL].[2015-12-04].http://www.sportinfo.net.cn/show/Article.aspx? TID=43195.

[67] 体育资讯网.英国制定新的黄金系列赛事计划[EB/OL].[2013-11-01].http://www.sportinfo.net.cn/show/title.aspx? TID=36822.

[68] 体育资讯网.欧洲主要国家大众体育发展策略研究[EB/OL].[2014-11-18].http://www.sportinfo.net.cn/show/title.aspx? TID=38841.

[69] 杨叶红，方新普.中国、美国、德国财政制度模式与体育体制的比较[J].成都体育学院学报，2011，37(3)：6-10.

[70] 袁华萍.财政分权下的地方政府环境污染治理研究[D].北京：首都经济贸易大学，2016.

[71] 体育资讯网.德国推动大众体育发展的举措及成效[EB/OL].[2017-05-17].http://

www. sportinfo. net. cn/show/Article. aspx? TID=53811.
[72] 肖宇亮. 中国民生问题的财政投入研究[D]. 长春：吉林大学，2013.
[73] 景俊杰. 二十一世纪以来日本体育政策运行研究[D]. 上海：上海体育学院，2013.
[74] 体育资讯网. 日本大众体育政策发展动向研究[EB/OL]. [2014-03-14]. http://www. sportinfo. net. cn/show/title. aspx? TID=37956.
[75] 体育资讯网. 日本政府 2014 财政年度体育预算概要[EB/OL]. [2014-07-22]. http://www. sportinfo. net. cn/show/Article. aspx? TID=38458.
[76] 体育资讯网. 日本 2016 年度体育预算再创新高[EB/OL]. [2016-02-23]. http://www. sportinfo. net. cn/show/Article. aspx? TID=43370.
[77] 体育资讯网. 日本能否在东京奥运会获得 82 枚奖牌[EB/OL]. [2017-01-24]. http://www. sportinfo. net. cn/show/Article. aspx? TID=52252.
[78] 林伟刚. 日本的体育设施建设及其启示[J]. 体育文化导刊，2013(12)：69-72.
[79] 何文捷，王泽峰. 日本社区体育俱乐部发展历程及启示[J]. 体育文化导刊，2017(4)：192-196.
[80] 陆作生，刘宪军. 日本综合型地域体育俱乐部的运营机制及发展[J]. 体育学刊，2009，16(3)：33-36.
[81] 体育资讯网. 2015 年日本奥运实力分析[EB/OL]. [2016-11-28]. http://www. sportinfo. net. cn/show/Article. aspx? TID=45494.
[82] 田贵贤. 我国横向财政转移支付制度研究：基于区域基本公共服务均等化视角[D]. 保定：河北大学，2013.
[83] 徐士韦. 澳大利亚大众体育政策的演进述析[J]. 沈阳体育学院学报，2016，35(6)：6-13.
[84] 杨小龙. 澳大利亚、芬兰的体育事业财政制度及其经验借鉴[J]. 广州社会主义学院学报，2012(3)：98-100.
[85] 孔玉生，张珍珍，赵泽华. 英国最佳价值审计及其对我国的启示[J]. 会计之友，2011(6)：74-75.
[86] 李丽，张林. 体育公共服务：体育事业发展对公共财政保障的需求[J]. 体育科学，2010，30(6)：53-58，80.
[87] 李丽，张林. 体育事业公共财政支出研究[J]. 体育科学，2010，30(12)：22-28.
[88] 李丽，杨小龙. 我国体育事业公共收入研究[J]. 上海体育学院学报，2012，36(4)：12-16，26.
[89] 李丽，张林. 民生财政视域下的民生体育发展研究[J]. 体育科学，2013，33(5)：3-12.
[90] 李丽. 我国体育事业公共财政保障研究述评[J]. 体育文化导刊，2014(12)：106-109.

[91] 李丽，杨小龙，兰自力，等. 我国群众体育公共财政投入研究[J]. 首都体育学院学报，2015，27(3)：196-201.

[92] 李丽，杨小龙. 公共财政视角下我国公共体育场地建设研究[J]. 武汉体育学院学报，2015，49(3)：18-23，57.

[93] 杨亚莉，程林林，张永韬. 体育彩票销量的计量模型及促销策略研究：以四川省为例[J]. 成都体育学院学报，2012，38(9)：1-7.

[94] 何建东，骆秉全. 我国体育彩票管理研究[J]. 体育文化导刊，2011(1)：13-16.

[95] 王薛红. 我国彩票业发展趋势及对策研究[J]. 中国财政，2014(1)：44-45.

[96] 张策宇. 我国体育彩票公益金管理分析[J]. 体育文化导刊，2012(6)：90-92.

[97] 刘国余. 基于教育社会收益率的我国教育财政投入研究[D]. 大连：东北财经大学，2014.

[98] 黄巧. 科技兴体与科教兴体：体育发展战略嬗变及其价值取向[J]. 南京体育学院学报，2017，31(4)：99-103.

[99] 刘国永. 对新时代群众体育发展的若干思考[J]. 体育科学，2018，38(1)：4-8，17.

[100] 袁春梅，杨依坤. 我国体育公共服务资源配置均等化水平的实证研究：基于泰尔指数的分析[J]. 武汉体育学院学报，2014，48(2)：21-26.

[101] 卢志成. 我国区域体育财政支出公平性分析[J]. 首都体育学院学报，2015，27(4)：311-315.

[102] 张侠，刘小川. 完善我国财政转移支付制度研究：基于公共服务均等化的视角[J]. 现代管理科学，2015(2)：70-72.

[103] 高铭，陈康，王小朋. 我国财政转移支付绩效和监督制度研究[J]. 现代管理科学，2017(6)：46-48.

[104] 马海涛，任强. 我国中央对地方财政转移支付的问题与对策[J]. 华中师范大学学报(人文社会科学版)，2015，54(6)：43-49.

[105] 程毓. 我国财政转移支付对地区间公共服务差异的影响[D]. 武汉：华中科技大学，2014.

[106] 杨成，段宏磊，李丽. 中国体育彩票法律规制结构的制度改进[J]. 武汉体育学院学报，2016，50(5)：47-51.

[107] 张璇，杨成，段宏磊，等. 中国体彩业竞争环境的缺陷评析与制度改进[J]. 天津体育学院学报，2016，31(4)：287-291.

[108] 安徽省财政厅课题组. 完善财政绩效监督　推进预算绩效管理[J]. 中国财政，2013(14)：42-43.

[109] 贾琳. 统筹城乡发展的财政政策研究[D]. 哈尔滨：东北林业大学，2014.

[110] 王鹏. 新农村建设背景下的财政支农绩效评价研究[D]. 长春：吉林大学，2012.

[111] 周红梅，李明贤. 基于 DEA 模型的湖南省财政支农支出效率评价[J]. 农业现代化研究，2016，37(2)：284-289.

[112] 袁金星. 河南省财政科技投入绩效评价研究：基于 DEA 分析法[J]. 金融理论与实践，2013(12)：51-54.

[113] 何立春. 我国财政科技投入绩效评价研究[D]. 大连：东北财经大学，2014.

[114] 胡帆. 高等学校财政投入绩效评价研究[D]. 武汉：武汉理工大学，2013.

[115] 李栋林. 财政支持新型城镇化建设绩效评价研究[D]. 北京：北京交通大学，2016.

[116] 单菲菲，高秀林. 基于 DEA 方法的新疆基本公共服务财政支出绩效评价：以新疆 14 个地州市为例[J]. 新疆社会科学，2015(2)：33-38.

[117] 余平. 财政体育投入的效率研究[J]. 武汉体育学院学报，2010，44(10)：50-53，58.

[118] 袁春梅. 我国体育公共服务效率评价与影响因素实证研究[J]. 体育科学，2014，34(4)：3-10.

[119] 邵伟钰. 基于 DEA 模型的群众体育财政投入绩效分析[J]. 体育科学，2014，34(9)：11-16，22.

[120] 张春勤，隽志才，徐丽群. 基于 SE-DEA 模型与 Malmquist 指数的城市公交企业运营绩效评价[J]. 系统管理学报，2017，26(1)：133-141.

[121] 杨会良，杨雅旭，张伟达. 京津冀高校教育财政投入产出效率研究：基于 DEA 模型的分析[J]. 经济研究参考，2017(28)：3-8.

[122] 陈丰. 基于财政视角的城乡义务教育均衡发展研究[D]. 青岛：中国海洋大学，2014.

[123] 黄道名，周民，陈丛刊，等. “供给侧改革”视域下我国体育产业的供给困境与治理对策[J]. 中国体育科技，2018，54(2)：15-20，72.

[124] 赵勇. 新时代中国体育产业发展战略路径和对策措施研究[J]. 体育文化导刊，2018(3)：1-7.

[125] 刘远祥，孙冰川，韩炜. 促进体育产业结构优化的政策研究[J]. 山东体育学院学报，2017，33(1)：1-5.

[126] 王艳，刘金生. 我国小城镇体育产业发展方略[M]. 北京：人民体育出版社，2023.

[127] 张秋珍，陈百强. 供给侧结构性改革视角下体育产业发展探讨[J]. 经济问题，2017(11)：86-89.

[128] 刘士义. 财政转移支付制度的现实困境与改革路径研究[J]. 财经问题研究，2018(2)：89-94.

[129] 孙洪敏. 让人民监督权力是推进政府绩效管理的根本路径[J]. 南京社会科学，2014(1)：11-18.

[130] 王艳，刘金生. 我国小城镇体育产业发展方略[M]. 北京：人民体育出版社，2023.

[131] BARROS C P，LUCAS J. Sports managers and subsidies[J]. European Sport Management

Quarterly, 2001, 1(2): 112-123.

[132] O'ROARK J B. Capital structure and team performance in professional baseball[J]. Journal of Sports Economics, 2001, 2(2): 168-180.

[133] KOVAC M, KOLAR E, BEDNARIK J, et al. The model of publicly financing sport in the Republic of Slovenia[J]. Acta Universitatis Carolinae, 2003, 39(1): 85-97.

[134] PREUSS H, SOLBEYG H A. Attracting major sporting events: The role of local residents [J]. European Sport Management Quarterly, 2006, 6(4): 391-411.

[135] JOHNSON B K, MONDELLO M J, WHITEHEAD J C. The value of public goods generated by a National Football League Team[J]. Journal of Sport Management, 2007, 21(1): 123-136.

[136] SOLBERG H A, PREUSS H. Major sport events and long-term tourism impacts[J]. Journal of Sport Management, 2007, 21(2): 213-234.

[137] GALILY Y, YUVAL F, BAR-ELI M. Municipal subsidiary policy toward professional sports teams: A democratic deficit in the local government[J]. International Journal of Sociology and Social Policy, 2012, 32(7/8): 431-447.

[138] BRADEMAS D J. Public leisure service delivery systems in Greece[J]. World Leisure & Recreation, 1988, 30(2): 11-15.

[139] BERRETT T, SLACK T, WHITSON D. Economics and the pricing of sport and leisure [J]. Journal of Sport Management, 1993, 7(3): 199-215.

[140] NAKAO K, YATSUSHIRO T, YANAGISAWA K. A study on the source of political influence of the sport policy in the local government[J]. Bulletin of Institute of Health & Sport Sciences, University of Tsukuba, 1994, 17: 97-106.

[141] WILLIAMS C, THWAITES E. Public parks: A service perspective from the northwest of England[J]. Managing Leisure, 2007, 12(1): 58-73.

[142] ZIMMERMAN D. Subsidizing stadiums: Who benefits, who pays? [M]//NOLL R G, ZIMBALIST A. Sports, jobs and taxes: The economic impact of sports teams and stadiums, Washington, D. C., Brookings Institution Press: 119-145.

[143] NOLL R G, ZIMBALIST A. Sports, jobs, and taxes: The real connection[M]//NOLL R G, ZIMBALIST A. Sports, jobs and taxes: The economic impact of sports teams and stadiums, Washington, D. C., Brookings Institution Press: 494-508.

[144] SIEGFRIED J, ZIMBALIST A. A note on the local economic impact of sports expenditures [J]. Journal of Sports Economics, 2002, 3(4): 361-366.

[145] DANIELS E. The cincinnati BENGALS' legal obligation to win: A case study for the public funding of stadiums and a roadmap for municipal investment [J]. Texas Review of

Entertainment & Sports Law, 2003, 5(1): 99-156.

[146] GARRETT R. The response of voluntary sports clubs to Sport England's Lottery funding: Cases of compliance, change and resistance[J]. Managing Leisure, 2004, 9(1): 13-29.

[147] LONG J G. Full count: The real cost of public funding for major league sports facilities [J]. Journal of Sports Economics, 2005, 6(2): 119-143.

[148] MAYER Ⅲ F. Stadium financing: Where we are, how we got here, and where we are going [J]. Villanova Sports & Entertainment Law Journal, 2005, 12(2): 195-226.

[149] MURRAY D. Reflections on public funding for professional sports facilities. Journal of the philosophy of sport, 2009, 36(1): 22-39.

[150] SANTOMIER J, GERLACH J. Public policy and funding New York's new sports venues [J]. Sport, Business and Management: An International Journal, 2012, 2(3): 241-262.

[151] DCMS. A Sporting Future for All[R]. London: 2000: 35.

[152] A Sporting Future for All. DCMS. 2000. [EB/OL]. http://dera.ioe.ac.uk/10138/1/A_sporting_future_for_all.pdf.

[153] Game Plan: a strategy for delivering Government's sport and physical activity objectives. Department of Culture, Media and Sports (DCMS), 2002. [EB/OL]. http://www.gamesmonitor.org.uk/files/game_plan_report.pdf.

[154] World Class Performance Programme. UK Sport. [EB/OL]. http://www.uksport.gov.uk/pages/wc-performance-programme.

附　录

附录 1

附表 1　2009 年体育事业经费投入产出数据

省(区、市)	体育事业经费支出(万元)	占财政支出比重(%)	体育社团(个)	体育俱乐部(个)	国民体质本年度受测人数(人)	公益性社会体育指导员(人)
北京	184462.7	0.8	381	301	110931	32727
天津	76639.9	0.68	85	75	19675	17121
河北	62126	0.26	1096	350	64787	44918
山西	51695.4	0.33	969	51	11239	28355
内蒙古	59795.9	0.31	1560	158	20650	37740
辽宁	95059.2	0.35	1116	469	33590	47537
吉林	43389.7	0.29	1147	775	20210	9683
黑龙江	105358	0.56	788	165	4000	18210
上海	166916.2	0.56	377	242	95656	25535
江苏	228004.7	0.57	1758	9079	690874	147248
浙江	168355.8	0.63	1590	1044	117079	104933
安徽	66342.7	0.31	869	236	36000	22093

续附表1

省(区、市)	体育事业经费支出(万元)	占财政支出比重(%)	体育社团(个)	体育俱乐部(个)	国民体质本年度受测人数(人)	公益性社会体育指导员(人)
福建	132599.5	0.94	913	114	25243	23443
江西	53351.8	0.34	896	227	92446	16125
山东	145250.5	0.44	1216	1774	159676	105336
河南	89589.2	0.31	820	451	218816	45038
湖北	114186.9	0.55	849	157	51382	32860
湖南	71679.1	0.32	1249	582	87828	37074
广东	292156.5	0.67	1361	624	267847	68242
广西	57520.5	0.35	572	348	186299	55607
海南	9713.3	0.2	376	77	1000	3981
四川	130509.4	0.36	1915	568	360892	55371
贵州	35089.4	0.26	720	129	8441	12208
云南	57917	0.3	8039	67	70302	13487
重庆	37271.1	0.29	513	173	25800	19206
陕西	73772.3	0.4	1054	116	39574	35244
甘肃	46959.7	0.38	608	64	15087	16178
青海	15537.9	0.32	99	19	2300	1437
宁夏	19503	0.45	123	73	597	3610
新疆	43884	0.33	647	99	12304	10606

附表 2　2010 年体育事业经费投入产出数据

省(区、市)	体育事业经费支出(万元)	占财政支出比重(%)	体育社团(个)	体育俱乐部(个)	国民体质本年度受测人数(人)	公益性社会体育指导员(人)
北京	189071.9	0.7	371	291	107644	42309
天津	74729.7	0.54	114	28	27176	14708
河北	80739.2	0.29	1121	360	97779	51753
山西	60846.7	0.32	1060	102	76967	35499
内蒙古	66889.1	0.29	1233	286	67747	18529
辽宁	120681.1	0.38	1302	394	82580	48872
吉林	48566.3	0.27	796	1690	38840	8094
黑龙江	78879.3	0.35	732	116	26068	34000
上海	180088	0.55	345	275	114995	28125
江苏	259786.6	0.53	2453	8014	413577	176593
浙江	213477.7	0.67	1756	1157	166059	119622
安徽	91094.2	0.35	961	370	79220	33529
福建	156432.6	0.92	1155	314	25457	29666
江西	98296.4	0.51	990	326	181520	17997
山东	217607.3	0.52	1435	1160	199164	117534
河南	92808.9	0.27	757	246	93303	43453
湖北	100859.3	0.4	941	181	110889	40602
湖南	85541.9	0.32	1478	626	137299	43789
广东	319940.8	0.59	1634	612	548050	91337
广西	63310.6	0.32	734	371	219764	55522
海南	8315.3	0.14	381	77	2100	4179
四川	161782.9	0.38	2199	553	275399	81004
贵州	45335.1	0.28	651	171	56371	18837

续附表2

省(区、市)	体育事业经费支出(万元)	占财政支出比重(%)	体育社团(个)	体育俱乐部(个)	国民体质本年度受测人数(人)	公益性社会体育指导员(人)
云南	65355.7	0.29	900	77	22538	21970
重庆	57076.3	0.33	557	207	71660	24853
陕西	79479	0.36	1207	55	43016	30994
甘肃	43976.5	0.3	642	140	18850	16376
青海	20231.9	0.27	42	10	30714	1890
宁夏	20715	0.37	155	70	10520	3486
新疆	51884.5	0.31	386	93	67702	7230

附表 3　2011 年体育事业经费投入产出数据

省(区、市)	体育事业经费支出(万元)	占财政支出比重(%)	体育社团(个)	体育俱乐部(个)	国民体质本年度受测人数(人)	公益性社会体育指导员(人)
北京	186026.1	0.57	355	285	74470	36553
天津	116340.7	0.65	343	71	18050	16518
河北	95654.5	0.27	1248	394	33585	51696
山西	71789.6	0.3	1942	156	1500	49199
内蒙古	62995.1	0.21	1262	340	25399	22993
辽宁	128945.6	0.33	1235	586	67296	68275
吉林	103838.7	0.47	1114	753	67115	17758
黑龙江	93593.9	0.33	812	343	28448	13140
上海	235962.1	0.6	349	80	89876	40691
江苏	299907.1	0.48	1102	7892	329839	154816
浙江	207005.4	0.54	1746	1378	150095	136145
安徽	80446.4	0.24	1104	501	15451	41047
福建	157244.7	0.72	1055	278	8970	39837
江西	99113.4	0.39	1144	330	102217	22155
山东	232910.7	0.47	1562	1432	224510	117380
河南	93981.5	0.22	1121	445	135058	41349
湖北	120953.9	0.38	1229	417	63523	57716
湖南	91361.7	0.26	1444	774	320	50173
广东	415698.3	0.62	1409	520	146342	106963
广西	80241.2	0.32	2593	381	8945	58196
海南	29195.5	0.37	135	169	5456	2823
四川	148184.9	0.32	2101	856	127729	90945
贵州	67075	0.3	904	202	39630	28769

续附表3

省(区、市)	体育事业经费支出(万元)	占财政支出比重(%)	体育社团(个)	体育俱乐部(个)	国民体质本年度受测人数(人)	公益性社会体育指导员(人)
云南	113569.6	0.39	1042	209	75899	26682
重庆	80361.3	0.31	646	222	67200	30583
陕西	87597.4	0.3	754	59	16044	32068
甘肃	54675.7	0.31	628	154	80570	19307
青海	19204.1	0.2	58	39	2580	3162
宁夏	23547.6	0.33	225	114	3465	3993
新疆	54689.2	0.24	379	19	2130	10219

附表 4　2012 年体育事业经费投入产出数据

省(区、市)	体育事业经费支出(万元)	占财政支出比重(%)	体育社团(个)	体育俱乐部(个)	国民体质本年度受测人数(人)	公益性社会体育指导员(人)
北京	232173.7	0.63	386	320	99148	30814
天津	134670	0.63	226	90	64500	19786
河北	111936.3	0.27	1294	400	24351	86870
山西	69901.5	0.25	2034	152	4020	40543
内蒙古	76663.2	0.22	1393	491	26727	29120
辽宁	199364.5	0.44	1337	1076	281071	64177
吉林	68986.5	0.28	1027	88	16368	17004
黑龙江	99282.9	0.31	790	367	28498	30969
上海	205195	0.49	365	84	114995	29174
江苏	473272.3	0.67	2117	9510	465354	193912
浙江	230924.9	0.55	1920	1944	156997	181004
安徽	82161.5	0.21	1306	582	22498	56658
福建	176829.1	0.68	1214	232	14159	47087
江西	82499.1	0.27	1175	253	65657	20177
山东	249213.2	0.42	1707	1547	177219	143116
河南	108618	0.22	2118	471	169327	71176
湖北	189699	0.5	1180	379	40675	69976
湖南	103269.5	0.25	1451	877	310	55865
广东	345844.6	0.47	1482	306	291385	279521
广西	95276.6	0.32	2738	324	11220	4380
海南	35703.9	0.39	226	66	18700	4687
四川	156329.9	0.29	2222	860	106633	106525
贵州	80833.7	0.29	820	101	5653	34344

续附表4

省(区、市)	体育事业经费支出(万元)	占财政支出比重(%)	体育社团(个)	体育俱乐部(个)	国民体质本年度受测人数(人)	公益性社会体育指导员(人)
云南	131618	0. 37	1117	196	178453	26554
重庆	96731. 2	0. 32	600	499	46411	37394
陕西	85610. 6	0. 26	901	215	83567	20788
甘肃	69720. 1	0. 34	751	47	54229	22090
青海	22467. 6	0. 19	111	31	1200	3940
宁夏	29642. 6	0. 34	275	177	3410	4223
新疆	74446. 9	0. 27	497	28	5804	13542

附表 5　2013 年体育事业经费投入产出数据

省(区、市)	体育事业经费支出(万元)	占财政支出比重(%)	健身场地设施(个)	体育社会组织(个)	国民体质本年度受测人数(人)	青少年体育活动组织及体育俱乐部(个)
北京	198147. 15	0. 47	1850	421	134147	608
天津	134984. 48	0. 53	4243	272	27848	444
河北	119770. 85	0. 27	7749	1308	138513	634
山西	86055. 35	0. 28	3327	2678	22730	289
内蒙古	85991. 56	0. 23	674	1192	23085	219
辽宁	126216. 23	0. 24	4959	1116	292305	724
吉林	59275. 74	0. 22	936	939	43000	429
黑龙江	92188. 25	0. 27	4575	1316	146116	129
上海	121904. 96	0. 27	3169	648	69948	1376
江苏	338868. 48	0. 43	6952	3491	476322	1230
浙江	231182. 24	0. 49	11503	2342	373988	837
安徽	89836. 21	0. 21	4451	1509	34712	679
福建	310296. 88	1. 01	2555	1469	46232	488
江西	68220. 07	0. 2	4184	1270	83660	503
山东	233033. 14	0. 35	29077	2783	241930	943
河南	94967. 82	0. 17	10889	2157	233911	641
湖北	180907. 98	0. 41	6051	1399	109229	75
湖南	100652. 1	0. 21	4883	1470	82379	389
广东	295520. 7	0. 35	4948	1555	408779	989
广西	92557. 55	0. 29	4673	876	113621	382
海南	52114. 62	0. 52	1146	237	2655	53
重庆	69201. 71	0. 23	2178	563	42374	704
四川	171448. 19	0. 28	5537	2209	217880	1413

续附表5

省(区、市)	体育事业经费支出(万元)	占财政支出比重(%)	健身场地设施(个)	体育社会组织(个)	国民体质本年度受测人数(人)	青少年体育活动组织及体育俱乐部(个)
贵州	71479.15	0.23	1653	990	12500	40
云南	106940.86	0.26	3473	1550	463074	395
西藏	11936.21	0.12	2572	14	11000	117
陕西	114567.51	0.31	2626	1038	129028	717
甘肃	56524.76	0.24	2545	608	92110	386
青海	20998.02	0.17	773	203	13394	176
宁夏	25195.54	0.27	936	169	6660	284
新疆	113035.49	0.37	1188	439	110415	171

附表6　2014年体育事业经费投入产出数据

省(区、市)	体育事业经费支出(万元)	占财政支出比重(%)	健身场地设施(个)	体育社会组织(个)	国民体质本年度受测人数(人)	青少年体育活动组织及体育俱乐部(个)
北京	223036.62	0.49	2213	381	137515	652
天津	112912.15	0.39	1980	185	47352	424
河北	163899.99	0.35	9639	1185	68338	535
山西	92782.47	0.3	1512	895	105979	262
内蒙古	120474.94	0.31	587	1118	33589	276
辽宁	128135.96	0.25	5491	1265	168481	800
吉林	68077.55	0.23	1297	879	105829	694
黑龙江	110224.94	0.32	5232	834	136022	216
上海	150637.04	0.31	2570	578	225907	1080
江苏	339990.83	0.4	7891	5068	491047	1617
浙江	231318.79	0.45	6248	2434	311979	1094
安徽	93885	0.2	4402	1607	90733	843
福建	167410.48	0.51	2184	1558	169140	403
江西	73509.71	0.19	3934	1317	2130725	424
山东	222575.41	0.31	24251	2459	459691	1740
河南	96937.35	0.16	17016	3525	344341	205
湖北	165563.39	0.34	6312	1324	141330	229
湖南	114051.04	0.23	10084	1388	278176	338
广东	357492.26	0.39	5640	1822	388754	1427
广西	129857.32	0.37	11970	598	149225	321
海南	57501.43	0.52	686	217	18340	87
重庆	59552.75	0.18	2140	499	163107	544
四川	162481.4	0.24	6510	2126	390848	1476

续附表6

省(区、市)	体育事业经费支出(万元)	占财政支出比重(%)	健身场地设施(个)	体育社会组织(个)	国民体质本年度受测人数(人)	青少年体育活动组织及体育俱乐部(个)
贵州	86418.85	0.24	3740	884	21223	239
云南	144446.43	0.33	3606	1257	113062	335
西藏	18691.03	0.16	1426	40	12511	135
陕西	104389.56	0.26	3083	1086	89361	338
甘肃	92747.67	0.36	2453	618	128840	406
青海	33532.04	0.25	2003	191	25587	188
宁夏	76639.5	0.77	1374	408	150496	350
新疆	113001.39	0.34	1172	421	82045	166

附表 7　2015 年体育事业经费投入产出数据

省(区、市)	体育事业经费支出(万元)	占财政支出比重(%)	健身场地设施(个)	体育社会组织(个)	国民体质本年度受测人数(人)	青少年体育活动组织及体育俱乐部(个)
北京	249345.6	0.43	1873	790	94152	447
天津	107807.2	0.33	717	336	21960	539
河北	145327.6	0.26	6327	1382	132489	725
山西	91807.66	0.27	2954	1295	46000	306
内蒙古	121632.3	0.29	1659	1225	38884	327
辽宁	159038.1	0.35	19420	1018	99115	978
吉林	83003.23	0.26	1870	790	93920	782
黑龙江	115498.5	0.29	5206	1290	112667	482
上海	114810.7	0.19	1047	638	253787	1029
江苏	355008.5	0.37	9907	5515	496613	1500
浙江	250425.8	0.38	5348	2907	372303	2258
安徽	101470.7	0.19	4146	1878	213487	979
福建	220683.2	0.55	2584	1921	154871	308
江西	77947.74	0.18	2863	1693	2164127	425
山东	295317.2	0.36	21875	3541	219852	1643
河南	83774.71	0.12	7623	2570	374100	1233
湖北	179754.3	0.29	6418	1546	85113	799
湖南	137642.6	0.24	11961	1423	94608	456
广东	419111.7	0.33	5732	2169	372464	1158
广西	147510	0.36	3555	858	294932	375
海南	35290.53	0.28	614	318	8740	75
重庆	81034.95	0.21	3161	598	66000	425
四川	180921.6	0.24	8702	2263	239372	1492

续附表7

省(区、市)	体育事业经费支出(万元)	占财政支出比重(%)	健身场地设施(个)	体育社会组织(个)	国民体质本年度受测人数(人)	青少年体育活动组织及体育俱乐部(个)
贵州	100534. 5	0. 26	2615	1066	22900	233
云南	136285. 3	0. 29	4386	1160	46452	294
西藏	28518. 81	0. 21	872	19	2448	149
陕西	108596. 4	0. 25	2572	762	135324	112
甘肃	103501. 4	0. 35	3604	702	108051	533
青海	55429. 88	0. 37	870	386	62937	56
宁夏	30244. 2	0. 27	548	266	106526	385
新疆	100754. 8	0. 26	3659	459	46733	268

附表 8　2016 年体育事业经费投入产出数据

省(区、市)	体育事业经费支出(万元)	占财政支出比重(%)	健身场地设施(个)	体育社会组织(个)	国民体质本年度受测人数(人)	青少年体育活动组织及体育俱乐部(个)
北京	249370.71	0.39	2263	567	71189	447
天津	122988.34	0.33	875	351	17900	415
河北	153027.99	0.25	7059	1479	2423	745
山西	115783.65	0.34	2763	1462	22574	245
内蒙古	138249.24	0.31	3057	1413	23082	281
辽宁	161607.96	0.35	1979	1333	129920	987
吉林	76695.27	0.21	1537	957	144859	608
黑龙江	129831.52	0.31	3898	1178	186515	500
上海	247295.84	0.36	427	785	264776	1580
江苏	332769.42	0.33	6618	5918	484693	1540
浙江	269862.26	0.39	3531	3328	429248	2197
安徽	97853.93	0.18	3871	1960	75950	970
福建	226599.18	0.53	2247	1920	158163	371
江西	74291.02	0.16	1648	1826	108877	85
山东	302907.83	0.35	15933	4010	225311	1562
河南	97778.84	0.13	6848	2786	371278	721
湖北	204241.15	0.32	7797	1677	109243	719
湖南	130591.21	0.21	9315	1467	190074	536
广东	506226.88	0.38	7070	2608	391358	2169
广西	190908.16	0.43	2082	1059	264864	420
海南	55195.37	0.4	646	305	2838	121
重庆	89814.54	0.22	2523	656	67200	450
四川	198144.71	0.25	4052	2351	304685	1632

续附表8

省(区、市)	体育事业经费支出(万元)	占财政支出比重(%)	健身场地设施(个)	体育社会组织(个)	国民体质本年度受测人数(人)	青少年体育活动组织及体育俱乐部(个)
贵州	122425.27	0.29	2260	1105	27453	264
云南	106165.68	0.21	3382	1554	65825	289
西藏	23066.53	0.15	624	26	8653	133
陕西	133180.8	0.3	3134	854	77385	271
甘肃	79387.17	0.25	4018	908	147909	713
青海	62651.21	0.41	1098	468	29590	229
宁夏	34971.54	0.28	573	283	29326	201
新疆	125089.58	0.3	1237	590	7533	180

附录 2

居民体育公共服务需求调查问卷

尊敬的女士/先生:

您好！体育公共服务是公共服务的重要组成部分，享受体育公共服务是公民的一项重要权利。为更好地完成国家社会科学基金研究项目“公共财政视角下我国体育公共服务财政保障研究”，为政府决策咨询提供参考借鉴，请您根据自己的实际情况填写本问卷(请在□内画√)，在此对您的辛勤劳动表示诚挚谢意。

课题组

2016 年 10 月

第一部分

A01. 你所在的地区

□ 1. 城市　　□ 2. 农村

A02. 参加 30 分钟以上体育锻炼的频率

□ 1. 从不参加体育锻炼

□ 2. 不固定，偶尔参加

□ 3. 平均每周 1~3 次(选此项者，跳过 A03、A04，直接回答第二部分)

□ 4. 平均每周 3 次以上(选此项者，跳过 A03、A04，直接回答第二部分)

A03. 影响您参加体育锻炼的主要原因(可多选)

□ 1. 缺乏场地设施　　□ 2. 没时间　　□ 3. 缺乏组织

□ 4. 缺乏锻炼知识或指导　　□ 5. 经济条件限制　□ 6. 没兴趣

□ 7. 其他

A04. 若您要参加体育锻炼，必须具备哪些条件(可多选)

□ 1. 有时间　□ 2. 有场地器材　□ 3. 有同伴　□ 4. 有氛围

□ 5. 有经费　□ 6. 身体较好　□ 7. 有人指导　□ 8. 其他

第二部分

B01. 您对体育公共服务的满意度

☐ 1. 满意　☐ 2. 基本满意　☐ 3. 一般　☐ 4. 不太满意

☐ 5. 不满意

B02. 您认为目前参与体育活动亟须改善的方面有(限选 3 项)

☐ 1. 增加体育锻炼场地　☐ 2. 提供参与比赛或展示活动的机会

☐ 3. 增加专业健身指导　☐ 4. 提高体育活动组织能力

☐ 5. 其他

B03. 您对群众体育组织的满意度

☐ 1. 满意　☐ 2. 基本满意　☐ 3. 一般　☐ 4. 不太满意

☐ 5. 不满意

B04. 您认为群众体育组织面临的主要困难有(限选 3 项)

☐ 1. 缺乏经费　☐ 2. 没有场地和设施　☐ 3. 组织管理滞后

☐ 4. 无人负责　☐ 5. 缺乏指导人员　☐ 6. 没有激励机制

☐ 7. 其他

B05. 您对体育场地设施数量的满意度

☐ 1. 满意　☐ 2. 基本满意　☐ 3. 一般　☐ 4. 不太满意

☐ 5. 不满意

B06. 您对体育场地设施便利性的满意度

☐ 1. 满意　☐ 2. 基本满意　☐ 3. 一般　☐ 4. 不太满意

☐ 5. 不满意

B07. 您参与的体育活动是否有人指导

☐ 1. 没有，不知道有社会体育指导员

☐ 2. 没有，但知道他们存在

☐ 3. 有，但接受体育活动指导不多

☐ 4. 有，并经常接受体育活动指导

B08. 您对公益性社会体育指导员健身指导的满意度

☐ 1. 满意　☐ 2. 基本满意　☐ 3. 一般　☐ 4. 不太满意

☐ 5. 不满意

B09. 您所在附近的学校体育场地设施对外开放情况(可多选)

☐ 1. 经常开放，时间上能满足锻炼需求

☐ 2. 经常开放，但时间上不能满足锻炼需求

☐ 3. 偶尔开放，时间上不能满足锻炼需求

☐ 4. 不开放

☐ 5. 其他

B10. 您对国民体质监测的满意度

☐ 1. 满意　☐ 2. 基本满意　☐ 3. 一般　☐ 4. 不太满意

☐ 5. 不满意

B11. 您对体育公共服务的供给还有什么建议？

____

____

您的回答到此结束，感谢您的大力支持！